JN272396

解説 子ども条例

荒牧重人／喜多明人／半田勝久【編】
Aramaki Shigeto　Kita Akito　Handa Katsuhisa

三省堂

はしがき

　本書は、日本の各地域・自治体において取り組まれ、また取り組もうとしている「子どもにやさしいまちづくり」を推進していくために欠かせない自治立法である「子ども条例」の解説書であり、資料集であり、手引書です。本書は、自治体職員や議員等の自治体関係者が子ども施策を推進していくための実務や研修用に、さらには子どもにやさしいまちづくりを進めている地域の方々、子ども施設の関係者、市民・NPO、研究者や専門家、さらには学生等の活用に資することを目的として作成されています。

　本書で収録し、解説する「子ども条例」は、①1994年に日本も批准した国連「児童（子ども）の権利に関する条約」（以下、「子どもの権利条約」という）を子ども支援やまちづくりに活かすことを主要目的の一つとし、②従来進められてきた子育て支援や青少年育成の子ども施策のなかに子どもの権利の視点を盛り込むとともに、子どもの権利を尊重する子ども施策を展開するものであり、③子ども施策やまちづくりを総合的かつ継続的に推進していくための法的根拠となる条例です。
　このような特徴と性格をもつ子ども条例は、日本の1,700を超える自治体のなかではまだ少数ですが、現在も着実に増加中です。
　もっとも、これらの条例のなかには、子どもの権利を総合的に保障することをめざした総合条例、子どもの権利擁護の制度化などを目的とする個別条例、子ども施策を推進していくための理念や原則を定めることに重点が置かれた原則条例などがあります。また、その趣旨も、子どもの支援や権利保障だけでなく、次世代育成支援対策推進法（2003年）に依拠した子育て支援に重点が置かれている条例、おとな主導で、おとなの理想的人間像へ子どもを導こうとする青少年健全育成的な側面を持つ条例など多種多様です。子ども条例といっても一様ではなく、そこには、その地域の子どもの現状、子ども施策の現段階、地域住民・NPOや子どもの現場の取り組み状況、行政・首長などの子ども施策に対する多様な認識や期待などが

反映されており、その意味で複合的な性格を持った条例も多く制定されています。だからこそ子ども条例は、地域発の条例として地域の独自な取り組みが必要であり、そのなかで、条例に基づく子ども施策を、子どもの権利条約が求める「子どもの最善の利益」の保障となるように近づけていく努力が求められています。

　こうした子どもの権利条約に依拠したまちづくりは、日本のみならずアジアや世界にも広がっています。国内では、「『地方自治と子ども施策』全国自治体シンポジウム」が毎年開催され、今年11回目を迎え、自治体関係者や研究者等による情報・意見・実践等の交流がなされ、ネットワークづくりが進められています。
　日本の自治体での取り組み・展開は、ユニセフが「子どもにやさしいまち」を提唱してきたこととも連動しています。ユニセフは、「子どもにやさしいまちづくりは、地方自治体が主導する、子どもの権利条約の実施プロセスである。その目的は、子どもの権利を承認・実現することによって子どもたちの生活をいま向上させ、そのことによって現在の、そして未来のコミュニティをよりよい方向に変えていくところにある」と提言しています（UNICEF・イノチェンティ研究センター「子どもにやさしいまちづくり――行動のための枠組み」より）。また、ヨーロッパでは、50以上の国や地域の子どもオンブズパーソンをつなぐネットワークづくりがなされています。
　また、アジアでも、2011年11月に11か国から専門家が東京に集まり、「アジア子どもの権利フォーラム2011日本大会」を開催し（早稲田大学）、アジア各国における子ども支援や子どもの権利についての理論的・実践的な交流を行いました。そこでは、インドネシアが国家開発プログラムの最優先事項の一つとして2010年から2014年にかけて100の自治体で「子どもにやさしいまち」にしていく計画を進行中であることも報告されました。

　本書の「第1部　子ども条例Q＆A」では、これから子ども条例づくりに取り組もうとする自治体や条例の実施段階の自治体などを想定して、条例の制定や実施にかかわる実践的な課題について20の質問に応えるよう

にしています。

「第2部　子ども条例の実際」では、主に子ども支援を総合的に進める条例を制定している自治体から、条例の制定経緯、特徴、推進体制、効果等について提供いただいた情報を掲載しています。

「第3部　子ども条例集」では、子ども支援および子どもの権利を総合的に保障する条例を中心にして条例文を収録しています。

　子どもや若者が活気を取り戻し、まちづくりの主体として育っていくことは現代社会に不可欠な課題の一つであり、そのためにも子どもや若者に対する総合的で重層的で継続的な支援が求められています。日本においても、上記のようなアジアや国際社会の動きとも連動しながら、子ども条例に依拠した子どもにやさしいまちづくりがいっそう展開されていくでしょうし、展開していくことが求められています。このことは、東日本大震災・福島原発事故の被災地においても同様です。本書がその促進のための基本文献となれば幸いです。

　2012年6月

編　者

目　次

第1部　子ども条例Q＆A

　01　子ども条例の意義……………………………………………………8
　02　子ども「条例」の必要性…………………………………………10
　03　子ども条例の種類…………………………………………………12
　04　子どもの権利条約と子ども条例…………………………………14
　05　子どもの権利意識と子ども条例…………………………………16
　06　子どもの権利と学校………………………………………………18
　07　家庭・学校と子ども条例…………………………………………20
　08　子ども条例と子ども支援・子育て支援…………………………22
　09　条例づくりにおける市民参加……………………………………24
　10　条例づくりにおける子ども参加…………………………………26
　11　条例づくりにおける庁内体制……………………………………28
　12　子ども条例における責務規定……………………………………30
　13　既存の子どもの相談・救済制度…………………………………32
　14　子どもオンブズパーソン…………………………………………34
　15　子ども参加の意義と支援施策……………………………………36
　16　子ども条例における子ども参加規定……………………………38
　17　子どもの居場所づくり……………………………………………40
　18　子ども条例の広報と学習…………………………………………42
　19　子ども条例の実施と子ども計画の策定、評価・検証…………44
　20　子ども条例の実施と市民との協働………………………………46

第2部　子ども条例の実際

　解　説……………………………………………………………………50

神奈川県川崎市　52／北海道奈井江町　54／岐阜県多治見市　56／東京都目黒区　58／北海道芽室町　60／三重県名張市　62／富山県魚津市　64／岐阜県岐阜市　66／東京都豊島区　68／福岡県志免町　70／石川県白山市　72／愛知県豊田市　74／愛知県名古屋市　76／新潟県上越市　78／北海道札幌市　80／福岡県筑前町　82／愛知県岩倉市　84／東京都小金井市　86／岩手県遠野市　88／宮城県石巻市　90／愛知県日進市　92／福岡県筑紫野市　94／北海道幕別町　96／愛知県幸田町　98／兵庫県川西市　100／埼玉県　102／大阪府箕面市　104／東京都世田谷区　106／東京都調布市　108／三重県　110／高知県　112／滋賀県　114／秋田県　116／大阪府　118／神奈川県　120／兵庫県宝塚市　122／北海道滝川市　124／岡山県総社市　126

資料：条例制定の経緯一覧………………………………………………128

第3部　子ども条例集

解　説………………………………………………………………………132
■総合条例
川崎市子どもの権利に関する条例（神奈川県川崎市）………………134
子どもの権利に関する条例（北海道奈井江町）………………………140
多治見市子どもの権利に関する条例（岐阜県多治見市）……………142
目黒区子ども条例（東京都目黒区）……………………………………145
名張市子ども条例（三重県名張市）……………………………………149
豊島区子どもの権利に関する条例（東京都豊島区）…………………152
志免町子どもの権利条例（福岡県志免町）……………………………157
白山市子どもの権利に関する条例（石川県白山市）…………………161
豊田市子ども条例（愛知県豊田市）……………………………………164
なごや子ども条例（愛知県名古屋市）…………………………………169
札幌市子どもの最善の利益を実現するための権利条例（北海道札幌市）……172
筑前町子どもの権利に関する条例（福岡県筑前町）…………………178
遠野市わらすっこ条例（岩手県遠野市）………………………………182
石巻市子どもの権利に関する条例（宮城県石巻市）…………………185

日進市未来をつくる子ども条例（愛知県日進市）……………………188
　　筑紫野市子ども条例（福岡県筑紫野市）………………………………192
　　幕別町子どもの権利に関する条例（北海道幕別町）…………………196
■個別条例
　　川西市子どもの人権オンブズパーソン条例（兵庫県川西市）………199
　　埼玉県子どもの権利擁護委員会条例（埼玉県）………………………202
■施策推進の原則条例
　　箕面市子ども条例（大阪府箕面市）……………………………………205
　　世田谷区子ども条例（東京都世田谷区）………………………………206
　　調布市子ども条例（東京都調布市）……………………………………208
　　三重県子ども条例（三重県）……………………………………………211
　　秋田県子ども・子育て支援条例（秋田県）……………………………213
　　尼崎市子どもの育ち支援条例（兵庫県尼崎市）………………………216
■参考
　　京畿道児童・生徒人権条例（韓国・京畿道〈キョンギド〉）………221

　　子ども条例一覧…………………………………………………………228

装丁＝志岐デザイン事務所

組版＝木　精　舎

第1部

子ども条例Q＆A

01	子ども条例の意義	8
02	子ども「条例」の必要性	10
03	子ども条例の種類	12
04	子どもの権利条約と子ども条例	14
05	子どもの権利意識と子ども条例	16
06	子どもの権利と学校	18
07	家庭・学校と子ども条例	20
08	子ども条例と子ども支援・子育て支援	22
09	条例づくりにおける市民参加	24
10	条例づくりにおける子ども参加	26
11	条例づくりにおける庁内体制	28
12	子ども条例における責務規定	30
13	既存の子どもの相談・救済制度	32
14	子どもオンブズパーソン	34
15	子ども参加の意義と支援施策	36
16	子ども条例における子ども参加規定	38
17	子どもの居場所づくり	40
18	子ども条例の広報と学習	42
19	子ども条例の実施と子ども計画の策定、評価・検証	44
20	子ども条例の実施と市民との協働	46

01 子ども条例の意義

Q 子ども条例を制定する意義は何ですか？　子ども条例ができたら子ども施策（政策・施策・事業等）のどこが変わるのでしょうか？

A

　本書でいう子ども条例は、一般に1994年4月の子ども（児童）の権利条約の批准以降に制定された条例で、その条例の主要な構成要素として、①子どもの権利の視点を大切にし、②子ども支援の施策を方向づけている条例をいいます。

地方自治に基づく子ども施策に必要な法的基盤

　自治体が推進してきた子ども施策は、1990年代以降大きく展開します。その一つは、急激な少子高齢化の対策として子育て支援施策の充実です。また、急増する子ども虐待に対応する虐待防止に関する施策の強化です。さらに、いじめ・不登校・学力低下など子どもと学校をめぐる厳しい状況のなかで多様な教育施策の展開です。これらの背景には、1995年地方分権推進法とそれに続く1999年地方分権一括法の成立により、国からの機関委任事務が廃止され、地方自治の再構築と地域に見合った子ども施策が求められるようになったことがあります。子ども条例は、地方自治における子ども施策を遂行するのにふさわしい法的な基盤として必要とされるようになりました。そのなかでも、子どもの権利を尊重する条例制定が一定数に上っているのは、子どもの権利条約の批准が背景にあります。

子どもを権利の主体とする施策への転換

　今日では、とりわけ経済格差・貧困の拡大、東日本大震災や福島原発事故からの復興において、子どもや家族の状況を適確に把握し、その現状に対応した子ども施策が必要不可欠になっています。そこで、子ども施策の法的な基盤となる子ども条例においても「子どもの権利」の視点と内容が重要になっています。

それは、子どもが独立した人格と尊厳を持った主体であり、社会の一員であるからです。子どもは施策の単なる対象ではないのです。日本の社会は相変わらず「おとな主導」の社会であって、子どもたちの多くがおとなの干渉なしには生きていけない受身の時代であり、自由に自分を出せない事態が生じています。しかも、子どもはあてにされず、さまざまな決定過程から排除される傾向にあります。従来の子ども施策の典型であった青少年健全育成の施策は非行対策や有害な環境の排除などが中心ですが、その基本的な発想はおとなが描く子どもの健全な育ちがあり、それに向けておとなが守ってやる、指導してやるというようなものです。

　これに対して、子どもの権利を尊重する条例は、子どもを権利の主体として位置づけ、本来持っている権利を保障し、子どもの最善の利益を実現していこうとするものです。したがって、そこでは子どもの意思や願いにきちんと耳を傾け、それを尊重していきながら、子ども施策がつくられ、実施されることになります。このことは、子どもの権利条約でも最も重要とされている原則です。権利＝rightとは、人が人として生きていく上で、自己実現していく上で「当たり前に」大切にされるものだからです。

子どもへの直接的な支援

　現在必要とされる子ども条例は、子育て支援にとどまらず、いまを生きている子どもを支援するもので、その自己肯定感を育み、自己形成を支援し、エンパワメントを促進するものです。これまでは子育て・保育・教育などにあたるおとな側の支援策が先行してきましたが、これからはそれらとともに、子どもの育ちを直接支えていくこと、子どもが自分の価値や力に気づき、そして確信を持ち、主体的に生きていくことを支援していくような子ども支援、子どもエンパワメントのための条例が求められています。このような条例は、子どもたちが自分のいのち・存在・成長発達を家庭・学校・施設・地域社会等が支えてくれているという実感を持てるようになり、それとともに家庭・学校・施設・地域社会の一員としてそれにふさわしい役割が果たせるようになることを促進するでしょう。また、これらのことは、子ども条例により、子どものための相談・救済制度や子ども参加の仕組み等が設置されれば、いっそう進みます。このような条例は、条例に基づいて子ども施策の何を変えようとしているか（発展させようとしているのか）、そのためにどのような取り組みをしていくのか（いるのか）が問われます。

02 子ども「条例」の必要性

Q 子ども施策を実施していくときに、なぜ「条例」が必要なのでしょうか。憲章・要綱・計画等があればよいという意見もあります。

A
　子ども条例は子ども施策を実施していく手段・方法の一つです。確かに、憲章・要綱あるいは計画等により実施していく方法もあります。しかし、子ども条例は自治体の子ども施策の基本姿勢を示す法規範です。制定にあたっては、何らかの形で市民参加があり、議会での議論等を経て合意するものです。条例は、子どもや市民に向けてのメッセージという意味も持ちますが、理念を中心としたものであっても、法規範であることや施策の根拠になることが重要です。子ども施策を自治体が総合的・継続的・安定的に推進していくためには、条例という方法をとることが有効です。また、条例は、子ども固有の相談・救済制度の創設、子ども参加の仕組みの構築など制度の根拠づけやその実効性を担保します。さらに、条例は家庭・学校・施設・地域・NPOおよび行政などの連携を具体的に進める鍵にもなります。加えて、条例は自治体の子ども施策を国連・子どもの権利条約等の国際水準につなげて展開できるようにします。

縦割り行政の壁をクリアする

　「計画さえきちんと策定していれば施策実施に支障はない」と言う人もいますが、たとえば、次世代育成支援推進法に基づいて立案された子ども計画を総合的に実施しようとすればするほど、縦割り行政の壁に阻まれ、結局は所管する部署の施策にとどまってしまうことも多々あります。子ども計画も、福祉・教育・青少年対策等の分野で立案され、それぞれの計画を担当した部署に任せた実施が多いです。近年では、子ども局・部・課など組織の再編成を行い、総合的な行政をめざす自治体も増えていますが、単なる名称変更ではなく組織を効果的に再編成するにはまだ時間や経験等が必要です。
　また、子ども施策の企画・推進・評価・検証という一連の過程を効果的に促進するためにも、条例という法形式が有効な手段であるといえます。

継続的で安定した施策を推進する

　首長の交代や職員の異動があっても、子ども施策が継続性や安定性を保ち、発展的に展開される必要があります。

　ある自治体では、子ども条例を制定した首長が交代したところ、次の首長は条例の実施をほどほどにするよう職員に指示していました。また、全国に先駆けて子ども参加に取り組み、ハイレベルの子ども参加を実現していた事業が、首長の交代によって消滅するというケースもありました。「なぜ、今年は子ども会議をやらないの？」と戸惑う子どもたち。おとなの政治的な思惑等で子どもや子ども施策が振り回される事態は避けなければなりません。そのためにも、条例で子ども施策の原則等を定めていることが重要です。

子ども支援のシステム・制度を創設する

　子ども憲章との比較でよく問題にされることは、盛り込む内容の違いです。
　たとえば愛知県高浜市の「子ども市民憲章」は、子どもの権利条約に依拠して、子どもとおとなのパートナーシップ、子ども参加のまちづくりを推進していく市民相互の行動規範として注目されました。しかし、憲章は申し合わせであり、条例は法規範として行政を拘束し、条例上の施策や制度の確立を根拠・基礎づけます。また、子ども固有の相談・救済制度を創設しようとする場合、今日では公的な第三者制度＝子どもオンブズパーソンの設置が効果的であるとの認識が少しずつ拡がっています。この制度を効果的に活用するためには、独立性や調査権・勧告権などの権限あるいは人の配置等が必要ですが、それらを条例に規定することが重要です。また、当面その制度設置が難しい状況であっても、理念的な規定を定め、将来の制度創設を方向づけることも可能です。

　子ども条例は、子どもの現実、子ども施策の現状、子どもにかかわる市民・NPOの取り組みから出発して、自治体に即した内容が求められます。条例が子どもの現実や思い・願いを反映していなければ子どもには届きません。子ども施策の成果や課題をふまえた条例でなければ、実効性が低くなります。同様に、学校や施設あるいは地域や市民・NPOの子どもにかかわる取り組みをふまえた条例でなければ、その効果は充分に表れないでしょう。理想の条例などはないのであって、これらに、条例の特徴が表れ、条例に基づく子ども施策や制度を当該自治体の子どもにふさわしいものにできるかがかかっています。

03 | 子ども条例の種類

Q 子どもに関する条例には、どのような名称・種類があるのでしょうか？これから制定しようと考えている子ども条例の位置づけなどを知っておきたいと思います。

A

　条例の制定は手段・方法であって目的ではありません。子どもに関する条例は、制定によって何を実現するのか、子ども施策をどう方向づけるのかなど、その目的や規定内容に即して分類、整理することができます（なお、本書では子ども施策の一部をなす保育や教育などに特化した条例は省いています）。

子どもに関する条例の展開

　一つは、1950年代終わりから制定され始めた条例で、非行対策や有害環境から子どもを保護していくための青少年健全育成を目的にし、推進していく条例があります。これを「健全育成型」の条例と呼んでおきます。長野県を除くすべての都道府県が制定しています。

　二つは、1990年代以降の急速な少子高齢化に対応した子育て支援を促進するための条例があります。これは、子育てに不安を持つ親・保護者などの支援を通して少子化対策などを進めていく「子育て支援型」の条例といえます。

　三つは、1994年の子どもの権利条約批准を受けて、条約の趣旨や規定を地域の子ども施策に活かし、子どもの権利を基本にして子ども支援を促進する条例があります。「子ども支援・子どもの権利型」の条例といえます。

　近年制定されている子どもに関する条例を見ると、二つ目の「子育て支援型」の条例がなお多数ですが、上の三つの内容が多様な形で組み合わされ、混在している複合型の条例もつくられています。

子ども条例がめざすもの

　子ども条例は、従来の健全育成、子育て支援を中心とした条例や施策では対応できなかった子どもの問題、とりわけ、いじめ・暴力、虐待・体罰、不登校、

あるいは障がいのある子どもや外国籍・多様な文化的背景を持つ子どもの問題などに対して、子どもを主体として問題解決を図ったり、自己実現や成長発達を支援したりしていくことが念頭に置かれている条例です。しかも、それらのことを家庭や学校等に任せるのではなく、まち全体で取り組んでいくという意味で、子ども条例は、子ども支援、子どもの権利実現をめざすまちづくり条例としての性格を持っています。

　そこでは、子どもは、おとなからもっぱら守られ、教え導かれる存在であるという子ども観から脱却して、子ども自身が、育ち・学びの主体であって、問題を解決したり、社会に参加したりする主体であるという子ども観に立つことが要請されています。

　このような子ども観に立った子ども支援が必要になってきた背景の一つには、子どもの自己肯定感の低下があります。子どもの権利条約総合研究所の調査でも明らかなように、子どもの自己肯定感は、生きる意欲、学ぶ意欲、参加（人とかかわる）意欲、そして苦境に立った際はこれを乗り越える力、立ち直る力の源泉となっていることが確かめられました（詳しくは、『子どもの権利研究』19号、荒牧重人・吉永省三・吉田恒雄・半田勝久編『子ども支援の相談・救済』〔日本評論社・2008年〕等を参照）。いまの子どもたちにとってその自己肯定感を育み高めていくことは最重要の実践的な課題となっています。そのためにも、おとなが子どもの権利を日常生活のなかで具体的に大切にしていくとともに、子どものSOSを受けとめ、効果的な救済につなげる相談・救済活動、子どもをパートナーとして位置づけ、子ども参加を促進する取り組み、ありのままの自分が大切にされる居場所づくりなどを子ども施策や仕組みとして推進することが緊急に求められています。

　このような子ども条例も、巻末資料の「子ども条例一覧」に示したように、いくつかに分類できます（詳細は、第3部の解説を参照）。①子どもの権利に関する総合条例＝子どもの権利についての理念、それを保障する責務、参加や救済の仕組み、施策の推進や検証等を規定しているもの、②子どもの権利に関する個別条例＝子どもの意見表明・参加支援、子どもの相談・救済、虐待等の防止、安全の確保など子ども施策の個別課題に対応するもの、③子ども施策推進の原則条例＝子ども施策を推進していくための理念・原則等を主に定めるもの（このなかにも、総合的な内容をもつもの、子ども憲章的もの、子育て支援あるいは健全育成を中心にしたものがあります）などに大別できます。

04 子どもの権利条約と子ども条例

Q 子ども条例は、子どもの権利条約を主要な根拠にして制定されていますが、そもそも条約は国に履行義務があるのではないでしょうか？

A

　子どもの権利を理解・認識しようとする場合に、基準となるのはグローバルスタンダードである子どもの権利条約です（喜多明人・森田明美・広沢明・荒牧重人編『逐条解説　子どもの権利条約』〔日本評論社・2009年〕、子どもの権利条約総合研究所『ガイドブック　子どもの権利条約』〔2011年〕等を参照）。条約は、その一般原則として、差別の禁止（2条）、子どもにかかわるあらゆる活動における子どもの最善の利益確保（3条）、権利の出発点としての生命への固有の権利および生存・発達の権利（6条）、子どもの意見が聴かれ尊重される権利（12条）を掲げ、子どものケアや家庭環境の権利、健康・福祉や教育・文化の権利、表現の自由やプライバシーの保護などの市民的権利、法に抵触した子どもの権利、難民・マイノリティ・障がいのある子どもの権利など、子どもが一人の人間として成長し自立していく上で必要な権利をほとんど規定しています。このような権利を実現していくための条約の実施義務は締約国にあります（5条）。したがって、国は自治体に対しても、条約の実施を促進するような措置をとったり支援したりすることも義務づけられています。そして、自治体もローカルガヴァメントとして国と一体となってあるいは連携しながら条約を実施していくことが求められています。実際に条約が規定する権利を見ても、それらを保障していくためには自治体での施策や取り組みが必要不可欠です。

子どもの身近な場での権利保障

　自治体という、生活者としての子どもの身近な場で、子どもの実態に即した制度の構築、施策の展開、取り組み等があってこそ子ども支援や子どもの権利の実現が可能です。たとえば、いじめや虐待等の深刻な権利侵害から子どもを救済し回復を図るためには、子どもが安心して相談できる人や場、子どもの最善の利益確保を基本にした救済・立ち直り支援の仕組みが必要とされてい

ます。今日、子どもの相談・救済の効果的なシステムとして設置されつつある「子どもオンブズパーソン制度」については、国レベルでも設置することが求められていますが、自治体レベルで設置されなければ子どもにとって効果的な仕組みにはなりません。この制度の直接的な根拠となる法律が存在しない以上、その仕組みや権限等について条例で規定することが必要です。また、子どもの意見表明・参加を考えてみても、子どもの生活の場である家庭や学校・施設あるいは行政においてこの権利を実現する必要がありますが、そのためには子ども自身が使える仕組みや行使にあたっての支援が必要です。これらを具体化し効果的なものにするには、そこに生活する子どもにふさわしい、そして自治体の現状をふまえた制度の構築が求められます。

ユニセフ「子どもにやさしいまち」の取り組みとの連動

　上記のことは国際的な取り組みとも合致しています。子どもの権利条約の実施と普及を基本的任務にしているユニセフは、「子どもにやさしいまち」(Child Friendly City)を提唱し、世界の自治体に対して子どもの権利条約に依拠したまちづくりを求めています（喜多明人・荒牧重人・森田明美・内田塔子編『子どもにやさしいまちづくり』〔日本評論社・2004年〕等を参照）。ユニセフは、子どもにやさしいまちとは、地方自治の場で子どもの権利条約を実施していくことであると定義しています。その基盤となるのは、子どもの権利条約の2条・3条・6条・12条で規定されている四つの一般原則です。そして、子どもの権利を保障する条例の制定、総合的な子ども計画の策定、行政の総合的な調整機構、子どものための予算編成、子ども施策の影響評価、子ども白書の作成、子どもの権利の周知、救済のための独立したシステム、子どもの参加などが鍵になる要素としてあげられています（前掲『ガイドブック　子どもの権利条約』等を参照）。

　こうしたユニセフの国際発信に呼応するように、条約に依拠した子ども条例制定の動きは、日本だけでなく韓国に広がり、2010年9月には、韓国・京畿道で「児童・生徒人権条例」（本書221頁）が制定され、その後、ソウル特別市・光州広域市等、韓国での条例制定の動きは加速しています。さらに、「子どもにやさしいまち」の国際ネットワークづくりが進んでいます。その際に、子ども条例を制定してその法的基盤を整備する取り組みは一つのモデルになっていくでしょう。

05 │ 子どもの権利意識と子ども条例

Q 子どもの権利を言うと子どもはますますわがままになる、権利を言うなら義務も果たせというような意見は根強くあります。子ども条例の制定の際にも登場しますが、どのように考えたらよいのでしょうか？

A

「わがまま助長論」には、子どもが権利を主張して、言うことを聞かない、しつけ・教育ができない、園・学校・社会の秩序が保てなくなるという本音や心配があります。わがままとは具体的にどんな言動で、それは子どもの権利とどう関係しているのでしょうか。これらを具体的に検討することなく、子どものわがままな言動を子どもの権利に責任転嫁したり、子どもによる権利の主張をわがままと切り捨てたりしているのではないでしょうか。実際、おとなは子どもに子どもの権利を伝えていませんし、子どもは子どもの権利を充分に知りません。

子どもの権利と「義務」

子どもの権利は憲法や条約等で認められているのですが、権利より義務や責任を強調する人たちは、条例制定などの法的な論議の場に、行動規範・道徳規範としての義務や責任論を持ち込み、主張することが多いです。その背景には、「権利には義務が伴う」「権利と義務は対である」という観念の広がりがあります。それが、「そんな生意気なことを言うなら、やるべきことをやれ」、「権利がほしいなら義務を果たせ」というような発言につながっていきます。しかし、多くの場合、法と道徳を混同して、道徳的な意味合いで義務や責任が論じられています。子どもの権利に対応する義務は、国・自治体、保育士・教職員、親等による子どもの権利を保障する義務です。子どもの権利には子どもの義務が対になるのではなく、それを保障する義務が伴うのです。

また、他者の権利を尊重する義務という主張について、これを義務ととらえるのではなく、権利の行使に内在的なものとして権利行使のありようの問題とする考え方が重要です。他者の権利を侵害しないように権利を行使する、あるいは権利と権利が衝突する場合には、それを調整する力やスキルの形成が大切

です。子どもは、子どもの権利学習を通じて、権利の相互尊重も学び、身につけていきます。さらに、社会のルールを守る義務も強調されます。このような抽象的な議論は対応に困りますが、少なくとも民主主義社会におけるルールとして最も重要視されていることは、人権の保障です。

　子どもの権利に伴う責任については、川崎市子どもの権利条例の前文に規定されているように、「子どもの権利について学習することや実際に行使することなどを通して、子どもは、権利の認識を深め、権利を実現する力、他の者の権利を尊重する力や責任などを身に付けることができる。また、自分の権利が尊重され、保障されるためには、同じように他の者の権利が尊重され、保障されなければならず、それぞれの権利が相互に尊重されることが不可欠である」という認識が大切ではないでしょうか。加えて、国際連盟（1924年）と国際連合（1959年）の「子どもの権利宣言」でうたわれた「人類は子どもに対して最善のものを与える義務を負う」という国際認識も学んでおきたいものです。

条例をきっかけに子どもの権利の議論を

　子どもの権利は虐待等を受けている子どもや開発途上国の子どもには必要である、という意見もあります。これは、子どもの権利の意図的な限定であり、子どもの権利条約や日本国憲法に合致したとらえ方ではありません。また、子どもの権利も大切だが、おとな・保育士・教職員の権利も保障してほしいという意見も聞こえてきます。子どもの権利とそれを保障する者の権利を対立的にとらえたら、両者の権利保障が進みません。子どもの権利が保障されるためには、親や保育士・教職員等の権利保障が不可欠です。さらに、子どもの権利は「理想論」「建前」で、実現は難しいという意見もあります。子どもの権利は子どもが人間として「当たり前」(right)に保障されるものです。その意味で、日本国憲法にも規定されているように、この権利は「人類の多年にわたる自由獲得の努力の成果」（97条）であり、「不断の努力」によって保持しなければならないもので（12条）、理想論や建前で片付けられるものではありません。

　子どもの権利条約でも規定されているように、子どもの権利の基本はいのちの権利、そして、成長・発達する権利です。子どもが本来持っている権利を、おとなの無理解や無関心で奪ってはなりません。子どもの権利をめぐる考え方は、条例の制定で決着がつくものでも、つけるものでもありません。条例の制定をきっかけにして、子どもも含めて子どもの権利について、感情論ではなく、リアリティを持った議論、具体的な場面で議論していくことが大切です。

06 子どもの権利と学校

Q 子どもの権利の視点に立つ条例は、なかなか学校のなかに入っていかないと言われます。学齢期の子どもが生活の大半をすごす学校で子どもの権利が実現しないとしたら条例の有効性を損ないませんか？

A 　学校は、子どもの権利の問題についてジレンマ・矛盾をかかえています。いじめや暴力、虐待問題あるいは障がいや外国籍・多様な文化的背景を持つ子どもの差別問題などとのかかわりでは、子どもの権利やその教育・学習の必要性を認めざるをえません。しかし他方で、とくに中・高校生の場合、校則や非行対策等の問題では、生徒のためあるいは生徒指導などを理由にして生徒の権利を制限してきました。一方で子どもに権利の大切さを教え、他方ではその大切な権利を制限してきているとすると、子どもたちは子どもの権利について何を学び、どのような態度をとるようになるでしょうか。

いじめ、虐待解決のための子どもの権利

　このようなジレンマ・矛盾は、子どもの置かれている立場によって対応が異なる現実から生じている面があります。いじめや虐待等が課題となっている場合は、「被害者の位置にある子ども」に対して、受けている行為が暴力であり権利侵害であることを自覚し、自らの権利を守り、解決の主体として権利侵害に立ち向かえるような力を培うことが求められます。実際は学校現場の認識は決して充分とはいえません。そして、権利侵害としての気づきは、少なくとも「自分が悪くないこと」「助けを求めてもよいこと」などへの気づきへとつながり、権利学習・認識から権利救済へとつなげる貴重な実践となります。近年では、CAP（子どもへの暴力防止プログラム）等のNPOとの協働による学校・地域の権利学習も目立つようになりました。

非行・問題行動と厳罰主義

　他方で、「加害者の位置にある子ども」に対しては、対応が一変します。い

じめの加害や子どもの問題行動・非行などを理由として、子どもの規律重視、権利制限、「厳罰化」の対応が優先されます。その背景には、子どもの権利に対する誤解や不安とともに、「わがまま、甘やかし」論があります。「子どもの無軌道な行動については、わがままがそうさせているのであり、そのわがままを放置し甘やかしたおとな、とくに家庭や学校に責任がある」「子どもの権利とか子どもの意見の尊重などと言いながら結局は甘やかしてきた。だから、子どもにはもっと厳しく、小中学生とて容赦せずに刑事の面でも対応する（刑事処分の年齢を16歳から14歳に引き下げる、14歳未満の子どもでも少年院に収容できるようにするなどの少年法改定）」「問題を起こした子どもには、『毅然たる対応、指導』をもって規律し、社会的規範を身に付け、責任感ある行動がとれるように鍛えていく」というような意見や方法です。こうした方向での少年法改定や文科省通知（「問題行動を起こす児童生徒に対する指導について」初中局長通知、2007年2月5日）などは、「寛容・容赦ない厳罰主義」（ゼロ・トレランス）の政策と呼ばれてきました。

厳罰主義から権利学習・子ども支援主義の政策への転換

　こうした厳罰化はかえって子どもを追い詰める結果になっています。問題行動の背景にあるさまざまな問題・原因にメスを入れることなく、現れた行動だけに目を向けて厳しく対応しても、問題の解決にも、子どもの成長にもつながりません。とりわけ自己肯定感が低下し、自己存在感を喪失し、自暴自棄になっている子どもに対しては、自己を肯定し、自分の存在意義に気づき、アイデンティティを獲得できるように支援していくことが求められています。

　子どもは、権利学習を通した、自分自身の権利への学びなしには、他者の権利尊重への認識も感性も育たず、結局は他者の権利を省みない「わがまま」行動の克服もありえません。子どもは、権利学習の経験を通して、権利の相互尊重への学びが求められ、他者の権利尊重への責任を学ぶことができるのです。子どもの責任感を求めるならば、むしろ権利を実践的かつ経験的に学ぶことが必要です。だからこそ、子ども条例のなかでは、子どもの権利の普及や教育・学習の必要性が強調されているのです。そのような意味において、子ども条例は、子どもの権利が尊重される学校づくりを支援するものです。

07 | 家庭・学校と子ども条例

Q 家庭の子育てや学校の教育などに条例を通して行政が介入することは好ましくない、という声があります。家庭や学校では、子ども条例とどう向き合ったらよいのでしょうか。

A

家庭での親による子育てや学校での教職員による教育活動は、子ども一人ひとりの成長に合わせて、主体的・自主的でかつ創造的な雰囲気のなかで行われてこそその力が発揮できるといえます。子ども条例は、そのような子育てや学校教育を支援していくための条件整備を一つの重要な目的としています。

家庭や学校にとって子ども条例は「外圧」か

ところが、子どもの権利に関する問題が入ってきますと、本来主体的で自主的な活動が尊重されるべき家庭や学校に行政が介入する事態が生じます。たとえば子ども虐待については、親権の制限・停止や児童相談所の一時保護措置等により家庭への介入がなされています。そこまで強力ではなくても、子育て中の親・家庭に対し行政からの働きかけはたくさんあります。学校でも、体罰事件等では教育委員会による教師の処分がありますし、いじめや学校事故の対応等でも教育委員会の指導等を受けます。そして、子どもの権利侵害がかかわる多くの場合は、外部から問題が発覚したり、解決策が示されたりします。したがって、条例ができると学校や家庭はいきおい「外圧」として身構えてしまう傾向があります。しかし、子どもの権利条約において、親・保護者が子どもの権利保障やその行使にあたって子どもに適切な指導する権利および義務を有し、それを国・行政が尊重しなればならないこと（5条）や、親・保護者が子どもの養育・発達に対して第一次的な責任を有し、その責任が果たせるよう国や自治体に施策をとる必要があること（18条）などが規定されていることに留意しましょう。また、経済的、社会的及び文化的権利に関する国際規約等で、教育への権利を保障するためにすべての段階での学校制度の発展や教職員の物的条件の不断の改善を国・行政に義務づけていることも忘れてはなりません。

子どもの権利はその重要な担い手である親・保護者や教職員に対する支援なしには実現しません。子ども条例は、家庭や学校に対する支援・条件整備を進めるなかで、子どもの権利を実現していこうとしているのです。

子どもや学校が元気を取り戻すために

上のように言ったとしても、とくに学校の場合は、子どもの教育を受ける権利（憲法26条）を保障する公的機関として、子どもの権利侵害には厳しい目が向けられています。また、06でもふれたように、子どもの権利は学校現場では好意的に受けとめられていないことが多いです。そういうなかで、学校が子ども条例をどう活かしていくのかという課題は、条例の実施と効果を考える上で決定的に重要であるといえます。

繰り返しますが、子ども条例は、親・家庭や教職員・学校が本来の力や役割が発揮でき、子どもや親・教職員等が元気を取り戻していくこと、そしてそれをまち全体で支えていくことを重要な目的として制定されています。

その意味で、子ども条例は、教職員・学校の役割の限界を地域社会・まち全体でカバーしていく条例です。たとえば、いじめ・虐待・問題行動等に対応する学校の力の限界をカバーするためには、子どもの生活基盤の再構築が必要です。共感的な関係づくりや子どもの居場所づくりも求められています。子どもが安心して相談・救済を要請できる仕組みづくりも不可欠です。条例はそれらの施策や仕組みづくりの法的な根拠になります。

また、子ども条例は、管理や指導では解決しない実践的な課題、とくに子ども支援の実践を促進する条例でもあります。とりわけ、いじめや少年事件・非行問題等の問題の根本解決のためには、子どもの自己肯定感の低下に歯止めをかけることが重要です。そのためにも子ども支援の教育実践の法的基盤として子ども条例があることを自覚する必要があります（澤田治夫・和田真也・喜多明人・荒牧重人編『子どもとともに創る学校』〔日本評論社・2006年〕等を参照）。

子ども条例は、子ども・保護者・教職員・地域住民等の教育当事者を中心とした地域教育共同体づくりを推進していきます。子どもは、いまを生きる市民であり、家庭・学校等の一員であり、おとなとともに社会を構成するパートナーです。この視点は、学校が「共に支え合う」教育共同体として生まれ変わることが求められているいまこそ必要です。子ども条例ができたらどうなるかという以上に、子ども条例をどう活かしていくかが問われているといえます。

08 子ども条例と子ども支援・子育て支援

Q 子ども条例に基づく子ども支援の施策と子育て支援の施策との関係はどのようなものでしょうか？

A

　自治体の政策・施策・事業において子どもに関連するものは非常に多いですが、その大部分は少子化対策、子育て支援に関するものです。子ども条例のなかにも、子育て支援を基本にした条例は多数あります。これらの基本は子どもを生み育てていくための親支援・家庭支援です。これらの支援の充実は子育てを取り巻く現状からして非常に重要なのですが、いまを生きている子ども、未来を生きていく子どもを直接支援するという視点と施策がなければ、子ども施策としては不充分です。少子化対策が成功している国では、子育て支援は、男女平等・共同参画の促進および子ども支援と相まって実効ある施策になるといわれています。その意味でも、子育て支援の施策のなかに子ども支援の視点と内容を盛り込むとともに、子ども支援の施策を拡大することが求められています。

子育て支援と子ども支援の総合的な推進

　子ども条例に基づく子ども支援の施策は、子育て支援の施策と別物ではありません。子ども施策の基本の一つは子どもの最善の利益を実現していくことですから、これまでの子ども施策の到達段階をふまえて、何が足りなかったのか、何を改善すれば子どもや子育て当事者にふさわしい施策となるのかを検討していくことが大切です。子ども条例の場合は、そのような子ども施策の評価・検証のシステム化も課題となります（詳細は**19**を参照）。

　子育て支援の施策は、子育て当事者自身の人間的欲求や自己実現のニーズを充分に受けとめたものでなければなりません。そうでなければ、将来の働き手確保のための単なる「産めよ増やせよ」施策になる危険があります。また、子育て支援の施策が、子育て当事者だけでなく、子ども自身の成長発達にふさわしいものになっているかなどの検討が必要です。たとえば長時間保育は、親の

就労支援などにつながる面がありますが、それが子どもの最善の利益にかなっているかなどの観点からも慎重に検討していくことが大切です。さらに、子どもの相談・救済制度の設置、子どもの居場所づくり、子どもの意見表明・参加の促進など子ども支援の施策が展開されれば、子育て支援にも大きく貢献するでしょう。おとなは、生まれてくる子どもとともに生きていくことを支援してもらえるという展望がなければ、子どもを生み育てる意欲や希望がなかなか持てません。

おとなが幸せでなければ、子どもは幸せになれない

　親が安心して子どもを育てていなければ、子どもは安心して生活し成長することはできません。ある自治体で条例制定にかかわった子どもがおとなに呼びかけた「おとなが幸せでなければ、子どもは幸せにはなれません。子どもの幸せのために条例をつくるのであれば、おとなが幸せになってください」という発言は、子ども施策においても大切な視点です。

　子育て支援の施策において、親とその子どもとの関係を中心にした施策づくりにとどまらず、親の生き方や人生を大切にするという視点を持った支援施策を行う必要があります。それには、親が人間として生きていくにふさわしい学習・自己教育にかかわる支援などが、就労等にかかわる支援とともに大切になっています。このような親支援と子ども支援とが結び合ったときに、とかく不全状況が指摘されてきた親子関係が再生へ向かい、かつ子ども支援にもつながるでしょう。そのためには、とくに健康・福祉部局と社会教育・生涯教育部局との連携・協働をはじめ縦割り的な行政の克服なども課題となります。

　また、子ども施策の推進においては、マイノリティの視点を付け足しのような形で置くのではなく、基底に据えていくことで、多数者に対する子ども施策も進展することに留意する必要があります。

　子ども条例では、子育て支援と子ども支援を対立的にとらえるのではなく、上記のように子ども支援と子育て支援の施策が総合的に推進できるように、その視点と内容を含む必要があります。加えて、保健師・保育士・教職員をはじめ子どもの育ちや学びにかかわる人の支援が重要であることも繰り返し指摘しておきます。子ども条例は、子ども支援条例であるとともに、子どもの育ちや学びにかかわる人に対する支援条例であり、それらを含めて子どもにやさしいまちづくり条例なのです。

09 条例づくりにおける市民参加

Q 子ども条例づくりには当事者である市民の参加が不可欠です。子ども条例を制定していく際に市民参加をどう進めていくべきでしょうか？

A
　地方分権と市民自治の現代社会においては、「市民参加型」のまちづくり、条例づくりは時代の要請ともいえます。

行政による形式的な市民参加の克服と市民・NPOの意識改革

　子ども条例の制定における市民・NPO参加を促進するためには、後述するように、行政による形式的な市民参加を克服する必要があります。条例制定のための審議会において行政側の意向に沿うような市民委員の公募・任命、「とりあえず」のパブリックコメントの実施などを改める必要があります。

　また、市民・NPO側も、「お上依存」的な意識や姿勢を変えていくことが求められています。これまで市民の間では、条例により「行政に何をやらせるか」「行政に何をやらせないようにするか」などが主要な関心になりがちでした。しかし、子ども条例は、行政任せ、議会任せでは実現できません。子どもを含む市民のかかわり・参加が不可欠です。「私たち市民は何ができるのか、何をすべきか」という視点と姿勢で条例づくりに参加すること、さらに市民が条例を活かしてまちづくりの主体になることが要請されています。制定過程での市民参加は、実施段階での市民協働を促進し、条例の効果的な実施につながります。

　多くの子育てや子ども支援施策の推進においては、市民との協働によりそのレベルアップを図ることができます。とくに子どもの参加支援、居場所づくり、子どもの相談などにおいては、市民・NPOに豊富な経験が蓄積されており、こうした経験や知恵を積極的に活用していくことが求められています。その際には、市民・NPO側の意思や経験をふまえた、行政と市民・NPOとの「協働のルール」づくりも必要になります。

どのように市民参加を推進するか

　条例づくりへの市民参加には、いろいろな方法があります。条例案の作成を審議する委員会に市民が加わる方法、多数の市民の意見や要望を受けるために市民集会を開催する方法、パブリックコメント等を通じて意見をもらう方法などです。
　委員会における市民参加にもいくつかの方法があります。市民委員を公募する方法、地域団体やNPOを委員会構成枠として設定し、委員委嘱していく方法などです。いずれの場合も委員の数や選考方法が問題になります。その際、多様な市民の意見を反映する配慮、子どもにかかわるNPOの経験を活かすことの配慮、条例制定という目的に向けて円滑な委員会運営にかかわる考慮などが必ずしも合致しないことがあります。行政側の子ども条例に関する認識と制定への意欲が問われる場面です。また、条例制定にかける時間の問題もあります。市民委員の公募においては、可能なかぎり広範に、そして丁寧に趣旨や役割を情報提供することが必要です。選考にあたっては、年齢、男女、職業、子育ての経験、居住地等の基本情報とともに、条例への関心や意欲等にかかわる「作文」等を求めることになるでしょうが、複数の目で見て（なぜこの人が選ばれたのか）「説得力のある」選考にすることが大切です。また、NPOの選考では、その活動実績とともに市民社会のなかでの信頼度も考慮する必要があります。NPOは、その活動の、①継続性（行政職員は異動で切れてしまうことが多々ある）、②柔軟性（子どもの問題対応では休日も含め臨機応変に動くことができる）、③独創性（市民の多様な能力の活用）に利点があり、条例の内容や実施面でレベルアップできますので、条例の制定には欠かせない存在です。いずれにしても、委員会の審議過程を公開し、市民に見えるようにしていくことが重要です。
　市民集会等を開催する場合には、単なる審議会・行政側の意見発表の場にせず、できるかぎり市民が意見を言えるようにするとともに、市民に考えてもらえる場にすることが大切です。子どもの権利を強調すればするほど、05で検討したように、「子どもの責任」条例を求める声になりかねません。市民参加はその意味では「両刃の剣」といえます。しかし、そこから逃げていては、その自治体の子どもの実態にふさわしい条例の制定にはなりません。
　パブリックコメントの実施にあたっては、期間や実施方法について自治体での取り決めがあるでしょうが、やはり可能なかぎり丁寧に趣旨や役割を情報提供することが必要ですし、多くの自治体が行っているように、出されたコメントに対して誠実な応答をすることが大切です。

10 条例づくりにおける子ども参加

Q 子ども条例を子どもにとって効果的なものにしようとすれば、当事者である子ども自身の参加が不可欠です。子ども条例づくりに子ども参加を取り入れていくためのポイントは何でしょうか？

A

　最近の子ども条例づくりでは、制定の委員会に子ども委員を含めたり、独自に「子ども委員会」「子ども会議」を設置したり、ワークショップや意見交換会等を開いたりして、子どもの意見を直接聴くことや子ども参加の機会を設けることを模索する自治体が増えています。しかしながら、おとなでさえ条例の制定にかかわる機会などほとんどないなかで、いくら当事者であると言っても、子ども参加は容易ではありません。

　子ども参加が比較的うまくいったと評価される自治体は、従来から子ども参加の取り組みの蓄積があるところであり、日常的に子どもが集まってくるような場があったり、子ども参加の支援態勢を相当整えたりしている場合です。

「めんどうくさい派」を意識した工夫

　アンケート調査等によれば、地域や自治体の活動などに参加意欲を示す子どもは2～3割にすぎず、多くの子どもは「めんどうくさい」「目立ちたくない」といった理由で社会参加しない傾向があります。多くの自治体がそうであるように、不特定多数の子どもを対象に広報誌等を通して条例づくりの「子ども委員」を募集するだけではなかなか集まらないのが現状です。ですから、学校推薦や子ども会推薦などで集める「動員型」の参加が中心になる場合もあります。また、児童館等の子どもの居場所・活動場所のスタッフらの「口コミ」などによって参加を募ることも有効です。一番効果的なのは現に参加している子どもたちからの「口コミ」です。それには、条例づくりが子どもたちにとって魅力的なものでなければなりません。

　また、子どもたちのなかには、自分の個人的な意見が子どもを代表する意見と受け取られることを嫌がる気持ちがあります。子ども委員の母体となる子ど

もグループ、たとえば「子ども委員会」「子ども会議」などをつくり、議論を重ね（熟議をして）、子どもの「総意」をもって意見表明がなされるよう努力することが求められます。

「出前」型の聴き取りという方法もあります。子どもの居場所や活動の場、つまり子どもができるだけ安心して意見が言える場におとな側が出向いて、子どもの思いや願いを聴き出すというやり方です。この方法では、意見聴取する側がその趣旨や意見の活かし方などを子どもに丁寧に伝えることが重要です（意見のすべてを条例に反映できるわけでもないし、SOSが発せられた場合に直接救済できるわけではないので、注意が必要です）。また、子どもとの信頼関係をできるだけ速やかにつくることが大切ですので、子どもが信頼をする人の介在が求められます。

子ども参加ファシリテーターの存在

条例づくりを子どもとともに推進しようとする場合、その参加が子どもにとってプラスに受けとめられることが大切です。会議・取り組みが終わったときに「二度と来ない」といった捨て台詞や気持ちで終わらせないようにしなければなりません。

そのような場合を含めて、子どもたちの、自主的な活動や参加を支援する「子ども参加ファシリテーター」の存在が大きいです。担当職員がファシリテーターを兼ねる場合もありますが、異動で支援が途切れてしまう可能性があること、子ども参加が日程的に土日に集中し、職員の加重負担になることなどに留意する必要があります。ですから、「子ども参加ファシリテーター」の養成は急務です。子ども支援の事業にかかわる行政職員のなかからファシリテーターを養成することも必要ですが、子ども参加支援に取り組むNPO・市民グループが着実に実績を上げつつありますので、それらに委託するか、協働するかして子ども参加を支援したり、とくに若者のファシリテーターを養成したりすることが求められています。

子どもとおとなの信頼関係の回復

ある自治体で、子ども委員に対して「条例づくりに携わってきて、何が一番よかった？」と聴いたところ、「もう一度おとなを信用してもいいかな」と思えたという答えが返ってきました。子ども参加は、子どもがおとなや社会に対して抱く不信感を払拭し、おとなとの信頼関係を取り戻す取り組みの一つともいえます。

11 | 条例づくりにおける庁内体制

Q 条例制定において所管部署は、それ以外の子ども施策に関連する部署とどのように庁内調整し、全庁的な連携・協力体制をとっていけばよいのでしょうか。

A
　これまで子ども条例を制定してきた自治体での所管部署は、市長部局・企画部門、児童福祉・子育て支援部門、教育委員会（総務、生涯学習）など多様です。どこの部署が主に所管するかについては、当該自治体の諸事情があるでしょう。自治体のなかで一番条例の制定や実施を進めやすい部署を選べばよいのですが、各部署で担当している仕事が増えているので、敬遠し押し付け合い、決まれば所管部署に任せるという意識は根強くあります。
　子ども施策の総合化を推進するための子ども条例の制定過程は、子ども関係の施策・行政を総合化する過程であり、関係する部署を横断する総合的な連携・協働体制をとる必要があることに留意しましょう。

子ども施策の総合化の必要性

　行政内部で子ども条例による子ども施策の総合化の必要性について充分に議論し合意を得ておくことが必要です。この点は、最近では次世代育成支援行動計画の策定等を通じてかなり進展してきています。これらをふまえ、これまで各部署で取り組まれてきた子ども施策の現段階や成果を確認・共有し、さらに発展させていくための条例制定の意義や、条例に依拠した施策を発展させていく意味などについて話し合っていくことが何より大切です。限られた予算や人員のなかで、しかも通常業務の遂行もあれこれの課題が増えているなかで、さらに条例制定に向けた事務負担や条例による新たな事務負担を背負い込むことに対する不安や負担感については、**01**や**02**などで検討したように、制定に時間と労力をさく意味が子ども条例にあることを確認し合っていくことが重要です。
　1998年の「地方分権化一括法」制定以降はとくに、自治体独自で子ども支援の施策を展開していく幅が広くなっています。そのなかで自治体では、総合

的な子ども施策を推進するために、単なる名称変更ではなく、「子ども未来局」「子ども部」等を組織改編して設置するところが一定数あり、それらの部署を中心にして総合的な子ども施策の策定と展開に取り組んでいるところがあります。それらの成果を子ども条例の制定にも活かしていければ、条例をより効果的なものにしていくことができるでしょう。

条例の制定過程への関係部署の参加体制

　子ども条例が総合的な内容を持てば持つほど、とくに健康・医療・福祉・教育・青少年の施策を所管する部署が条例制定にかかわって協議できる体制を組むことが望まれます。子ども条例は、その自治体の子ども施策の成果や課題をふまえた内容でなければ実現可能性が低くなりますので、関係部署が集まって協議する体制が不可欠になります。ある自治体では、審議会に並行して関係部署からなる「子ども条例推進連絡協議会」を設置して、情報共有や意見交換等をして、条例制定が円滑に進むよう取り組みました。条例制定後には、条例実施の連絡協議会に改編して、効果的な実施に向けた庁内体制をつくっています。

　なお、庁内の事前準備段階で条例制定に向けた検討会等において、今後の条例制定の審議を想定して、柔軟に対応できるような幅のある条例イメージを共有しておく必要があります。ただし、あまり固定的な条例イメージをもつことは避けたいところです。

　いずれにしても、子ども条例づくりにあたっては、従来の縦割り行政の壁を越えていくことが必須であり、その克服のために徹底した討論を積み上げていく覚悟と体制が求められます。

条例所管事務局の設置

　条例を所管する事務局の設置は、関係部署部局との合議と合意によりなされることが望ましいです。一般には、所管事務局が立ち上がってのちに、関連部局に対し協力を求めることになりがちですが、子ども条例の制定・実施にとってどのような機能や役割を持った事務局が必要なのか、その機能や役割を果たしていくのにふさわしい所管部署はどこか、あるいは新しく改編・設置するのかなどについて関係部署全体で議論しておくことが必要です。所管事務局は、条例の実施にあたって多様な調整が求められますので、そのことが実質的にできる部署になる必要があります。そして、子どもにかかわる「夢のある仕事をしよう」という思いの共有こそ事務局の活動の支えになっていくでしょう。

12 　子ども条例における責務規定

Q 子ども条例を制定する際には、条例実施に関する責務規定はどのようにすればよいでしょうか？

A

　子ども条例の主要な目的は、子ども支援であり、子ども支援のまちづくりです。この目的を達成するためには、子どもの育ちや成長にかかわるあらゆる人・機関等の総合的な力が必要になります。

　子ども条例の多くは、その「総則」的な規定において、当該自治体、市民・住民あるいは広くおとな、親・保護者、保育士・教職員・児童館等の子どもの育ち学ぶ施設の職員・管理者、事業者・企業などの責務を定めています。それぞれの責任主体は、固有な役割がありますので、それを充分に配慮した規定の仕方が求められます。

　条例の実施において、当該自治体の責務が強調されるのは当然ですが、制定過程でよく議論になるのは、子どもの責務や親・家庭の責務・役割をどう規定するかです。その際に注意が必要な点は、子どもの権利に対応するのは子どもの義務ではなく、それを保障する側の義務であること、そして条例は子ども支援と同時に親・保護者をはじめとして子どもの育ちや学びにかかわる人たちの支援を目的にしていますので、これらの人たちを「追いつめる」ことになるような規定はふさわしくないということです。

親・保護者や子どもの育ち学ぶ施設の職員を追いつめない

　責務規定においては、当該自治体の責務が一番強い表現になります。たとえば、「〜しなければならない」「〜するものとする」などの文言が用いられ、「努める」規定は少なくなります（現に制定されている条例では「努める」規定が多用されています）。また、子どもの権利保障に法的な責任を負っている人や機関の責務も強い表現が用いられる傾向にあります。そして、市民や住民等の責務規定はもっぱら「努める」規定になります。

　よく議論になる親・保護者の責務規定については、子どもの権利条約が「第

一次的な養育責任」主体である親・保護者の役割を明確にした上で、その支援を国に義務づけているという構図を意識しておく必要があります。子育てのあり方や心構えのみ示すような規定は適切ではありません。また、昨今の「親バッシング」や子育て環境の困難さなどにより、親・保護者に対する社会的なプレッシャーが強いなかでは、親としての責任意識をあおることのないよう配慮すべきです。「親の責任追及」ではなく「親支援」が求められています。そうでなければ親は安心して子育てをしていくことは難しいでしょう。

同様に、子どもの育ち学ぶ施設の職員に対する支援という視点を持つことが大切です。規定するにあたっては、とくに学校・教職員とのコミュニケーションをよくとり、学校・教職員に対する支援や連携・協働ができるようにしていくことなどの配慮が必要です。加えて、それぞれの施設の主体性や自主性などにも配慮した規定が望まれます。

子ども支援のための地域共同体の再構築に向けて

子ども条例は子ども支援のまちづくり条例としての意味合いがあり、まち全体で子ども支援に取り組んでいくことが要請されています。しかし現実には、子ども支援・子育て支援にかかわる地域共同体の衰退や一部の住民の突き上げなどにより、家庭や園・学校が窮地に立つ場合も少なくありません。こうした事態を避けるためにも、地域共同体の立て直しが急務です。子どもの育ちを地域共同体が支えてきた日本社会の伝統をふまえつつも、市民・NPO活動のいっそうの活性化や子ども参加によって新たなまちづくりを進めることが大切です。子ども条例によって、子ども支援のための地域共同体の再構築が促進できることを考慮した責務規定が必要です。

子どもの責務規定はどうすべきか

子ども条例のなかには、条例本文に「子どもの責務」を規定した例があります。しかし、子ども条例の基本は、子ども支援および子どもの権利保障のためにおとなの義務・責務を規定することです。とくに条例という法規範に、道徳規範ともいえる子どもの責務をうたうのはふさわしくなく、実効性もありません。子どもの責務規定については、川崎市の条例前文のように、自分の権利についての学習や行使を通じて、権利認識や行使能力を高め、他の者の権利を尊重する力や責任を身につけることができる、というようなとらえ方が求められています（**05**参照）。子どもたちは権利学習を通じて権利の相互尊重の大切さを学んでいきます。

13 | 既存の子どもの相談・救済制度

Q 現在、子どもが利用できる公的な子どもの相談・救済制度はどのようなものがあるのでしょうか？

A
　子どもが利用できる相談・救済制度は地域によっても異なりますが、共通する公的な制度としては概ね以下のようなものがあります。

国レベルの制度

　法務省は、専用電話相談窓口である子どもの人権110番（0120-007-110）を全国共通のフリーダイヤルで実施しています。平日8時30分から17時15分まで対応しており、相談は全国の法務局・地方法務局において、人権擁護事務担当職員および人権擁護委員が受けています。また、「SOSミニレター」を全国の小中学校を通じて配布し、いじめやいやがらせ、友だち関係等普段の悩みについて子どもがメッセージを記入し投函すると、電話や手紙等、子どもが選択した方法で返信される仕組みをつくっています。さらに、インターネットでも人権相談窓口を設けています。こうした相談を端緒として救済手続を開始することもあります。法務局・地方法務局およびその支局に被害の申告がなされると、調査により被害の侵犯事実を認定した場合、その状況に応じて、援助、調整、要請、説示、勧告、通告、告発といった救済措置をとります。救済手続終了後は、処理結果を通知し、その後の状況を見守りながらアフターケアをします。これらの取り組みについて、人権擁護委員が学校での「人権教室」等を通じて伝える努力もしています。

　また、文部科学省は「24時間いじめ相談ダイヤル」を設置しています。全国共通の電話番号（0570-0-78310）で、夜間・休日を含めて対応しており、原則として電話をかけた所在地の教育委員会の相談機関に接続されます。相談は、カウンセラー等の相談員が受け、都道府県・指定都市教育委員会の実状により、児童相談所・警察・いのちの電話協会・臨床心理士会等さまざまな相談機関との連携協力を行っています。

自治体レベルの制度

　虐待に関しては、2004（平16）年の児童福祉法の改正により、市町村が児童虐待を含めたあらゆる子どもに関する相談窓口を設置することになり、児童福祉主管課や児童福祉・母子保健統合課、福祉事務所、保健センター等で子ども家庭相談の体制がとられています。こうした部署では、虐待相談をはじめとして養護相談、棄児・迷子に関する相談、障がい相談、非行相談、育成相談、保健相談に関して、児童相談所、児童福祉施設、警察、学校、公共職業安定所、精神保健福祉センター、保健所、医療機関といった関係機関等と連携しながら対応しています。さらには、関係機関が連携を図り、児童虐待等への対応を行う「要保護児童対策地域協議会（子どもを守る地域ネットワーク）」の設置が進められています。

　教育問題については、教育委員会や地方教育事務所に「教育相談所・相談室」が設置されており、学校・家庭教育全般に関する相談を幼児・児童・生徒、保護者、教職員等から受け付けています。相談事業としては、一般的に電話による相談や来所、訪問、巡回相談を実施しており、心理専門職（臨床心理士・教育カウンセラー等）および学校教育を専門とする相談員（指導主事、退職校長等）が相談に応じています。概して、保護者や教職員を通しての支援が中心となっており、子ども自身からの相談が少ないことが課題です。

　不登校問題に関しては、教育委員会は「教育支援センター（適応指導教室）」を設置しています。不登校の相談には教育委員会所管の機関や児童相談所、福祉事務所、病院等があたっており、こうした機関等で相談や指導を受けた場合、指導要録上出席扱いとする傾向にあります。フリースクールやフリースペースと連携しているケースもあります。

　また、警察では、24時間対応で非行問題をはじめ子どもからの多様な悩み相談を受ける「ヤングテレホン」や、面接相談を行う「少年サポートセンター」を設置しています。

　このように、既存の子どもの相談窓口は、子どもをめぐる深刻な権利侵害状況に対応して相当充実してきています。また、そこでの対応も子どもに対する受容・共感をはじめ進展してきています。しかし、子ども自身からのアクセスが少ないことや、相談してもそれぞれの相談機関の特質（限界）から子どもにとって効果的な救済・回復に結びつかない事例が相当数あることなどが課題です。

14 | 子どもオンブズパーソン

Q 子どもオンブズパーソンとはどういった制度で、既存の相談・救済制度と比べて、どのような機能や特質があるのでしょうか？ どの自治体で設置されているのでしょうか？

A
　近年、国際社会では子どもオンブズパーソンを設置している国や自治体が増えてきています。ヨーロッパでは、それらのネットワークもできています。行政を監視し、市民の利益・人権を実現するというオンブズマン制度は19世紀初頭にスウェーデンでつくられ、その後世界各地に拡がりました。その過程で形態や対象領域も変化していきました。そのなかで、子どもの利益・権利の擁護・促進を目的とし、独立した公的第三者機関として設置されたのが子どもオンブズパーソンです。1981年にノルウェーで最初に設けられました。子どもオンブズマン、子どもコミッショナー、ディフェンダーというような名前で設置している国や自治体もあります。国連・子どもの権利委員会も子どもの権利実現のためにその設置の必要性を強調しており、締約国に対して奨励しています。日本に対しても設置を勧告しています。

子どもオンブズパーソンの機能・特質

　子どもオンブズパーソンは、子どもの立場に立ち子どもに寄り添い問題解決にあたることが原則で、カウンセリング機能やソーシャルワーク機能もその役割に含まれています。具体的な機能としては、個々の権利侵害からの救済、権利状況のモニタリング、権利実現に向けての制度改善・提言、教育・啓発などがあります。その特質は、第一は、子ども自身を「解決の主体」として位置づけ、常に子どもの最善の利益を第一義的に考慮し活動していることです。子どもオンブズパーソンは、「子どもの最善の利益」の代弁者なのです。第二には、子どもの現実に寄り添い、子どもと対話し信頼を深めるなかで、子どもとともに最善の利益を追求し、そうした活動を通して行動の選択肢を子どもが豊かにもてるようにする、すなわち子どものエンパワメントを図ることです。そこで

は、「対決」型、「告発」型の対応ではなく、子どもが立ち直り、成長していく関係づくりを調整していく取り組みが重視されます。第三に、独立した第三者機関であることを背景に、関係機関への調査権限を有し、問題があった場合には、関係当局などに意見表明・勧告などを出す権限を持っていることです。第四に、さまざまな個々の事例を取り扱った経験により、それらをもとに立法・法改正や政策の改善・立案を提案していくことができることです。

日本の自治体での制度化

現在の日本における子ども独自の公的オンブズパーソン制度としては、兵庫県川西市が「川西市子どもの人権オンブズパーソン条例」（1998年12月）により設置したのが始まりです。同制度をモデルにして、岐阜県岐南町で「子どもの人権オンブズパーソン」、埼玉県「子どもの権利擁護委員会」等が設けられています。川崎市では、「川崎市子どもの権利条例」に掲げられた子どもの相談・救済制度を具現化するため「川崎市人権オンブズパーソン条例」（2001年6月）を制定し、子どもの権利侵害と男女平等にかかわる人権侵害について取り扱っています。

さらに、子ども条例のなかには、子どもの権利擁護・救済について規定し、制度を設置している自治体もあります。岐阜県多治見市「多治見市子どもの権利相談室」、東京都目黒区「子どもの権利擁護委員制度"めぐろ はあと ねっと"」、東京都豊島区「豊島区子どもの権利擁護委員」、三重県名張市「名張市子育て支援室」、秋田県「子どもの権利擁護委員会」、福岡県志免町「志免町子どもの権利相談室」、愛知県豊田市「とよた子ども権利相談室（子どもスマイルダイヤル）」、札幌市「札幌市子どもの権利救済機関（子どもアシストセンター）」、愛知県岩倉市「岩倉市子どもの権利救済委員」、福岡県筑前町「筑前町こども未来センター」、愛知県日進市「子ども相談窓口（もしもしニッシーダイヤル）」、福岡県筑紫野市「筑紫野市子どもの権利救済委員」、愛知県幸田町「幸田町子どもの権利擁護委員会」などです。

条例による子どもオンブズパーソン的機関の設置は途上ですが、引き続き一定数の自治体が導入の検討を進めています。制度運営上の課題としては、子どもが安心して利用できるよう認知度や理解を高めるための広報・啓発をどのように進めていくか、既存の機関との有効なネットワークや学校との信頼関係をどのように構築するかなどがあげられます。

15 | 子ども参加の意義と支援施策

Q 子ども参加がなぜ必要なのですか？ 自治体として子ども参加の支援事業に取り組む意味は何でしょうか？

A
　子どもの意見表明・参加は、子どもが自己肯定感を育み自己実現をしていくためにも、家庭・学校・社会の構成員としての役割を果たしていくためにも重要な意味を持ちます。また、子どもが成長していくための人間関係づくりに不可欠なものです。さらに、子どもにとってよりよい決定を行い、子どもの最善の利益を確保していくためにも欠かせないものです。子どもの権利条約は、子どもの意見の尊重（12条）を条約の解釈・運用における一般原則として重視しています。

子どものエンパワメント

　自治体における子ども参加の取り組みは、多様な領域で少しずつ取り組まれてきています。子ども議会・会議の開催、首長との懇談会等を通じての行政への参加、子ども計画の策定に対する子どもの意見表明、さらに公園や児童館等の子ども施設の建設や運営への参加などがあります。また、子ども条例や子ども憲章の制定に子どもが意見表明・参加した自治体もあります。子どもが自由で意見が言いやすい関係や雰囲気のなかで意見表明・参加が行われ活用されたところでは、その過程は子どもをエンパワメントする、おとなが子どもの力に確信を持つようになる、取り組みや事業は子どもによりふさわしいものになっているなど、と評価されています。

　子ども参加でとくに課題の多い教育の分野では、中野区「教育行政における区民参加条例」（1997年）が、「区民参加においては、権利の主体としての子どもの参加と意見表明の機会が保障されるよう配慮されなければならない」（4条）と規定しています。学校では、従来校長・教職員が一方的に決めていた事項を生徒会と協議したり、生徒会の意見を反映させて決定したりする事例もあります（前掲『子どもとともに創る学校』等を参照）。そこでは、教師は生徒を信

頼し「権力」を捨てると、主人公になった子どもはその喜びと自覚で意欲・アイデア・責任感を生み出すという教師の言葉が印象的です。

「共に生きる」まちをつくる

　子どもたちは地域のおとなに必ずしもいい感情を持っているとは限りません。そのようななかで、たとえば目黒区では、「おとなが子どものためにいろいろしてくれても、信頼関係がなければ意味がない」というような声が上がったことから、子ども条例では、子育ちを支えるまちづくりは「子どもと大人の信頼関係を基本に、地域ぐるみで行うこと」（3条3項）と明記しています。近江八幡市では、通年の「ハートランドはちまんジュニア議会」の子ども議員が「子どもの遊び場・公園」づくりにおいて設計図から業者の入札までおとなとともに参加しました。それにより、子どもたちが遊べる地域の公園になっていきました。

　まちづくりの主体形成は、子ども期に育った地域との出会いがとても重要です。地域不信を抱えたまま成人すると、「住み続けたくない」「戻りたくない」というような思いになります。逆に、子ども期に子ども施設やまちづくりに参加した経験のある子どもが当該自治体の職員になったり、あるいは子ども支援のサポーターをしたりする事例もあります。おとなとのいい関係をつくったり、そのまちを好きになったり、一員であるという意識を持ったりするには、子ども参加の促進が重要であることが経験的にわかってきています。

子どもの参加を進めるために

　子どもの意見表明・参加の取り組みは子どもが生活するさまざまな場面で総合的に行うことが必要です。とくに日本の現状で子ども参加を促進するには、相当の条件整備、意識改革、支援が必要になっています。まず、国連・子どもの権利委員会やユニセフ等の国際基準をふまえ、子ども参加は子どもの権利であるという認識を基本に据えることが大切です。この点が不充分であれば、おとな・学校あるいは行政による子どもの「取り込み」、あるいは「見せかけ」「かざり」「あやつり」の参加で終わってしまいます。方法としての子ども参加は以前から理論としても実践としても存在しています。しかし、子ども参加を、行政の手法・手段レベルで終わらせないためには、子ども自身が主体となって活用できる仕組み・システムが必要です。さらに、この仕組み・システムを子どもが有効に活用できるような支援も欠かせません。

16 | 子ども条例における子ども参加規定

Q 子ども条例のなかで子ども参加をどのように規定すればよいのでしょうか？ その基本的な考え方や枠組みはどのようなものですか？

A

　子ども条例の多くは何らかの形で子ども参加の規定を設けています。子ども参加を条文化する際には、**15**で検討したように、子どもの権利として位置づけるとともに、子ども自身が行使できるような仕組みづくり、および参加支援にかかわる規定が重要になります。

　なお、「参加」か「参画」かという議論があります。昨今の子どもの自己肯定感の低下、「めんどくさい」派の台頭、参加意欲や人とかかわる意欲の衰退状況などからすると、「加わる」「かかわる」という意味での参加はとても大事なことです。参加にとどまらない参画が大事だといっても、そこに権利としての位置づけがなければ、おとなによる子どもの取り込み・あやつり・かざり等になる可能性や危険があります。その意味でも、子ども条例における子ども参加という言葉は、加わるということも重視しつつ、当事者・パートナーとしての位置づけとその実際を含む（本来の）意味で用いている（用いるべきである）と考えてよいでしょう。

子ども参加規定の必要性

　子ども参加は、その本質である主体性・能動性を重視しなければなりませんので、条文化により子どもが意見表明・参加を義務づけられたように受けとめては意味がありません。その点を考慮して、子ども条例では、子ども参加を理念規定にとどめて、具体的な仕組みを設けずに自主的な参加活動にゆだねるという事例も見られます（目黒区など）。しかし、上述したような子ども参加をめぐる現状からして、積極的に子どもの主体性・能動性を引き出し、参加できる仕組みやその支援に関する規定が求められています。

　なお、子ども条例に子ども参加を規定する際の前提として、当事者である子ども自身が条例制定に参加することが大切です（**09・10**等を参照）。

子ども条例における規定の仕方

　子ども条例のなかで積極的かつ総合的に子ども参加を規定している例として、川崎市の条例を見てみましょう。条例では、前文と第2章の15条等で子ども参加を権利として位置づけ、第4章で意見表明・参加の仕組みをつくっています。そこでは、子どもが市政・まちづくりに意見を表明し参加する制度として、「川崎市子ども会議」を設けています（30条）。子ども会議は自主的・自発的に運営されることが保障され、会議が取りまとめた意見は市長に提案できるとともに、その意見を尊重することが市長等に義務づけられています。子どもが自主的に活動できるようサポーターを養成し、参加支援を進めています。また、市に子どもの参加活動の拠点づくりを要請し（31条）、それを受けて、「子ども夢パーク」が子ども参加の下で設置・運営されています。学校・施設における参加では、「より開かれた育ち・学びの施設」にするために子ども・親・地域住民・教職員等が定期的に話し合う場を設けています（33条。「学校教育推進会議」の開催等）。子どもの利用を目的とする市の施設の設置や運営についても、子どもの意見を聴くことになっています（34条）。そして、子どもの育ち学ぶ施設の設置管理者には、子どもの自治的な活動を奨励するよう求めています（32条）。

　さらに、子ども施策の推進のために「行動計画」を策定することが義務づけられており（第6章）、そのなかで子ども参加の促進にかかわる施策が盛り込まれています。条例実施の検証機関である「川崎市子どもの権利委員会」は第1期の主な検証事項として「子ども参加」を取り上げるなど、子ども参加の保障状況や施策の検証を行っています（第7章）。

子ども参加の促進

　子ども参加の条文化において、理想的な子ども参加をめざすことは現実的ではありません。その自治体における子ども参加の（行政、学校や施設、地域、市民・NPO等による）取り組みや、（アンケート調査やヒアリングあるいは対話等で把握した）子どもの意識・意欲や意見などをふまえて、規定することが大切です。

　子ども参加の仕組みづくりや参加支援は、学校・施設、地域社会、行政さまざまなレベルで多様に重層的に構築され、取り組まれることが重要です。その際、とくに学校における参加の仕組みづくりは学校の主体性・自主性を尊重しつつ、子ども自身が活用できるものにしていく工夫が必要になっています。また、子ども参加支援に実績のある市民・NPO等との連携も欠かせません。

17 子どもの居場所づくり

Q 子ども条例において、子どもの居場所づくりについてはどのように規定し、取り組めばよいのでしょうか？

A
　「居場所」という言葉は多義的に使われてきました。文字通りの空間的な意味での「居場所がない」ということから、ポジションや役割がない、そして自分らしくホッとできる場がない、という意味にまで広がってきました。1980年代半ばに「登校拒否」「不登校」が社会問題となるなかで、学校は子どもの居場所であるという社会通念が崩れかけたころから、「子どもの居場所」という考え方が注目され始めました。そこでは、年間約10万人を超える不登校の子どもを背景として、学校を子どもの居場所に改革していこうとする取り組みがなされる一方で、地域に学校以外の居場所を求めていく動きが加速していきました。
　一定数の自治体がとっている「子どもの意識・実態調査」においても、「ホッとでき安心できる場所」が学校や地域に充分にないこと（自分の部屋や家という回答は高い）や、（こころの居場所に関係する）「何でも話せる人」がいない子どもが相当数いることが分かります。子どものSOSを発見し受けとめて、効果的な救済・回復支援に結びつけていくためにも、安心・安全でありのままの自分を出せる居場所は不可欠です（西野博之『居場所のちから』〔教育史料出版会、2006年〕等を参照）。

地域に子どもの居場所を

　子ども条例で子どもの居場所について本格的に言及したのは、川崎市の条例です。その27条「子どもの居場所」では次のように規定しています。
　「子どもには、ありのままの自分でいること、休息して自分を取り戻すこと、自由に遊び、若しくは活動すること又は安心して人間関係をつくり合うことができる場所（以下「居場所」という。）が大切であることを考慮し、市は、居場所についての考え方の普及並びに居場所の確保及びその存続に努めるものとする。
　2　市は、子どもに対する居場所の提供等の自主的な活動を行う市民及び関

係団体との連携を図り、その支援に努めるものとする。」

　同様の規定は志免町等の条例でも見られますし、豊田市の条例では、第4章「子どもにやさしいまちづくりの推進」の17条「子どもの居場所づくりの推進」において詳細に規定しています。

　とくに川崎市の条例の場合、空間のみならず時間や精神的なものや人間関係までも含んで、包括的に居場所を定義し、その考え方自体を普及することを重視しています。そして、このような居場所の考え方に基づき、総合的な子どもの居場所・活動の場として「川崎市子ども夢パーク」を建設しています。この施設には、不登校の子どもたちの居場所、「冒険遊び場」、音楽やスポーツができる場所、川崎市子ども会議の事務所、さらには子育て中の保護者が子どもとホッとできる場所などがあります。この施設は設計の段階から現在まで「子どもとともに創り続ける施設」という位置づけがなされています。また、中学校区1つを目安に存在する子どもの遊び・活動の場である「こども文化センター」は子どもの意見表明・参加ができるようになっています。

　子ども参加で建設・運営している屋外型の居場所には、世田谷区の「プレーパーク」（冒険遊び場）などがあり、室内型の居場所には、主に中高生世代の居場所・活動の場所である杉並区の「ゆう杉並」、町田市の「子どもセンターばあん」、茅野市の「CHUKOらんどチノチノ」、高浜市の「バコハ」などがあります。

家庭や学校を子どもの居場所に

　家庭や学校を子どもの居場所にしていくための取り組みが大切であることはいうまでもありません。その際、親・保護者や教職員に対し、条件整備や必要な支援をすることなく、居場所、居場所と迫っても逆効果にしかなりません。親が安心して子育てができるように支援していくことが求められます。また学校では、子どもに対する暴力防止のための教育や関係づくり、相談・救済システムの確立など、学校を子どもの居場所に変えていくための取り組みが必要です。さらに、子どもにとって安全で安心して学べる環境をつくっていくためにも学校に子どもの意見表明・参加の仕組みを構築することも重要です。国連・子どもの権利委員会の日本に対する勧告でも、学校や子ども施設において政策・方針の決定過程に子どもが制度的に参加できるようにすることが求められています（第2回総括所見para28、2004年）。先の川崎市の条例では、33条「より開かれた育ち・学ぶ施設」の規定に基づいて、子ども・保護者・教職員・地域住民が協議する「学校教育推進会議」が制度化されています。

18 | 子ども条例の広報と学習

Q 子ども条例の広報・啓発や学習・教育等をどう進めたらよいのでしょうか？

A
　子ども条例の制定や実施において、その趣旨や規定を広く市民に知らせる広報は決定的に重要です。子どもの権利条約も独立した条文（42条）で、条約の趣旨や規定をおとなと子ども双方に周知することを国に義務づけています。子ども支援の促進には、おとなも子どもも、子どもの権利や子どもの権利条約について知らされ、学び、意識改革していくことが求められます。
　実際に子ども条例の多くは、子どもの権利や条例についての広報・普及を自治体に義務づけ、子どもの権利の広報・啓発、教育・学習、研修等の推進を図っています。条約が国連で採択された11月20日（世界こどもの日）を「子どもの権利の日」と定め、広報・啓発に取り組んでいる自治体もあります。

条例の制定過程も広報の機会

　広報は、条例の制定過程においても大切です。条例制定の審議会の公募委員の募集、学習会や集会の呼びかけ、パブリックコメントの実施等が重要な広報活動ですし、制定過程をホームページで公開することも同様です。
　子ども条例の規定では、多治見市の条例のように、1つの章立てにして（第2章）、子どもの権利の普及を規定しているところもあります。また、川崎市の条例では、「学習等への支援」に関する規定、とくに教職員等の研修にかかわる部分を検討する際に、子ども委員から、子どもも研修する条文がほしいという提案があり、「市は、子どもによる子どもの権利についての自主的な学習等の取組に対し、必要な支援に努めるものとする。」と規定されました（7条3項）。

子ども向けの広報・啓発

　広報・啓発においては、多様な形で市民が目にする機会を増やすことが大切です。何よりも量が必要です。それには、自治体の広報物や広報予算を効果

的に活用できるよう関係部署とよく話し合い、戦略的に取り組むことが大切です。また、子ども向けの広報はとくに工夫が必要です。広報の対象を考慮して、小学校低学年用、高学年用、中・高校生用というように子どもの理解度に合わせてパンフレットを作成している自治体も一定数あります。これらのパンフ等を、子どもの意見を聴いて子どもたちとともに作っている自治体もあります。

　白山市では、リーフレットやパンフレットあるいは啓発絵本などに加えて、ビデオを作成しています。ビデオづくりにあたって、小・中学生を募り、合宿型の子ども会議を行い、ワークショップ形式でビデオの題材づくりを進めました。そうして出来上がったのが『しあわせがあたりまえ～ケンちゃんのふしぎな旅～』(約25分) です。また、川西市が作成したビデオ『きみがたいせつ　子どもオンブズパーソンからのメッセージ』(約35分) は、なかなかイメージしにくい子どもオンブズパーソンの活動事例を分かりやすく紹介しています。目黒区では、幼児・読み聞かせのための『目黒区子ども条例のえほん　すごいねねずみくん』、思春期の子どもを対象にした『目黒区子ども条例のまんが Tomorrow あした』を発行し、無料配布しています。

　広報にあたっては、マイノリティの子どもたちを忘れてはなりません。日本語版にふりがなを振ったり、その子どもの母語版を作成したり、点字や音声などの障がいのある子ども用、あるいは児童養護施設や病院長期入院の子どもなどに合わせた広報をしたりと、個別のニーズに即した広報・普及が必要です。

学習・教育、研修

　子どもの権利の啓発・教育において、学校は大きな役割を果たします。国連・子どもの権利委員会は子どもの権利教育を学校カリキュラムに含めるよう日本に勧告しています (第2回総括所見para21、2004年)。学校では、身近なところにたくさんある素材をもとに、子どもが生活実感のなかで子どもの権利や条約・条例について学習できるようにしていく必要があります。教職員も子どもとともに学習するという姿勢を持ち、子どもどうしが学び合うことを支援していくことが重要です。たとえば川崎市のように、子ども用の学習資料「みんな輝いているかい」とともに、教職員用にその実践例が入った「指導資料」や「子どもの権利Q&A」等を作成し、さらにその実践交流の機会を持つなどして、教職員を支援することが大切です。

　このような取り組みは、子ども支援、子どもの権利に関する啓発や学習活動について実績のある市民・NPOと連携しながら進めることも必要です。

19　子ども条例の実施と子ども計画の策定、評価・検証

Q 条例は実施が大切といわれますが、条例を効果的に実施するために推進計画を策定している自治体があります。そこでは、その実施状況をどのように評価・検証しているのでしょうか？

A

　子どもにかかわる日本の法律自体が健康・福祉・教育・少年司法というような縦割り、それにより国の行政も縦割りであるため、自治体の行政も縦割りにならざるをえないところがあります。また、出産前後は主に母子保健、乳幼児期は主に児童福祉、学齢期はもっぱら教育、青年期は主に青少年対策というような「世代割り」行政になっています。この縦割り的、世代割り的な行政の弊害を少しでも減らし、子ども施策・行政を子どもの現実に即して推進するためには、子どもという存在をトータルにとらえ、総合的な子ども計画を策定することが必要になります。さらに、少子化に対応した子育て支援といまを生きる子どもを直接支援する取り組みが一体的に進められることも必要です。

　子ども条例を制定した自治体の相当数は、条例の推進計画の策定を義務づけ、条例の実施を効果的に進めようとしています。たとえば豊田市は、子ども条例制定の効果として、豊田市の現状に即した法体系が成立したことにより、それぞれの施策や事業を条例の基本理念や総合的な施策体系に照らし合わせ、あらゆる視点や角度から機能的に結びつけることが可能となったといいます。

子ども計画の評価・検証

　子ども計画・施策を策定した場合、その実施の評価・検証が必要です。多くの自治体では、国と同様に、PDCAサイクル（企画立案Plan→実施Do→評価Check→見直し→改善Action）を採り入れ、事業評価に取り組んでいます。このような事業評価は、厳しい財政状況のなかで金・人・物をいかに削減するかを主目的にして、事業の効率性・有効性等を数値で測ることが一般的です。しかし、子ども施策の多くは子どもの権利保障にかかわるので、子どもの権利保障

にどこまで貢献したかという視点を位置づけることが不可欠です。

たとえば川崎市では、条例に基づいて子どもの権利委員会を設置しています。そこでは、①子どもの実態・意識調査を行います（3年に1回）。無作為に抽出した子どもとおとな、そして市職員の三者に対してのアンケート調査、加えて外国籍等の子ども、施設に入所している子ども、不登校の子どもらに対してヒアリング調査を行っています。その上で、②子どもの権利委員会が設定した視点・項目等に基づいて施策の自己評価を市の担当部署に要請します。③その後、担当行政職員、子ども、市民・NPOとの対話を行います。④これらの結果をふまえ、委員会で審議し、市長へ答申（現状の分析、成果と課題の提示、政策提言）します。⑤市は、答申を受けて講ずる措置を検討し、子どもの権利委員会に報告するとともに、市民に公表します。このような検証結果をふまえながら、子どもの権利委員会は条例実施に向けた次期の「行動計画」への提言を行います。市は、この提言をふまえて「行動計画」を策定します。

川崎市子どもの権利委員会は、行政職員、子どもを含む市民とのパートナーシップの下でモニタリングを展開しています。そこでは、一定の基準に基づく第三者による一方的な評価ではなく、対話的な手法により、子どもの権利委員会と行政職員や市民等が成果や課題を見出し共有するという方法を大切にしています。

子ども計画の推進・検証における市民参加、子ども参加

子ども計画の策定過程において、ほとんどの自治体は、審議会の委員やパブリックコメントの募集等を通じて市民参加を図ろうとしています。また、計画の実施段階で、事業の民間委託、指定管理者、あるいは補助金等を通じてNPOとの「協働」を進めるところも多いです。子ども計画の実施において、市民・NPOのかかわりが不可欠ですし、そのための条件整備が求められています。市民参加は、行政やその関係者だけでは見えない子どもの現実や取り組みの実態などを明らかにすることに貢献し、子ども計画実施のあり方と内容をより現実的で効果的なものにします。

ところが、市民参加のなかでも子ども参加という視点と手法は不充分のままです。とくに子ども計画の検証過程では、当事者である子どもの位置づけはほとんどありません。子どもの意見表明・参加は子どもの権利であるという認識をもとに、多様な形で模索することが求められています。

20 子ども条例の実施と市民との協働

Q 子ども条例の実施において、行政や市民・NPO等との協働をどのように進めたらよいでしょうか？

A

子ども条例に基づく子ども施策を推進していくには、行政と市民・NPOとの協働が欠かせません。とくに子どもの権利保障にかかわる施策の大部分は、当該地域自治体の市民・NPOのかかわりや参加が不可欠です。行政と市民・NPOが、それぞれの役割を確認しあいながら、パートナーシップの下で子ども施策を進展させていくことが求められています。

行政と市民双方の意識改革

以前、日本の市民活動は、行政に対抗する「市民運動」としての性格を色濃く持っており、行政からすると市民団体＝「圧力団体」という見方が支配的でした。市民からすれば、行政の施策に問題が多く、「やらせない」(反対運動)か「やらせる」(要求運動)かに向かわざるをえない状況がありました。そこには、「わたしたちは何ができ、何をやるのか」という視点が欠落する傾向にありました。また、行政側は、反対にせよ要求にせよ、常に市民から「突き上げられる」関係になり、防衛的・自己弁護的な対応も多く見られました。協働を推進するにはこれらの関係やその背景にある意識を変えていくことが必要でした。1990年代以降、こうした関係や意識に少しずつ変化が見られ、1998年に制定された「特定非営利活動促進法」(NPO法)がその傾向を加速します。行政と市民がパートナーシップの下で協働する視点や方法の経験が徐々に蓄積されてきていますので、それらを教訓として活かすことが大切になっています。

「思惑」を超えた協働

実際に協働を進めるにあたっては、行政側、市民側にそれぞれに「思惑」がある場合が多いです。行政としては、予算の窮乏や人員の縮小など施策の実施において人的・財政的に不足が生じる場合、その補完的な役割を市民・NPO

に期待しがちです。一方、市民・NPOは、自身の活動を公的にバックアップしてくれること、そして広報や物的・財政的支援などを期待します。しかし、このような「思惑」のままでは、効果的な協働にならないことが多く、めざすべき子ども支援につながりません。子ども施策推進において行政と市民・NPOとの協働が子ども支援の発展につながるということを、一般論ではなく、具体的に確認する必要があります。また、行政は、法や計画に基づいて行われ、事業評価等もなされますが、子ども施策・事業の担当者は頻繁に替わります。市民・NPOはその地域で生活している子ども・保護者等の実態や思い・願いを直接受けとめながら、子ども密着型で継続的に活動することが求められます。これらの点もふまえながら、協働を指向することも大切です。

協働のルールづくり

　行政と市民・NPO活動には大きな違いがありますので、協働は簡単ではありませんし、時間も経験も必要です。行政は、税金＝公費によって成り立つ公的機関であり、市民活動は、私費をベースに、自由な活動を展開するところに持ち味があります。行政が公的機関として「公平」「均等」等を考慮し、その活動には「権力性」を有することなどは、市民・NPOがそれぞれの目的に沿って特徴ある活動を自由闊達に展開していくときに、「協働」がかえって足かせになる場合もあります。したがって、両者が「協働」によって子ども施策・子ども支援を促進していくことに成果を上げるためには、それ相応のルール・条件を設定しておく必要があります。たとえば、基本的な観点として「子どもの最善の利益」確保を基底に据えること。施策・事業の目的について、行政と市民・NPOがパートナーシップの下で決定し共有すること。協働の進め方・方法については、主に行政による施設・設備の確保や予算面の支援等の条件整備的な役割、あるいは、市民・NPOに対してはその特徴を活かした実践や研修、事業の質の向上への役割、活動報告などに関して申し合わること、などです。なお、パートナーシップといっても、現実には、行政主導による市民・NPOの育成・支援が必要な場合もありますし、その逆に、市民・NPOが行政の不足を支えたり、行政が市民・NPOの活動を後追いしたりすることもありますので、協働はその地域・自治体の現状に即して模索していくことになります。

　このようなルールづくりに基づく協働は、行政からすれば協働の相手にふさわしいNPOを「選択」するプロセスでもありますし、NPOからすれば行政の考えや姿勢を問い直すプロセスでもあります。

第2部

子ども条例の実際

神奈川県川崎市 52	宮城県石巻市 90
北海道奈井江町 54	愛知県日進市 92
岐阜県多治見市 56	福岡県筑紫野市 94
東京都目黒区 58	北海道幕別町 96
北海道芽室町 60	愛知県幸田町 98
三重県名張市 62	兵庫県川西市 100
富山県魚津市 64	埼玉県 102
岐阜県岐阜市 66	大阪府箕面市 104
東京都豊島区 68	東京都世田谷区 106
福岡県志免町 70	東京都調布市 108
石川県白山市 72	三重県 110
愛知県豊田市 74	高知県 112
愛知県名古屋市 76	滋賀県 114
新潟県上越市 78	秋田県 116
北海道札幌市 80	大阪府 118
福岡県筑前町 82	神奈川県 120
愛知県岩倉市 84	兵庫県宝塚市 122
東京都小金井市 86	北海道滝川市 124
岩手県遠野市 88	岡山県総社市 126
	資料：条例制定の経緯一覧 128

解　説

　第2部では、子ども条例を制定し、子どもの権利を基本において積極的に子ども施策を進めている自治体にアンケート調査を実施することにより、その回答結果から、条例の制定経緯、特徴、推進体制、効果等、子ども条例の実際についてアプローチしていきます。

1　調査方法
　主に子ども支援を総合的に進める条例を制定している自治体から40自治体を抽出し、それぞれの子ども条例主管課宛てに電話にて調査の趣旨を説明した後、調査票を送付し、主管課において自記式回答を依頼しました。

2　実施時期
　調査票の配布：2011（平成23）年8月
　調査票の回答：2011（平成23）年9月〜2012（平成24）年1月
　内容の最終確認：2012（平成24）年5月

3　回答のあった自治体（合計38自治体／依頼数40自治体：回収率95％）
　神奈川県川崎市・北海道奈井江町・岐阜県多治見市・東京都目黒区・北海道芽室町・三重県名張市・富山県魚津市・岐阜県岐阜市・東京都豊島区・福岡県志免町・石川県白山市・愛知県豊田市・愛知県名古屋市・新潟県上越市・北海道札幌市・福岡県筑前町・愛知県岩倉市・東京都小金井市・岩手県遠野市・宮城県石巻市・愛知県日進市・福岡県筑紫野市・北海道幕別町・愛知県幸田町・兵庫県川西市・埼玉県・大阪府箕面市・東京都世田谷区・東京都調布市・三重県・高知県・滋賀県・秋田県・大阪府・神奈川県・兵庫県宝塚市・北海道滝川市・岡山県総社市（後掲228頁「子ども条例一覧」掲載順）

4　調査項目

自治体名：
面積：　　　　　　　人口：　　　　　　　18歳未満人口：
❶　子ども施策情報（子どもに関する特徴的な施策について）
❷　子ども条例の名称
❸　制定年月日 可決日：　　　　　　　　　公布日： 施行日：
❹　条例制定の経緯　（○をつけてください） (1)　条例制定のきっかけ（複数回答可） 　a.首長の公約・マニフェスト　b.行政内部における検討 　c.子ども計画（次世代育成支援行動計画ほか）　d.住民の要望・取り組み 　e.議員の質問・立法　f.その他（　　　　　　　　　　　　　　） (2)　検討段階での子ども・市民参加（複数回答可） 　a.委員会主催の公聴会等の開催　b.パブリックコメントの実施 　c.実態・意識調査の実施　d.学習会・ワークショップ等の実施 　e.子どもが自由に審議できる「子ども条例検討会議」等の設置 　f.その他（　　　　　　　　　　　　　　　　　　　　） (3)　議会における議決 　a.全会一致　b.賛成多数
❺　条例の特徴
❻　条例の推進体制 ①　他部局・課、教育委員会等との連携体制、条例に基づく推進計画、検証制度等について ②　条例の広報・啓発、教育・学習（機会、方法、教材）について
❼　条例実施による効果について
❽　担当部局・課 名称： 住所：〒 電話番号：　　　　　　　　　FAX： メールアドレス：

神奈川県
川崎市

面積●144.35㎢
人口● 1,417,486人
18歳未満人口●224,482人
※2012(平24)年3月末現在

❶ **子ども施策情報（子どもに関する特徴的な施策について）**
○子ども支援施策の一元化をめざし、2008（平20）年4月に局名を市民局から市民・こども局に改編し、新たに市民・こども局内に「こども本部」を設置した。併せて、区における「地域の総合的な子ども支援拠点」として「こども支援室」を新設し、教育・保健・福祉等の総合的なサービスの提供を推進している。
○急増する児童虐待への対応として、2011（平成23）年4月に、支援を要する児童への総合的専門相談機関である「こども家庭センター（中央児童相談所）」を整備し、児童相談所を市内2か所体制から3か所体制へと相談支援機能の強化を図った。

❷ **子ども条例の名称**
川崎市子どもの権利に関する条例

❸ **制定年月日**
可決日：2000（平12）年12月21日　　公布日：2000（平12）年12月21日
施行日：2001（平13）年4月1日

❹ **条例制定の経緯**
(1) 条例制定のきっかけ
　b.行政内部における検討 f.市の総合的人権施策推進にかかわる市民要望等
(2) 検討段階での子ども・市民参加
　a.委員会主催の公聴会等の開催　b.パブリックコメントの実施
　c.実態・意識調査の実施　d.学習会・ワークショップ等の実施
　e.子どもが自由に審議できる「子ども条例検討会議」等の設置
(3) 議会における議決
　a.全会一致

❺ **条例の特徴**
○総合性をめざす構成（総合条例）
- 子どもの権利の保障を総合的にとらえ、権利の保障を実効性のあるものにするため具体的な制度や仕組みを盛込んだ構成とした。
- 制定時に市民参加、子どもたちの意見を反映した。
- 権利侵害に関わる子どもたちの相談・救済規定を本則に位置づけた。（川崎市人権オンブズパーソン条例）

- 条例の各章、各条文の内容がそれぞれ相互に補完しあうよう配慮している。

❻ **条例の推進体制**

① 他部局・課、教育委員会等との連携体制、条例に基づく行動計画、検証制度
○庁内推進体制（全庁的連携体制）
- 人権・男女共同参画推進連絡会議（構成：局長クラス）を設置＝人権及び男女平等関連施策の総合的企画及び全庁的な連絡調整
○子どもの権利に関する行動計画の検証・評価
- 市の子どもに関する施策（事業）に子どもの権利の視点を取入れる
○子どもの権利委員会
- 子どもの権利保障の推進と検証機関として設置

② 条例の広報・啓発、教育・学習（機会、方法、教材）について
○かわさき子どもの権利の日（11月20日）前後1か月間における広報・啓発事業として、「かわさき子どもの権利の日のつどい」（講演会等）、市民企画事業（NPO、市民活動団体等2011（平23）年度は18団体参加）等を実施。
○条例パンフレット配布（市内の小4・中2・高1の全児童生徒対象：約6万部）
○講師派遣事業（関係機関、関係施設等の職員研修等に担当職員を講師として派遣）

❼ **条例実施による効果について**

①川崎市子ども会議の設置（公募により小4から18歳未満の子どもで構成）
②学校運営協議会に子どもの意見を聞く会を設置（市立小中高全校）
③川崎市子ども夢パークを開設（子どもの居場所及び子どもの参加活動拠点）
④川崎市人権オンブズパーソン条例を制定（子どもの人権に関わる相談・救済）
⑤子どもが身近で相談できるよう各区に「こども相談窓口」を整備
⑥条例の具現化として行動計画の策定

❽ **担当部局・課**

川崎市市民・こども局人権・男女共同参画室子どもの権利担当
住所：〒210-8577　川崎市川崎区宮本町1番地
電話番号：044-200-2344　FAX：044-200-3914
メールアドレス：25zinken@city.kawasaki.jp

北海道
奈井江町

面積●86km²
人口●約6,300人
18歳未満人口●779人
※2012(平24)年5月現在

❶ 子ども施策情報（子どもに関する特徴的な施策について）
- 子育てに関する相談指導及び地域の子育て家庭の保護者や児童等に対する支援等を地域全体で積極的に推進するため、子育て支援センターを設置。
- 子育て支援センターで行う食育講座等の準備・手伝いやリサイクル活動、情報交換のための交流会開催等「KID'S Net ないえ」を実施。

❷ 子ども条例の名称
子どもの権利に関する条例

❸ 制定年月日
可決日：2002（平14）年3月18日　　公布日：2002（平14）年3月26日
施行日：2002（平14）年4月1日

❹ 条例制定の経緯
(1) 条例制定のきっかけ
　a.首長の公約・マニフェスト
(2) 検討段階での子ども・市民参加（複数回答可）
　b.パブリックコメントの実施　c.実態・意識調査の実施
　e.子どもが自由に審議できる「子ども条例検討会議」等の設置
(3) 議会における議決
　a.全会一致

❺ 条例の特徴
- 「行政全体で取り組む」「町民と共につくる」「子どもや町民に合った条例」を目指し、学識経験者、町民、関係団体、子育てサークル、学校関係、行政の代表15名で構成する「子どもの権利検討連絡会議」を設置し、下部組織として、小中高生代表で構成する「子ども小委員会」を加え、「子ども達にわかりやすい条例」「生き生きとするような条例」「簡素で子どもの権利という理念を表した条例」などを重点に子どもと大人が協働で策定した。

❻ 条例の推進体制
① 他部局・課、教育委員会等との連携体制、条例に基づく推進計画、検証制度等について
- 人権教育を推進する上での研究に取り組むため、2005（平17）年度より3カ年間、文部科学省の人権教育総合推進地域指定を受け、「子どもの権利推進委員会」及び「子ども会議」を中心に、社会教育委員会等関係機関の協力により、

課題整理、評価及び検証を実施。
② 条例の広報・啓発、教育・学習（機会、方法、教材）について
- 2004（平16）年度に「子どもの権利に関する条例」を各小中学校授業へ試験導入、権利条例を基にしたテーマを学習し、小中高校の教員で構成する教育課程推進連絡会が実践・検証を行い、翌年度より正式に教育課程に位置づけ、総合的な学習の時間、道徳や生活科などの時間において3時間から8時間実施。

❼ 条例実施による効果について
- 以前は、家庭で考える事とされていたことを明文化することで、子どもも大人も目に触れ、人権や子どもの権利を知り理解する。
- 住民参加、住民自治のまちづくりの中で、子どもと大人共に意識改革が進む。
- 権利条例を知り、自分の町に誇りを持つ。
- お互いに尊重することを学ぶ。
- 子どもたちは、まちづくりについて、自己表現や意見の表明ができ、尊重されるようになった。
- 大人は、子どもたちに意見を押し付けない、子どもを軽く見ないとの考えに変わってきた。

❽ 担当部局・課
奈井江町教育委員会生涯学習係
住所：〒079-0392　北海道空知郡奈井江町字奈井江11
電話番号：0125-65-5381　FAX：0125-65-5383
メールアドレス：shogaku@town.naie.lg.jp

岐阜県
多治見市

面積●91.24km²
人口●115,802人
18歳未満人口●18,868人
※2012(平24)年4月1日現在

❶ 子ども施策情報（子どもに関する特徴的な施策について）

教育分野　「たじみ教育生き活きプラン」に基づき、中学校における30人程度学級、「脳活学習」や「体トレ」、「早寝・早起き・朝ごはん運動」等習慣向上プロジェクトを実施。子どもの自立「子育ち」を支える教育を目指す。

福祉分野　「たじみ子ども未来プラン」に基づき、公立保育園での休日保育の実施や病後児保育事業への利用料の助成、全小学校区での学童保育所の設置等を実施。「豊かなつながりの中で　子どもが伸び伸びと育ち　子育てに喜びや夢をもつことができるまち」の実現を目指す。

人権分野　「第2次多治見市子どもの権利に関する推進計画」に基づき、子どもの権利学習の推進、たじみ子ども会議の活性化など市政への子どもの意見表明・参加の促進、子どもの権利擁護委員制度における相談・救済機能の充実等の施策を実施。子どもの自己肯定感の向上を目標に施策を行うことで、子どもの人権意識や感覚を育み、子どもの自立につなげていく。

❷ 子ども条例の名称

多治見市子どもの権利に関する条例

❸ 制定年月日

可決日：2003（平15）年9月24日　　公布日：2003（平15）年9月25日
施行日：2004（平16）年1月1日

❹ 条例制定の経緯

(1)　条例制定のきっかけ
　a.首長の公約・マニフェスト
(2)　検討段階での子ども・市民参加
　a.委員会主催の公聴会等の開催　b.パブリックコメントの実施
　c.実態・意識調査の実施　d.学習会・ワークショップ等の実施
　e.子どもが自由に審議できる「子ども条例検討会議」等の設置
(3)　議会における議決
　a.全会一致

❺ 条例の特徴

検討のプロセス　子ども含む市民参加の条例づくり。前文は子ども自身が検討。

総合型の条例　子ども会議等多治見市独自の取組みを活かしながら、子どもに関わる人・場所・施策の相互連携と、総合的なしくみ作りを重視。子どもの権利

の普及、意見表明・参加、救済、施策の推進や検証等のしくみについて定める。
❻ 条例の推進体制
① 他部局・課、教育委員会等との連携体制、条例に基づく推進計画、検証制度等について
推進計画の策定と実行　子どもに関する施策を総合的・具体的に進めていくために「多治見市子どもの権利に関する推進計画」を策定。現在、「第1次推進計画」(2004（平16）年度～2008（平20）年度) の取組みや検証結果を踏まえ策定した「第2次推進計画」(2009（平21）年度～2016（平28）年度) に基づく施策を推進している。
子どもの権利委員会の設置　条例に基づく施策の実施状況や、推進計画の進捗状況について調査・審議を行うことで、多治見市における子どもの権利保障を促進するための仕組みとして、「多治見市子どもの権利委員会」を設置。
② 条例の広報・啓発、教育・学習（機会、方法、教材）について
子どもの権利の日事業　11月20日を「たじみ子どもの権利の日」と定め、この日を中心に子どもの権利についての関心や理解を深めるための取組みを推進。（例：啓発物作成及び配布、情報誌発行、市内子ども施設での協賛事業実施）
子どもの権利学習の推進　幼稚園・保育園教諭が中心となって、幼児用学習紙芝居を作成。「たじみ子どもの権利の日」を中心に実施していただくよう働きかけている。また、市内の小中学校では、子どもの権利に関する授業を実施。
その他　講演会、セミナー、子どもの権利擁護委員の活動報告会を定期的に開催。市担当職員が地域へ出向く「おとどけセミナー」を実施。
❼ 条例実施による効果について
市民意識の定着　「多治見市市民意識調査結果」(2011（平23）年1月）によると、「子どもの権利に関する意識の定着」に係る市民満足度の結果が前回（2008（平20）年度）と比較して0.36ポイント上昇（4件法による算出）しており、条例に基づく普及・啓発活動が徐々に市民に浸透してきているといえる。また、「子どもの権利に関するアンケート調査結果」(2011（平23）年8月）によると、条例の認知度は子ども21.1％、おとな52.2％となった。
その他　子どもの権利保障を謳う活動を行う民間団体が出てきた。
❽ 担当部局・課
多治見市環境文化部くらし人権課
住所：〒507-8703　岐阜県多治見市日ノ出町2-15
電話番号：0572-22-1111（内線1153）　FAX：0572-25-7233
メールアドレス：kurashi-jinken@city.tajimi.gifu.jp

> 東京都
> **目黒区**
>
> 面積●14.7km²
> 人口●256,579人
> 18歳未満人口●31,323人
> ※2012(平24)年5月1日現在

❶ **子ども施策情報（子どもに関する特徴的な施策について）**
(1) 「目黒区子ども条例」に基づき、子どもの権利を尊重し、子育ちを支えるまちづくりに関する区長の付属機関として「子ども施策推進会議」を設置している。
(2) 条例では、子どもの権利擁護委員を設置し、子どもまたはその関係者から相談を受け、その解決のために支援や助言を行うこととしている。
(3) 条例を具体化するために「子ども総合計画（2010（平22）年〜2014（平26）年」を策定している。

❷ **子ども条例の名称**
目黒区子ども条例

❸ **制定年月日**
可決日：2005（平17）年11月30日　公布日：2005（平17）年12月1日
施行日：2005（平17）年12月1日（但し、一部2006（平18）年、2008（平20）年施行）

❹ **条例制定の経緯**
(1) 条例制定のきっかけ
　c.子ども計画（次世代育成支援行動計画ほか）
(2) 検討段階での子ども・市民参加（複数回答可）
　b.パブリックコメントの実施　e.子どもが自由に審議できる「子ども条例検討会議」等の設置
　f.その他（子どもの条例を考える区民会議）
(3) 議会における議決
　a.全会一致

❺ **条例の特徴**
(1) 「児童の権利に関する条約」の趣旨に基づいた子どもの権利の保障と子どもが自らの意思でいきいきと成長していくための支援（子育ち支援）を地域社会全体で進めることとした。
(2) 子どもの権利保障と子育ち支援を①親・保護者の子育て支援②子どもの意思表明・参加の支援③子どもの居場所づくり④子どもの安心の保障という4つの視点から進めることとした。
(3) 条例に基づく具体的施策のため「子ども総合計画」を策定し、その際には、「目黒区子ども施策推進会議」の意見を聴くこととしている。

(4) 子どもの権利侵害に対して具体的な行動がとれる第三者機関として、子どもの権利擁護委員制度を設置している。

❻ 条例の推進体制

① 他部局・課、教育委員会等との連携体制、条例に基づく推進計画、検証制度等について

○子どもの権利擁護委員制度の設置に伴い「子どもの基本的人権の尊重」と「子どもの最善の利益」のために、教育委員会事務局及び関係各課との連携をとっている。また、目黒区内の公私立の保育園、幼稚園、児童館、小中高等学校等とも連携体制をとっている。

○「子ども総合計画（2010（平22）年度～2014（平26）年度）」を策定し事業計画としている。

② 条例の広報・啓発、教育・学習（機会、方法、教材）について

○区立小中学校において、条例の趣旨等の理解を図る活動を年間指導計画に位置づけ、実施している。

○パンフレットやカードを作成し、配布している。また、子ども参画と啓発を目的として、公募による子どもの絵を載せた「子ども条例啓発カレンダー」を作成し、区内の公共施設や学校などに配布している。

○子ども条例啓発講座として、親子講座や大人講座を開催している。

○「絵本」、「まんが」を作成し、講座等で配布して啓発を図った。

○区報やホームページを利用した広報に努めている。

❼ 条例実施による効果について

○区政における各分野で子どもの権利に関する配慮がより一層推進される。

○区の施策や事業運営等に子どもの意見を反映させる枠組みを明確にした。

○子どもたちが、いきいきと元気に過ごせるまちづくりを推進していくための根拠となる。

○区民や子どもたちが、子どもの人権や未来などについて幅広く議論し、考える機会となる。

❽ 担当部局・課

目黒区 子育て支援部 子ども政策課 子どもの権利擁護係
住所：〒153-8573　東京都目黒区上目黒2丁目19番15号
電話番号：03-5722-9596　FAX：03-5722-9684
メールアドレス：kodomoseisaku01@city.meguro.tokyo.jp

北海道
芽室町

面積●513.91㎢
人口●19,389人
18歳未満人口●4,079人
※2011（平23）年10月31日現在

❶ 子ども施策情報（子どもに関する特徴的な施策について）

　乳幼児期から成人期までの一貫した支援を行う「発達支援システム」を構築し、保健、教育、福祉、産業（労働）とこれまで縦割りだった組織対応を改め、対象者1人ひとりに応じた個別支援計画などを策定し、庁内外の関係機関が情報を共有しながら、進学や就労などライフステージに応じたきめ細かい支援態勢を整えている。

❷ 子ども条例の名称

子どもの権利に関する条例

❸ 制定年月日

可決日：2005（平17）年12月22日　公布日：2006（平18）年3月6日
施行日：2006（平18）年4月1日

❹ 条例制定の経緯

(1)　条例制定のきっかけ
　a.首長の公約・マニフェスト
(2)　検討段階での子ども・市民参加
　b.パブリックコメントの実施
(3)　議会における議決
　a.全会一致

❺ 条例の特徴

　子どもの権利条約に基づいた最善の利益の実現に向けての環境作りについて、子どもの権利保障の重要性について述べている点。また、子どもが成長していく過程に触れる折りには、芽室町の教育目標にあるキーワードを組み込んでいること。

❻ 条例の推進体制

① 他部局・課、教育委員会等との連携体制、条例に基づく推進計画、検証制度等について
　自治基本条例など、町づくりの基本となる条例の説明会に合わせて、権利条例についての理解を広げている。
② 条例の広報・啓発、教育・学習（機会、方法、教材）について
　啓発用リーフレットを作成している。

❼ 条例実施による効果について
　子どもたちが権利条例を学ぶことで、趣旨をすぐには理解できないとしても、他者の性格や人格、存在そのものを尊重する人間になることが期待できる。
　大人に関しては、子どもの権利条例をいうことをあえて言わなければならない社会になっていることを認識し、あらためて子育てについて見直す機会になる。

❽ 担当部局・課
芽室町子育て支援課子育て支援係
住所：〒082-0014 北海道河西郡芽室町東4条4丁目
電話番号：0155-62-9733　FAX：0155-62-0121
メールアドレス：kosodate@memuro.net

三重県
名張市

面積●129.76㎢
人口●82,305人
18歳未満人口●12,618人
※2012(平24)年5月1日現在

❶ **子ども施策情報（子どもに関する特徴的な施策について）**
- （仮称）子ども発達支援センターの整備
  　障がいのある子どもたちの健全な発達を総合的に支援するために、（仮称）子ども発達支援センターの整備を進めている。
- マイ保育ステーション事業
  　地域の身近な子育て支援の拠点として、地域の公立保育所や民間保育園にマイ保育ステーションを設置し、妊婦や未就園児を持つ家庭を対象に、保育無料体験や育児相談、子育て講座、ひろば事業等の子育て支援を行い、育児の孤立や育児不安の解消を図る。

❷ **子ども条例の名称**
名張市子ども条例

❸ **制定年月日**
可決日：2006（平18）年3月14日　公布日：2006（平18）年3月16日
施行日：2007（平19）年1月1日（ただし、一部は2007（平19）4月1日

❹ **条例制定の経緯**
(1)　条例制定のきっかけ
　e.議員の質問・立法
(2)　検討段階での子ども・市民参加
　f.行政関係者からの意見聴取
(3)　議会における議決
　a.全会一致

❺ **条例の特徴**
- 市民、行政等の役割を明確にするとともに、公平中立で専門的な子どもの権利救済機関の設置を明記。
- 救済機関は、相談、調査、審議、助言、是正の要望等を行う機能を持つ。
- 縦割りの行政組織から脱却し、総合的に子どもの施策が展開できるよう庁内組織について規定。

❻ **条例の推進体制**
① 　他部局・課、教育委員会等との連携体制、条例に基づく推進計画、検証制度等について
- 名張市子ども健全育成推進本部
  　名張市子ども条例に設置を規定。市長を本部長、全部長を構成員として、子

どもの健全育成に関する基本計画（ばりっ子すくすく計画）の推進及び施策の総合的推進を図る。
- ばりっ子すくすく計画
    名張市子ども条例に規定した、子どもの健全育成に関する基本計画
② 条例の広報・啓発、教育・学習（機会、方法、教材）について
- 市広報紙への掲載
- 地元ケーブルテレビへの出演
- 啓発講演会等行事の実施
- 名張市子ども条例説明リーフレット、名張市子ども相談室案内カードの配布
(市内小中高生、教職員等)
- 学校訪問（市内小中高）
- 出前講座
    保育所（職員対象）、小学校（児童及びPTA対象）、民生委員児童委員等からの依頼を受け、講座を実施

❼ 条例実施による効果について
- 保育所職員や小学校児童及びPTA、民生委員児童委員などから、子ども条例や子どもの権利についての出前講座依頼が増加しており、子どもの権利への関心の高まりを感じる。
- 子どもの権利の侵害に係る相談や権利救済の申し立てに応じるため設置した名張市子ども相談室の相談件数は年々増加し、2010（平22）年度においては相談件数約300件の内、約半数が子ども本人、約3割が家族・親戚などからの相談と、市民の認知は高まり、その必要性はますます増加している。

❽ 担当部局・課
名張市子ども部子ども家庭室
住所：〒518-0492　三重県名張市鴻之台1番町1番地
電話番号：0595-63-7594　FAX：0595-64-6898
メールアドレス：kodomokatei@city.nabari.mie.jp

富山県
魚津市

面積●200.63km²
人口●44,263人
18歳未満人口●6,703人
※2012(平24)年3月現在

❶ **子ども施策情報（子どもに関する特徴的な施策について）**
- 児童館の充実……児童センターの名称で市内に5館設置。児童館の役割以外に未就園児向けの親子教室や学童保育を実施。
- 保育サービスの充実……保育所（園）ではニーズの的確な把握に努め、延長保育や一時預かり保育を実施。市内に病児・病後児保育施設あり。
- ブックスタート事業の実施……4か月児健診時に赤ちゃんに絵本のプレゼントと読み聞かせを行う。
- 母子保健、養育支援の充実……乳児家庭全戸訪問ほか妊娠時から相談、訪問支援を行う。中高校生に、乳幼児とのふれあい体験事業を実施。
- 人権教育の実施……市内全ての学校で人権意識向上のための学習を実施。またきめ細かくQ-U調査（学級満足度尺度調査）をし、児童の状況を把握し学校の支援体制を充実する。

❷ **子ども条例の名称**
魚津市子どもの権利条例

❸ **制定年月日**
可決日：2006（平18）年3月20日　　公布日：2006（平18）3月20日
施行日：2006（平18）年4月1日

❹ **条例制定の経緯**
(1) 条例制定のきっかけ
e.議員の質問・立法
(2) 検討段階での子ども・市民参加
d.学習会・ワークショップ等の実施
e.子どもが自由に審議できる「子ども条例検討会議」等の設置
(3) 議会における議決
a.全会一致

❺ **条例の特徴**
- 「理念的な権利宣言」に重点を置きながらも、計画や権利委員会の設置を明記する総合型条例。
- 小学校高学年児童が読んで理解できることを想定し、条文はわかりやすい言葉、表現とした。

❻ 条例の推進体制
① 他部局・課、教育委員会等との連携体制、条例に基づく推進計画、検証制度等について
- 人権関係（人権擁護、男女協同参画、DV対策）担当課、児童福祉関係（福祉、保健、虐待防止等）担当課、人権教育（学校教育等）担当課（教育委員会）と随時情報交換を行う。
- 条例に基づく推進計画は、「魚津市次世代育成支援行動計画・みんなで育てるうおづっ子プラン」に包括し、施策を推進する。
- 計画の検証は、「魚津市少子化対策推進協議会」で実施。また、「子どもの権利委員会」では、計画のほか子ども関係施策、子どもに関する問題（虐待防止、不登校対応など）を報告し協議する。

② 条例の広報・啓発、教育・学習（機会、方法、教材）について
- 教育として、「子ども会議」、「子どもの人権を考える座談会」を開催。「子ども会議」では、事前に決めたテーマで各校代表の小中学生が話し合う。学校に関する身近なテーマを取り上げ、自分の学校や体験を発言することで、人権を身近に感じ真剣に考える。座談会では、人権擁護委員と小中学生が懇談する。特別な教材は用意しないが、事前に学校の担当者会議、中学生事前打ち合わせを開催し、円滑に進行している。

❼ 条例実施による効果について
- 児童虐待防止について、子どもの権利の観点から啓発できる。
- 「子ども会議」の開催で、学校間を越えて幅広い人権教育が行える。他校のよい点を取り入れて、児童自らがいじめの撲滅や思いやりの活動に取り組むようになった。

❽ 担当部局・課
魚津市民生部こども課子育て支援係
住所：〒937-8555　富山県魚津市釈迦堂一丁目10番1号
電話番号：0765-23-1006　FAX：0765-23-1061
メールアドレス：kodomo@city.uozu.lg.jp

岐阜県
岐阜市

面積●202.89㎢
人口●419,568人
18歳未満人口●69,145人
※2011(平23)年9月30日現在

❶ 子ども施策情報（子どもに関する特徴的な施策について）
- 子どもの権利推進委員会の設置による子どもの権利の保障の推進・検証
- 子どもの権利推進委員会による「子どものいじめ問題に関する提言書」を受けての施策の実施・検討
- 子どもの権利及び条例を周知する子ども向け資料の配布とプログラムの作成と活用
- 「子ども週間」の実施

❷ 子ども条例の名称

岐阜市子どもの権利に関する条例

❸ 制定年月日

可決日：2006（平18）年3月27日　　公布日：2006（平18）年3月27日
施行日：2006（平18）年4月1日

❹ 条例制定の経緯

(1) 条例制定のきっかけ
　e.議員の質問・立法
(2) 検討段階での子ども・市民参加
　b.パブリックコメントの実施　d.学習会・ワークショップ等の実施
　f.ぎふ子どもの権利条例懇話会を設置して検討
(3) 議会における議決
　a.全会一致

❺ 条例の特徴

- 子どもを権利の主体と認め、子どもがもっている大切な権利を確認するとともにその権利が保障されること。
- 子どもの権利を守る大人の責務と役割を明記し、地域社会全体での人権尊重意識の醸造とともに支え合うまちづくりを目指していくこと。
- 子どもが自分の権利を自覚するとともに他の子どもの権利も尊重するよう努めることを子どもの責務とすること。

❻ 条例の推進体制

① 他部局・課・教育委員会等との連携体制、条例に基づく推進計画、検証制度等について
　　岐阜市子どもの権利推進委員会における提言や検討内容について、庁内の関係部局等と連携して対応し、施策の実施・検証に努めている。

② 条例の広報・啓発・教育・学習（機会、方法、教材）について
- 条例の制定・施行時におけるお知らせチラシの配付。
- 条例子ども版を小学校6年生、中学校3年生に、また条例簡易版を小学校4年生に毎年配付し活用。
- 子どもの権利及び条例を小中学校にて学習するための学習プログラムを作成し活用。
- 子どもの権利に関する講演会やディスカッションを開催し、子どもの権利にかかわる大人を対象に随時啓発を実施。
- 広報紙、ラジオにおける教育・啓発の実施。
- 子どもの権利や条例に関する出前講座の実施。

❼ 条例実施による効果について
- 本市が子どもの権利を保障・推進していく根拠として機能していること。
- 地域社会、家庭などにおいて、大人や子ども自身が子どもの権利を守ることが大切だという認識を高める動機付けになったこと。

❽ 担当部局・課
岐阜市市民参画部人権啓発センター
住所：〒500-8701　岐阜市今沢町18番地
電話番号：058-265-4141（内線6371）　FAX：058-264-8608（南庁舎代表）
メールアドレス：jinken@city.gifu.gifu.jp

東京都
豊島区

面積●13.01㎢
人口●268,923人
18歳未満人口●25,859人
※面積と人口は2012(平24)年5月
1日現在、18歳未満人口は2012
(平24)年1月1日現在

❶ 子ども施策情報(子どもに関する特徴的な施策について)
○子どもの権利擁護委員の設置
　2年任期、2名体制、弁護士、臨床心理士
○中高生センターの設置
　主な利用者を中高生とした、中高生の居場所「中高生センター」を設置している。2007(平19)年4月に東部地区中高生センターとして「ジャンプ東池袋」を開設。2012(平24)年4月には西部地区中高生センター「ジャンプ長崎」を開設。

❷ 子ども条例の名称
　豊島区子どもの権利に関する条例

❸ 制定年月日
　可決日：2006(平18)年3月29日　　公布日：2006(平18)年3月29日
　施行日：2006(平18)年4月1日

❹ 条例制定の経緯
(1)　条例制定のきっかけ
　　f.青少年問題協議会からの答申
(2)　検討段階での子ども・市民参加
　　d.学習会・ワークショップ等の実施
　　f.ヒアリングの実施　子ども対象19回173名
(3)　議会における議決
　　b.賛成多数

❺ 条例の特徴
○「子どもは地域社会を構成する大事な一員であり、地域の担い手として育みたい」という思いが込められている点。
　　地域コミュニティが希薄になっている今日、次代を担う子どもたちを「自分の頭で考え、自分の生活と同時に地域社会での行動にも責任を持つ区民」に育てることが必要である。それには、子どもにも応分の権利があること、一方、別の次元では相応の責任や義務があることを教え、子どもの時から地域の活動にお客様としてではなく、主体的に参加させていくことが重要であるという思いを込めている。

❻ 条例の推進体制
①　他部局・課、教育委員会等との連携体制、条例に基づく推進計画、検証制度

等について
○道徳の授業で人権を取り扱った際に、子どもの権利に関する条例についても併せて勉強する機会を持ってもらうなどの形で教育委員会と連携している。
○条例には、推進計画の策定、検証するための委員会の設置などが記載されているが、既存の計画、会議体との整合性をどうするかなどの調整がとれていないため、どのように設置していくのか検討しているところである。
②　条例の広報・啓発、教育・学習（機会、方法、教材）について
○新小学校1年生保護者並びに新中学1年生に対して、条例のリーフレットを配布。

❼　条例実施による効果について
○条例に基づく「子どもの権利擁護委員」を設置することができ、苦しんでいる子どもを1人でも多く救うための制度を整えることができた。

❽　担当部局・課
豊島区子ども家庭部子ども課
住所：〒170-8422　　豊島区東池袋1-18-1
電話番号：03-3981-2187　FAX：03-5391-1400
メールアドレス：A0017309@city.toshima.lg.jp

福岡県 志免町
面積●8.7km²
人口●45,147人
18歳未満人口●9,120人
※2012（平24）年4月現在

❶ **子ども施策情報（子どもに関する特徴的な施策について）**
- 一時預り保育補助金制度、子育て援助活動（町民相互）制度
- 相談窓口の充実（子育てに関する相談窓口、権利救済相談の窓口）

❷ **子ども条例の名称**
志免町子どもの権利条例

❸ **制定年月日**
可決日：2006（平18）年12月20日　公布日：2006（平18）年12月20日
施行日：2007（平19）年4月1日

❹ **条例制定の経緯**
(1)　条例制定のきっかけ
　　e.議員の質問・立法
(2)　検討段階での子ども・市民参加
　　c.実態・意識調査の実施
(3)　議会における議決
　　a.全会一致

❺ **条例の特徴**
- 総合条例、相談・救済制度、子どもの居場所、解説付きの条文（ですます調の文体）

❻ **条例の推進体制**
①　他部局・課、教育委員会等との連携体制、条例に基づく推進計画、検証制度等について
　　子どもの権利委員会による、子どもに関する施策における子どもの権利保障状況の調査・審議による検証制度。
　　第1期（2007（平19）年〜2010（平22）年）では、志免町の施策の確認、調査・検証する事業の抽出、調査（ヒアリング・訪問等）、検証、まとめ・報告を行った。
②　条例の広報・啓発、教育・学習（機会、方法、教材）について
- 町広報紙・HP掲載…子どもの権利委員や子どもの権利救済（相談）員のコラム等を掲載。
- 広報啓発物の配布…条例についての冊子やパンフレット、条例のしくみ解説チラシ、子どもの権利の日啓発パンフレット、子どもの権利相談室カード
　［配布先］　保育園、幼稚園、小・中学校、近隣の高校、学童指導員研修会、

PTA総会、同和啓発講演会、人権講演会、子どもの権利の日イベント、民生委員会議、虐待防止ネットワーク会議、青少年指導員研修会、子育てイベント、図書館、コンビニエンスストア、スーパーマーケット、ゲームセンター、スイミングスクール、学習塾、小児科、歯科など

- アンケートの実施（定例的なもの）
「子どもの権利救済活動報告書」に掲載する子どもの権利に関するアンケート（対象：中学生）
総合計画成果指標の把握として行う権利保障に関するアンケート（対象：小学6年生、中学2年生）

- 説明・研修など
民生委員会議、青少年指導員研修会、町内会長会議、PTA地域集会、町新規採用職員対象の研修会（採用春季）、地域子ども教室

❼ 条例実施による効果について

様々に啓発活動を行ってきた結果、少しずつではあるが権利条例の認知度は上がってきている。権利相談室への相談件数が増加していることからもそれがうかがえる。

また、相談ではなくても来室する子どもも増えていることから居場所の一端ともなっている。

条例で定めている中・高生の居場所への来所者数も増加傾向にある。

しかし、条例の内容についての認知度はまだまだ低いのが現状であり、大人だけでなく、子ども達への説明の機会を増やしていくことが課題である。

❽ 担当部局・課

志免町子育て支援課
住所：〒811-2292　福岡県糟屋郡志免町志免中央一丁目1番1号
電話番号：092-935-1001（代表）　FAX：092-935-2697
メールアドレス：kosodate@town.shime.lg.jp

石川県
白山市

面積●755.17km²
人口●112,757人
18歳未満人口●20,284人
※2012(平24)年4月現在

❶ **子ども施策情報（子どもに関する特徴的な施策について）**
- 白山市子ども憲章の制定（「白山市子どもの権利に関する条例」を更に市民に親しめるものとするために憲章として制定した。）
- 子どもの権利啓発絵本の制作（幼児と保護者向けの啓発絵本。幼い子どものいる市民が参加したワークグループにより絵本を制作した。）
- 子どもの権利啓発ビデオの制作（小学生高学年向けの啓発ビデオ。子ども会議において映像の題材づくりを進めた。）
- 子どもの権利に関する市民意識調査の実施（毎年、小学5年生と中学2年生を対象に意識調査を実施し、子どもの状況等について検証を行っている。）
- 子ども相談室『ほっとルーム』の設置（子どもに関する相談・救済体制の整備を図ることを目的として2007（平19）年4月に開設した。）

❷ **子ども条例の名称**
白山市子どもの権利に関する条例

❸ **制定年月日**
可決日：2006（平18）年12月21日　公布日：2006（平18）年12月21日
施行日：2007（平19）年4月1日

❹ **条例制定の経緯**
(1) 条例制定のきっかけ
　e.議員の質問・立法
(2) 検討段階での子ども・市民参加
　b.パブリックコメントの実施
　c.実態・意識調査の実施　d.学習会・ワークショップ等の実施
　f.地域協議会主催によるフォーラム等の開催
(3) 議会における議決
　a.全会一致

❺ **条例の特徴**
- 「子どもの権利条約（児童の権利に関する条約）」の理念に基づいて制定した。「生きる権利」「守られる権利」「よりよく育つ権利」「参加する権利」の4つの柱で構成されている。条例では、子どもの権利とその保障、大人の果たすべき役割等を明らかにするとともに、条例の実効性を高めるため子どもの権利に関する行動計画に基づき、子どもに関わる施策を着実に推進するよう努めている。

❻ 条例の推進体制

① 他部局・課、教育委員会等との連携体制、条例に基づく推進計画、検証制度等について
- 子どもの権利に関する行動計画の策定（福祉部局、教育委員会とで連携し、推進している。）
- 白山市子どもの権利委員会の設置（第三者的な立場から検証を行うことで、施策の有効性をより客観的に把握している。）

② 条例の広報・啓発、教育・学習（機会、方法、教材）について
- 子どもの権利条例に関するリーフレットの配布
- 子どもの権利啓発ビデオの授業での利活用
- 教職員、市職員、PTA、民生委員・児童委員等を対象とした研修会の開催
- 市ホームページで権利条例関連ページの掲載
- 子ども会議の開催（市内全域の小学5年生から中学2年生の希望者が集まり、市への提言などその都度設定したテーマに沿った意見交換、意見表明の場としている。）

❼ 条例実施による効果について
- 子どもの権利に関する意識の向上（子ども自身や子どもを支える大人が子どもの権利について学ぶことができ、それぞれ理解が深まってきている。）
- 子どもの意見表明・参加の促進（子ども会議等を通じて、「自分が考えていることが社会につながるなんて信じられない」と思っていた子どもが、「もっと自分たちも話し合って、コミュニケーションをとっていかなければならない」と感じるようになっている。

❽ 担当部局・課

白山市教育委員会生涯学習課
住所：〒924-0885　石川県白山市殿町39番地
電話番号：076-274-9572　FAX：076-274-9004
メールアドレス：syogai@city.hakusan.ishikawa.jp

愛知県
豊田市

面積●918.47㎢
人口●423,582人
18歳未満人口●72,828人
※2012(平24)年5月1日現在

❶ 子ども施策情報（子どもに関する特徴的な施策について）

　子ども条例に基づく子ども施策の推進：「子ども会議」の開催による子どもの意見参加の促進、「子ども委員活動」による子ども施策への反映や地域・まちづくりへの参画、「子どもの権利学習プログラム」の展開

❷ 子ども条例の名称

　豊田市子ども条例

❸ 制定年月日

可決日：2007（平19）年10月1日　　公布日：2007（平19）年10月9日
施行日：2007（平19）年10月9日

❹ 条例制定の経緯

(1)　条例制定のきっかけ
　　b.行政内部における検討　c.子ども計画（次世代育成支援行動計画ほか）
(2)　検討段階での子ども・市民参加
　　b.パブリックコメントの実施　d.学習会・ワークショップ等の実施
　　e.子どもが自由に審議できる「子ども条例検討会議」等の設置
　　f.その他（地域子ども会議、子どもにやさしいまちづくり懇談会）
(3)　議会における議決
　　a.全会一致

❺ 条例の特徴

(1)　条文は「です・ます」調のやわらかな文体とし、中学生以上が理解できる平易で具体的な表現を用いた。
(2)　「安心して生きる権利」「自分らしく生きる権利」「豊かに育つ権利」「参加する権利」の4つを、子どもにとって最も大切な権利として規定した。
(3)　子どもの育ちを支える主体として保護者、市、育ち学ぶ施設、市民及び事業者の責務を規定するとともに、子どもが果たすべき責任として他人の権利の尊重を明記した。
(4)　子ども権利を理念的に保障するとともに、子どもにやさしいまちづくりの推進、子どもの権利の侵害に対する救済と回復、子どもに関する施策の推進と検証など、取り組み方法や推進体制についても具体的に規定した。

❻ 条例の推進体制

① 他部局・課、教育委員会等との連携体制、条例に基づく推進計画、検証制度

等について

　次世代育成支援の関係課による庁内の横断的な組織として「次世代育成支援庁内推進会議」を必要に応じて開催している。

　また、子ども総合計画を策定し、全庁で子ども施策を総合的・体系的に展開している。子ども総合計画に関することや子どもに関する施策の実施状況等の検証について審議・協議するための「子どもにやさしいまちづくり推進会議」を設置し、市民公募委員、各種団体代表、学識経験者、事業者等に委員を委嘱している。※教育委員会など他部局職員も出席。

② 条例の広報・啓発、教育・学習（機会、方法、教材）について
(1) 子ども条例制定時、大人版と子ども版の啓発パンフレットを作成し、「広報とよた」に折り込み全戸配布するとともに、市立小中学校を通じて全児童・生徒に配布した。また、子ども条例マスコットキャラクターを募集し、応募総数1,976点の中から「チルコ」を選定した。
(2) 「子どもの権利学習プログラム」の実施
　教材は、幼児版、小学生版（低・中・高学年版）、中学生版、おとな版の6種類の学習ノート及び指導書を作成した。幼児版は保育者が園で進めるプログラムと保護者が家庭で進めるプログラムの二本立てになっている。小中学校では、担任教師が道徳の時間を利用してプログラムを実施している。おとな版では、「子どもの声に耳を傾けて」をテーマに、小中学生の保護者や青少年育成団体などを対象に、少人数によるグループワークやロールプレイなどを実施している。

❼ 条例実施による効果について
(1) 子ども条例を制定したことで、子どもの権利の保障に対する市の姿勢・理念を明確にするとともに、子どもと子どもを取り巻く関係者が共通のルールのもと、同じ認識で施策を継続的に実現していくことができる。
(2) 子ども会議の設置により、まちづくりや市政などへの子どもの意見表明や参加の機会が確保されている。
(3) 子どもの権利擁護委員・子どもの権利相談室を設置することにより、子どもの権利侵害に対する救済と回復をはかる仕組みができた。

❽ 担当部局・課
豊田市子ども部次世代育成課
住所：〒471-8501　愛知県豊田市西町3丁目60番地
電話番号：0565-34-6630　FAX：0565-34-6938
メールアドレス：jisedaiikusei@city.toyota.aichi.jp

愛知県
名古屋市

面積●326.43km²
人口●2,260,892人
18歳未満人口●350,664人
※2011（平23）年4月1日現在

❶ **子ども施策情報（子どもに関する特徴的な施策について）**
- 児童虐待防止対策（2012（平成24）年4月1日より本庁組織に「児童虐待対策室」を設置し、2ヶ所の児童相談所に児童虐待への緊急介入・保護対応に特化した「緊急介入班」を創設）
- 子ども医療費助成（中学生までの通院・入院を無料）
- 保育料の負担軽減（国が定めた保護者負担額に対し政令指定都市トップレベルの軽減措置、保育所運営費に独自に上乗せ）
- 条例の趣旨を踏まえた、子どもの参画の機会として「なごや☆子どもCity2010」（名古屋開府400年記念事業実行委員会事業）を2010（平22）年8月に開催

❷ **子ども条例の名称**
なごや子ども条例

❸ **制定年月日**
可決日：2008（平20）3月19日　公布日：2008（平20）3月27日
施行日：2008（平20）4月1日

❹ **条例制定の経緯**
（1）条例制定のきっかけ
　a.首長の公約・マニフェスト
　c.子ども計画（次世代育成支援行動計画ほか）
（2）検討段階での子ども・市民参加
　a.委員会主催の公聴会等の開催　b.パブリックコメントの実施
　c.実態・意識調査の実施　d.学習会・ワークショップ等の実施
（3）議会における議決
　a.全会一致

❺ **条例の特徴**
- 「子どもの権利保障」と「子ども施策の総合的な推進」の2つの性格をあわせ持つこと
- 子どもの成長・発達の連続性を考慮して、他の関連施策との一体的な推進を図ること
- 事業者の責務を明確にしていること
- 条例制定過程における多くの市民参加

❻ 条例の推進体制
① 他部局・課、教育委員会等との連携体制、条例に基づく推進計画、検証制度等について
- 子どもに関する総合的な計画の策定（条例第20条）
- 総合計画の実施状況の公表等（条例第21条）
- 拠点施設（「青少年交流プラザ」「子ども・子育て支援センター」）の設置（条例第22条）
- 市長の附属機関（なごや子ども・子育て支援協議会）の設置（条例第23条）
  このほか庁内組織である「名古屋市次世代育成支援対策等推進会議」において条例を推進

② 条例の広報・啓発、教育・学習（機会、方法、教材）について
- 条例を理解し、市の施策や課題に意見を言える子どもたちを育てるために、登録した子どもたちに社会参画事業の情報を提供する「なごっちフレンズ」を創設
- 条例マスコットキャラクター「なごっち」を活用した広報（パンフレット、広報グッズ等の作成・配布）
- 各種イベント等の機会をとらえた広報（条例クイズの実施など）
- 子ども版パンフレット、紙芝居の作成
- 総合計画の子ども版パンフレットを小学校6年生、中学校3年生に配付

❼ 条例実施による効果について
- 子どもを大切にするまちづくりを社会全体で進めるという基本的な考え方を市民全体で共有することができたこと
- 条例中に子どもに関する総合的な計画の策定を規定することにより、時限立法である次世代育成支援対策推進法の後ろ盾がなくなったとしても、子どもに関するさまざまな施策を総合的かつ計画的に推進していく仕組みを続けていけるようになったこと

❽ 担当部局・課
名古屋市子ども青少年局子ども未来課
住所：〒460-8508　名古屋市中区三の丸三丁目1番1号
電話番号：052-972-3081　FAX：052-972-4437
メールアドレス：a3081@kodomoseishonen.city.nagoya.lg.jp

新潟県
上越市

面積●973.61km²
人口●204,070人
18歳未満人口●33,403人
※2012（平24）年5月現在

❶　子ども施策情報（子どもに関する特徴的な施策について）
○地域青少年育成会議活動事業　○多様な保育サービス
○上越市要保護児童対策地域協議会事務局体制
○謙信KIDS（キッズ）スクールプロジェクト海と山と大地の楽校

❷　子ども条例の名称
　　上越市子どもの権利に関する条例

❸　制定年月日
　可決日：2008（平20）年3月27日　　公布日：2008（平20）3月28日
　施行日：2008（平20）年4月1日

❹　条例制定の経緯
(1)　条例制定のきっかけ
　　c.子ども計画（次世代育成支援行動計画ほか）
　　e.議員の質問・立法
(2)　検討段階での子ども・市民参加
　　b.パブリックコメントの実施
　　d.学習会・ワークショップ等の実施
　　e.子どもが自由に審議できる「子ども条例検討会議」等の設置
(3)　議会における議決
　　a.全会一致

❺　条例の特徴
○「知らされる権利」として、子どもが自らの権利を理解することができるよう、その権利を知らされることが保障されていること。
○地域全体が共通認識のもと協力・連携できるよう、市をはじめ、保護者、地域団体など、それぞれの責務を明確にしていること。
○子ども会議からの以下の提案内容を条例に反映させていること。
・自らが成長するために、自らが考えて行動すること。
・周りの人を思いやる気持ちを持つこと。

❻　条例の推進体制
①　他部局・課、教育委員会等との連携体制、条例に基づく推進計画、検証制度等について
○条例に基づき、子どもの権利に関する施策を総合的かつ計画的に推進するた

め、「子どもの権利基本計画」を策定し、その実施にあたっては、関係部局相互連携のもと、総合的かつ効果的な推進に努めるとともに、計画の趣旨を踏まえ、子どもの権利の視点を取り入れた施策の展開を図っています。特に学校や教育関係者は、子どもの成長過程において大きな影響を与え、また直接的に子どもと接する機会が多く、そこでの子どもの権利に関する教育や指導・助言等が重要であることから、教育委員会との連携強化に努めています。
○更に計画的な推進に必要な事項を審議するため、「上越市子どもの権利委員会」を設置し、計画の進行管理及び評価を行っています。
② 条例の広報・啓発、教育・学習（機会、方法、教材）について
○名称：子どもの権利に関する条例の概要（大人向け、子ども向け）
○名称：子どもの権利啓発チラシ（乳幼児を持つ保護者向け）
○名称：子どもの権利学習プログラムの実施
○名称：上越市ホームページへの掲載
URL：http://www.city.joetsu.niigata.jp/soshiki/kodomo/kodomo-kenri1.html

❼ 条例実施による効果について
　2008（平20）年度4月の条例施行から、条例の周知や基本計画の策定など推進のための様々な施策に取り組んでいます。小・中学校、幼・保育園関係者の意識の向上を進め、その結果、それぞれの現場において児童・生徒の学習内容に取り入れてもらったり、生活指導や日常保育の目配り、気配りなどに生かされてきています。また、市民の子どもに対する意識も徐々にではありますが、変わってきたと感じています。

❽ 担当部局・課
上越市健康福祉部こども課
住所：〒943-8601上越市木田一丁目1番3号
電話番号：025-526-5111（1723）　FAX：025-526-6116
メールアドレス：kodomo@city.joetsu.lg.jp

> 北海道
> **札幌市**
>
> 面積●1,121.12km²
> 人口●1,904,319人
> 18歳未満人口●276,253人
> ※2012（平24）年4月1日現在

❶ **子ども施策情報（子どもに関する特徴的な施策について）**
- 子どもの権利の広報普及、子どもの参加の促進、フリースクールなど民間施設との連携、プレーパーク事業の推進、職業体験等の実施
- 待機児童対策、保育ママ制度、小学校の教室等を活用し児童会館機能を備えたミニ児童会館の整備、独自の認証制度によるワークライフバランスの推進
- 札幌市児童相談体制強化プランに基づく児童虐待防止と社会的養護体制への取組強化

❷ **子ども条例の名称**
札幌市子どもの最善の利益を実現するための権利条例

❸ **制定年月日**
可決日：2008（平20）年11月7日　公布日：2008（平20）年11月7日
施行日：2009（平21）年4月1日

❹ **条例制定の経緯**
(1)　条例制定のきっかけ
　　a.首長の公約・マニフェスト
(2)　検討段階での子ども・市民参加
　　a.委員会主催の公聴会等の開催　b.パブリックコメントの実施
　　c.実態・意識調査の実施　d.学習会・ワークショップ等の実施
　　e.子どもが自由に審議できる「子ども条例検討会議」等の設置
(3)　議会における議決
　　b.賛成多数（否決（平19）、継続審議・条例名称変更（平20）を経て可決）

❺ **条例の特徴**
- 子どもにとって大切な権利を親しみやすい表現で規定
- 審議会等への子どもの参加など、子どもの参加・意見表明の機会の保障
- 札幌独自の文化、雪国の暮らしを学ぶ権利、自然と触れ合う権利を規定
- 子どもの最善の利益を考慮して、権利の保障に努めることを大人の責務とし、家庭、学校・施設、地域など生活の場における大人の役割を規定
- 子どもの権利救済機関、子どもの権利委員会の設置、総合計画の策定など、保障の仕組みを規定

❻ **条例の推進体制**
①　他部局・課、教育委員会等との連携体制、条例に基づく推進計画、検証制度

等について
- 関係部局間の連携調整や方針の決定を行う内部委員会「札幌市子どもの権利総合推進本部」の設置、子ども未来局と教育委員会との連携強化のための定期的な会議を実施（概ね1～2か月に1回）
- 条例第46条に基づき、子どもの権利の保障を進めるための具体的事業を体系化した「札幌市子どもの権利に関する推進計画」を2011（平23）年3月に策定
- 条例第47条に基づき、子どもに関する施策の充実を図るとともに、子どもの権利の保障の状況を検証することを目的とした附属機関である「札幌市子どもの権利委員会」を2009（平21）年11月に設置

② 条例の広報・啓発、教育・学習（機会、方法、教材）について
- パンフレット、ニュースレターの発行、ホームページの設置
- さっぽろ子どもの権利の日（11月20日）における啓発事業の実施
- 地域関係者、PTA・学校関係者、児童生徒を対象とした出前講座等の実施
- テレビ、ラジオ等の広報番組への出演、子ども向けイベントとのタイアップ
- 小中学校における子どもの権利に関する公開授業（社会科・道徳）の実施
- 教職員及びPTA研修用の原稿付きプレゼンテーション資料の配付
- 子どもの権利に関わる指導を位置付けた「教育課程編成の手引」の発行

❼ 条例実施による効果について
- 子どもの権利救済機関（条例施行前は相談機関として設置）相談件数の増加
 延べ件数：2008（平20）年度3,571件→2011（平23）年度4,186件（約1.2倍）
 実件数：2008（平20）年度764件→1,191件（約1.6倍）
- 市民意識調査の『子どもの権利が守られていると思うか』の問いに対し、『思う』と回答した割合の増加
 2009（平21）年度41.0％→2011（平23）年度43.5％（2.5ポイント増）

❽ 担当部局・課
札幌市子ども未来局子ども育成部子どもの権利推進課
住所：〒060-0051　札幌市中央区南1条東1丁目大通バスセンタービル1号館
電話番号：011-211-2942　FAX：011-211-2943
メールアドレス：kodomo.kenri@city.sapporo.jp

福岡県
筑前町

面積●67.18km²
人口●29,253人
18歳未満人口●4,983人
※2012（平24）年4月30日現在

❶ **子ども施策情報（子どもに関する特徴的な施策について）**

　筑前町の０歳〜18歳までの子どもの健やかな成長及び発達を見守るために、関係機関のネットワーク化を図り、総合的な支援機能を持って教育及び福祉の向上を図るため、こども未来センターを設置。町内の子どもや保護者、地域住民の子育てに関した相談体制の充実を図り、乳幼児の発達・いじめ・不登校や引きこもり等の育児・養育・学業・就学・進路等こどもの成長に関わる相談に応じ、関係諸機関との連携を持ちながら、『見守り育てよう、筑前っ子の心と未来』をキャッチフレーズに地域に関わる多くの人々によって筑前町の子どもたちを見守り育てていくネットワーク化の中心的役割を担う。

❷ **子ども条例の名称**

　筑前町子どもの権利条例

❸ **制定年月日**

　可決日：2008（平20）年12月15日　　公布日：2008（平20）年12月15日
　施行日：2009（平21）年4月1日

❹ **条例制定の経緯**

(1)　条例制定のきっかけ
　　b.行政内部における検討　　f.子ども未来会議の提案
(2)　検討段階での子ども・市民参加
　　a.委員会主催の公聴会等の開催　b.パブリックコメントの実施
　　c.実態・意識調査の実施　d.学習会・ワークショップ等の実施
　　f.審議委員会が中学生代表に条例案についての意見を聞く
(3)　議会における議決
　　a.全会一致

❺ **条例の特徴**

　2007（平19）年２月に町の子育て・教育の全般にわたって見直し、いじめ防止、人づくりや教育の再生を目的に、子どもたちの未来に夢や希望が持てる社会をめざして、全町民による推進活動に向け具体的な検討を行うことを目的とする「子ども未来会議」を設置した。この子ども未来会議の行動指針・計画などにおいて「子どもの権利条例」の制定の提案がなされ、この方針を確認し、「筑前町子どもの権利と健全育成に関する審議会委員」の一部を公募し、この委員会による審議を重ね条例の制定に至る。

前文と全6章により成り立ち、前文で『筑前町子どもの権利宣言』により、子どもの権利に関する基本的な思いを前面に出し、子どもの権利に関する基本的な考えを述べている。子どもを保護の対象としてだけでなく子どもの権利に対する救済や、子ども施策の計画・実施・検証の総合化を図っている。

❻ 条例の推進体制

① 他部局・課、教育委員会等との連携体制、条例に基づく推進計画、検証制度等について

子どもの権利侵害に対するサポートシステムとしての相談機関や救済機関の機能や役割を具体的に規定し、子どもの権利を保障する施策を明確に提示している。

関係機関のネットワーク化を図り、総合的な支援機能をもって教育及び福祉の向上を図るために、筑前町こども未来センターを設置している。こども未来センターが総合的な相談室機能をもち、こども課・教育課・福祉課・生涯学習課・農林商工課・企画課・県の福祉事務所などとの連携を取っている。

② 条例の広報・啓発、教育・学習（機会、方法、教材）について

『子どもの権利条例』は町のホームページにていつでも閲覧可能。子どもたちへの啓発・広報のために小学生・中学生を対象とした子どもの権利条例リーフレットを作成し学校に配布。各学校での人権学習などに利用してもらい、子どもたち自身が権利について学ぶきっかけを作っている。学校から要請があれば、こども未来センターより出向いて、子どもの権利条例について児童・生徒に話をして、理解を深められるよう働きかけている。

また、児童虐待防止研修会や要保護児童対策委員会等を開催し、条例の広報・啓発に努めている。

❼ 条例実施による効果について

条例化したことにより、『子どもの権利』がより明確にされ、住民や子ども自身の意識の共有化が図れた。また、関連機関との情報の共有により、スムーズな連携・対応ができるようになった。

❽ 担当部局・課

筑前町役場　こども課　こども未来センター
住所：〒838-0816　福岡県朝倉郡筑前町新町450番地
電話番号：0946-22-3369　FAX：0946-22-3369
メールアドレス：k-center@town.chikuzen.fukuoka.jp

愛知県
岩倉市

面積●10.49km²
人口●47,993人
18歳未満人口●7,950人
※2012(平24)年4月1日現在

❶ 子ども施策情報（子どもに関する特徴的な施策について）
- 市内にある保育園7園をすべて公立で開設している。
- 5小学校区に児童館7館を設置し、すべての児童館で放課後児童クラブを開設している。

❷ 子ども条例の名称
　岩倉市子ども条例

❸ 制定年月日
　可決日：2008（平20）年12月15日　公布日：2008（平20）年12月18日
　施行日：2009（平21）年1月1日（4章の規定は2009（平21）年4月1日）

❹ 条例制定の経緯
(1)　条例制定のきっかけ
　　b.行政内部における検討
(2)　検討段階での子ども・市民参加
　　c.実態・意識調査の実施　d.学習会・ワークショップ等の実施
　　f.1 岩倉市子ども条例検討委員会に中学生2名が参加
　　　2 条例策定につげるために、子どもたちの思いや要望、願いをポスター化する授業を小学5年生と中学2年生の各クラスで実施
(3)　議会における議決
　　a.全会一致

❺ 条例の特徴
　　前文で、本市のシンボルともなっている「五条川」と「桜」を例に出し、同様に子どもたちを愛することとし、市民憲章の表題である「小さなまちから大きな夢を」を挿入している。具体的に、子どもの権利救済委員の設置、子どもの参画の推進等を規定し、特に「子どもの権利の日」と「子どもの権利を考える週間」を設け、小中学校では子どもの権利に関する授業を行うこととしている。

❻ 条例の推進体制
①　他部局・課、教育委員会等との連携体制、条例に基づく推進計画、検証制度等について
- 児童家庭課及び学校教育課において、子どもの権利救済委員会事務局を所掌
- 小中学校に配置している子どもと親の相談員の活動実績［学校教育課］や家庭児童相談室［児童家庭課］及び市民相談室での心の相談電話［秘書課］の相談

実績を子どもの権利救済委員会へ報告
- 条例に基づく行動計画づくりのワーキンググループとして、児童家庭課、健康課、都市整備課等の職員が参画。子どもに関係する団体代表者等による子ども行動計画策定委員会を設置予定（2012（平24）年）。
- 各種計画策定（第4次岩倉市総合計画策定等）に係る子どもの参画

② 条例の広報・啓発、教育・学習（機会、方法、教材）について
- 条例制定後の市広報紙で、特集記事を掲載（制定趣旨・条例全文等を掲載）
- 岩倉市子ども条例に関するパンフレットを作成・配布（2009（平21）年全戸配布）
- 学校授業の中で、子どもたちが子どもの権利について考えるための副読本「岩倉市子ども条例を学ぼう－大人と考える子どもを守るけんりー」の作成
- しおりの作成（対象：小学校4年生以上・中学生、約3,500枚配布）
- 岩倉市ホームページ（制定経過等を掲載）
- 「岩倉市子どもの権利の日」である11月20日を含む1週間を「岩倉市子どもの権利を考える週間」とし、この間に、各小中学校において子どもの権利に関する授業を実施している。

❼ 条例実施による効果について

　安心して子どもたちが暮らすことのできるまちづくりを推進していくための規範として「岩倉市子ども条例」を制定したことで、総合計画における子育ち・子育て支援をはじめとした各種施策への反映や、小中学校での子どもの権利に関する授業の実施により、子ども自身や家庭が「子どもの権利」について考え、実践していく機会とすることができた。

❽ 担当部局・課

岩倉市福祉部児童家庭課
住所：〒482-8686　愛知県岩倉市栄町一丁目66番地
電話番号：0587-38-5810（直通）　FAX：0587-66-6100
メールアドレス：jido@city.iwakura.aichi.jp

東京都
小金井市

面積●11.33㎢
人口●116,117人
18歳未満人口●16,968人
※2012(平24)年5月1日現在

❶ **子ども施策情報（子どもに関する特徴的な施策について）**

　子ども家庭支援センターに親子あそびひろばを設置し、子どもや保護者が自由に遊んだり、交流をすることができる。また、「お楽しみの時間」「お父さんと遊ぼう」等の各種講座を充実させ、気軽に立ち寄れる場となっている。

❷ **子ども条例の名称**

　小金井市子どもの権利に関する条例

❸ **制定年月日**

可決日：2009（平21）年3月3日　公布日：2009（平21）年3月12日
施行日：2009（平21）年3月12日

❹ **条例制定の経緯**

(1)　条例制定のきっかけ
　b.行政内部における検討
　c.子ども計画（次世代育成支援行動計画ほか）　d.住民の要望・取り組み
　e.議員の質問・立法

(2)　検討段階での子ども・市民参加
　a.委員会主催の公聴会等の開催　b.パブリックコメントの実施
　c.実態・意識調査の実施
　e.子どもが自由に審議できる「子ども条例検討会議」等の設置

(3)　議会における議決
　a.全会一致

❺ **条例の特徴**

　こども会議の議論に基づき作成された前文をはじめ、市民会議など多くの市民の参加によって作られた条例である。年齢を問わず誰にでも読めるよう「ですます調」に統一し、小学校で学習する漢字を使用（それ以外の漢字にはふりがなをふる、表現を変える等）、一つの文章を短くするなど、わかりやすいものとする工夫をした。内容としては、「子どもの権利に関する条約」の理念に基づきつつ、前文で「愛情」「意思」「環境」を願い求める子どもの権利が保障される社会を目指し、以下、総則、権利の説明とその保障、それに基づいたまちづくりの推進、権利侵害に関する相談と救済を定めている。

❻ **条例の推進体制**

①　他部局・課、教育委員会等との連携体制、条例に基づく推進計画、検証制度

等について
　庁内に子どもの権利条例検討部会を設置し、総務・企画・福祉・子ども・都市建設・環境・学校教育・生涯教育の8部門による連携体制を整えている。また、「のびゆくこどもプラン小金井（次世代育成支援後期行動計画）」を策定し、各課における事業を位置づけ、現況と目標値・実施内容を把握、検証している。
② 条例の広報・啓発、教育・学習（機会、方法、教材）について
　子どもの権利に関する条例のリーフレットを作成して、青少年健全育成行事等で配布した。また、子どもの権利に関する条例のパンフレットを小学生向け・中学生以上向けの2種類を作成して、小中学校の児童・生徒に配布するとともに、市施設に配置した。さらには、条例の趣旨を理解する事を目的として、市職員向け「子どもの権利に関する条例の手引」を作成して、全課へ配布した。

❼　条例実施による効果について
　市の基本条例として「子どもの権利に関する条例」を制定し、各種事業等を行うにあたっては条例の趣旨に沿って事業を推進している。
　その中で、「のびゆくこどもプラン小金井（次世代育成支援後期行動計画）では、子どもが主役のプランと位置付け、本計画の重点の一つに「子どもの権利の尊重」を掲げ、子どもの権利に関する内容について随所で触れ、各課で実施する事業については条例の趣旨を踏まえ実施する事になっている。
　事業の進捗状況については、庁内に設置している推進連絡会及び市民参加の推進市民会議において点検・評価を行い、施策の推進を図るとともに、条例の内容をいっそう推進していく中で、子どもの権利が最大限尊重されよう、子どもの育ちを地域が守っていく地域社会が構築できると考えられる。
　児童館では、子どもの意見表明の機会を設け、子ども達の企画・立案による児童館事業を実施している。

❽　担当部局・課
小金井市子ども家庭部児童青少年課児童青少年係
住所：〒184-8504　東京都小金井市本町六丁目6番3号
電話番号：042-387-9847　FAX：042-383-6577
メールアドレス：s050699@koganei-shi.jp

岩手県
遠野市

面積●825.62km²
人口●30,035人
18歳未満人口●4,218人
※2011(平23)年3月31日現在

❶ 子ども施策情報（子どもに関する特徴的な施策について）

　2007（平19）年度に行われた「市長と語ろう会」での市民意見や提言を踏まえ、合計特殊出生率2.08を目標とした総合的な計画、「遠野市少子化対策・子育て支援総合計画」（通称：遠野わらすっこプラン（以下「わらすっこプラン」とする））を2008（平20）年2月に策定。この計画に基づき、市内の妊産婦を遠隔医療システムでサポートする遠野市助産院「ねっと・ゆりかご」や病児等保育施設「わらっぺホーム」の整備などの子育て支援事業が行われたほか、保育所・幼稚園保育料、妊婦健診などの負担軽減・助成措置や、子育て支援イベントの開催などを行っている。

❷ 子ども条例の名称

遠野市わらすっこ条例

❸ 制定年月日

可決日：2009（平21）年3月12日　公布日：2009（平21）年3月23日
施行日：2009（平21）年4月1日

❹ 条例制定の経緯

(1)　条例制定のきっかけ
　　a.首長の公約・マニフェスト b.行政内部における検討
(2)　検討段階での子ども・市民参加
　　a.委員会主催の公聴会等の開催　c.実態・意識調査の実施
　　e.子どもが自由に審議できる「子ども条例検討会議」等の設置
(3)　議会における議決
　　b.賛成多数

❺ 条例の特徴

(1)　「わらすっこ」という方言を用いて親しみを感じさせるものである。
(2)　児童の権利に関する条約に基づく総合的な権利条例。
(3)　表現を平易化、柔らかい「ですます調」で表現したこと。「見守り、寄り添い、支え、ほめる」などの特徴的な表現を盛り込んだこと。また、子どもを育てていこうとする全市民の約束及び願いを要約し前文に込めたことや、わらすっこプランの推進根拠として位置づけ財政支援の規定を明言したこと。

❻ 条例の推進体制

①　他部局・課、教育委員会等との連携体制、条例に基づく推進計画、検証制度

等について

組織名：遠野市わらすっこ支援委員会（構成員10名　有識者、弁護士、警察、教育委員会ほか）

　遠野市わらすっこ支援委員会は、子どもの権利の保障を推進し、子どもに関する施策の充実を図るため、事業や遠野市わらすっこ基金助成金事業の審議し、必要があると認めたときは、市長その他の執行機関に対して提言を行う。

　条例に基づく推進計画は、遠野わらすっこプランという。

② 条例の広報・啓発、教育・学習（機会、方法、教材）について

　2011（平23）年度から市内の小学4年生又は5年生を対象に子どもの権利を学ぶ権利教育が授業に総合学習又は道徳の時間において導入。「遠野市わらすっこ条例」の理念をストーリー性のあるイラストで構成されたパワーポイントで作成。

❼ 条例実施による効果について

1　応援者の増加

　プランを策定した翌年度（2008（平20）年度）から遠野市の子育て支援施策を応援する個人・法人が増加し、「遠野市わらすっこ基金」に多くの寄附が寄せられた

2　権利教育への波及

　上記で示した"子どもの権利教育"が2011（平23）年度から開始されている。

3　行政側の意識の変化

　「遠野市病児等保育施設　わらっぺホーム」の整備や震災直後の保育所運営の継続など、"子どもの権利"を意識した事業が見えはじめ、またそのような事業が増加傾向であることも効果の一つと考える。

❽ 担当部局・課

遠野市 子育て総合支援センター 子育て総合支援課

住所：〒028-0541　岩手県遠野市東舘町8-12

電話番号：0198-62-2111（内線860334）　FAX：0198-62-9422

　メールアドレス：kosodate@city.tono.iwate.jp

宮城県
石巻市
面積●555.78k㎡
人口●153,452人
18歳未満人口●23,665人
※2011（平23）年9月末現在

❶　子ども施策情報（子どもに関する特徴的な施策について）
●子どもを保護および社会参加するため以下の事業を行った。
  ・被災した児童の「心のケア」事業
  ・セーブ・ザ・チルドレン・ジャパンとの協働により「子どもまちづくりクラブ」活動等、地域社会に対する子どもの社会参加の実現。

❷　子ども条例の名称
石巻市子どもの権利に関する条例

❸　制定年月日
可決日：2009（平21）年3月24日　公布日：2009（平21）年3月26日
施行日：2009（平21）年4月1日

❹　条例制定の経緯
(1)　条例制定のきっかけ
　　e.議員の質問・立法
(2)　検討段階での子ども・市民参加
　　a.委員会主催の公聴会等の開催
(3)　議会における議決
　　a.全会一致

❺　条例の特徴
・「子どもの権利に関する条例」を策定する際の参考とするため、ジュニアリーダーサークルの代表から、活動を通して感じていることや権利・義務等について意見を聴いている。
・文章表現を「ですます調」とし、前文の意義として、市民の決意を宣言し、親しみやすく解りやすさを重視しており、併せて、条文全体も「ですます調」に統一している。
・小学生版啓発チラシでは、「小学生にも読めるように」全体を通して振り仮名をつけるという工夫をしている。

❻　条例の推進体制
①　他部局・課、教育委員会等との連携体制、条例に基づく推進計画、検証制度等について
・子どもの権利に関する施策の充実を図り、子どもの権利の保障を推進するため「石巻市子どもの権利推進委員会」を設置している。

この推進委員会は、子どもの権利に関する施策の実施や保障の状況などについて調査審議し、必要に応じて市に報告を求めることができるほか、事業の実施状況を監視し、評価するとともに、子どもの権利の尊重及び保障を推進するため、必要に応じて市に意見を述べる建議機能を併せ持っている。

② 条例の広報・啓発、教育・学習（機会、方法、教材）について
- 市報及びHPへの掲載
- 「小学生版（4～6年生）及び中学生版啓発チラシ」の作成配布
- 「子どもの権利に関する講演会並びにシンポジウム」の開催

❼ 条例実施による効果について
- 推進委員会が取り組むべき、子どもの権利に関する事業の策定、見直しや変更、また、事業の実施状況の監視及び評価を行うことにより、子どもの権利の尊重及び保障が推進されている。

❽ 担当部局・課
石巻市福祉部子育て支援課
住所：〒986-8501　宮城県石巻市穀町14番1号
電話番号：0225-95-1111　FAX：0225-22-3454
メールアドレス：ischisup@city.ishinomaki.lg.jp

愛知県
日進市

面積●34.9km²
人口●82,701人
18歳未満人口●16,764人
※2011(平23)年4月1日

❶ 子ども施策情報（子どもに関する特徴的な施策について）
- こども医療費中学生まで無料
- 保育料第3子無料化（年度の初日において、満18歳未満の児童が3人以上いて、3人目以降であり、満3歳に達していない児童）
- ほっとサポート事業（ほっとサポートステーションにおける子育てサポート、子育て情報のメール配信、子育てリフレッシュサロン・イベントの開催等）
- 子育て総合コーディネート事業（「子育てコーディネーター」の配置、子育てに関わる情報の収集・提供、子育て支援の相談、仲間と楽しく学ぶ場の提供等）

❷ 子ども条例の名称
日進市未来をつくる子ども条例

❸ 制定年月日
可決日：2009（平21）年9月25日　　公布日：2009（平21）年9月29日
施行日：2010（平22）年4月1日

❹ 条例制定の経緯
(1) 条例制定のきっかけ
　　c.子ども計画（次世代育成支援行動計画ほか）
(2) 検討段階での子ども・市民参加
　　b.パブリックコメントの実施
　　c.実態・意識調査の実施　　d.学習会・ワークショップ等の実施
　　e.子どもが自由に審議できる「子ども条例検討会議」等の設置
(3) 議会における議決
　　a.全会一致

❺ 条例の特徴
- 権利擁護委員が設置されている。
- 条例の策定には、子ども達自身も参加しており、条例の前文部分には、日進市の子どもたちの思いが込められている。
- 子どもの大切な権利が具体的に明記されている。

❻ 条例の推進体制
① 他部局・課、教育委員会等との連携体制、条例に基づく推進計画、検証制度等について
　　日進市次世代育成支援計画の円滑な推進を図るため、進捗状況の確認と評価

を行う機関として、日進市未来をつくる子ども条例に基づき、「子ども施策推進委員会」を設置。また、テーマごとに、子どもが積極的に参加できる「子ども会議」を設置し、子どもの意見を事業に反映できる仕組みをつくる。
② 条例の広報・啓発、教育・学習（機会、方法、教材）について
- 日進市未来をつくる子ども条例パンフレット配布
- 子ども自身が権利侵害等について相談できる「もしもしニッシーダイヤル」の周知のため、名刺型カードを市内小中学に配布
- にっしんヤングフェスタにて広報チラシ、オレンジリボンを配布
- にっしん市民まつりにて広報チラシを配布
- 子どもを権利侵害から守る「CAPプログラム」の実施
- 条例を歌にし、CD化を行い、学校やイベントで歌を流す

❼ 条例実施による効果について
- 「もしもしニッシーダイヤル」カード配布により、子どもの権利に関する相談が少し増えた。
- にっしんヤングフェスタにて、出演者・スタッフ全員にオレンジリボンを配布し、身に着けてもらっていることにより、子ども条例や虐待防止事業について、少しずつ浸透してきている。

❽ 担当部局・課
日進市福祉部児童課子育て支援係
住所：〒470-0192　日進市蟹甲町池下268番地
電話番号：0561-73-1049　FAX：0561-72-4554
メールアドレス：jido@city.nisshin.lg.jp

福岡県
筑紫野市

面積●87.78k㎡
人口●100,730人
18歳未満人口●18,327人
※2011（平23）年9月現在

❶ 子ども施策情報（子どもに関する特徴的な施策について）
○「保育交流」「高齢者交流」「小中学校交流」の実施（公立認可保育所）
○BCレンジャー（「地域ぐるみの子育て」をテーマに大人と子どもが共同作業を通してつながりをつくる）
○キッズ・ウィンドー（市内小中学生の体験活動を充実させるための支援としての子ども用情報紙。また「子ども特派員」の育成）

❷ 子ども条例の名称
　筑紫野市子ども条例

❸ 制定年月日
　可決日：2010（平22）年3月24日　　公布日：2010（平22）年3月30日
　施行日：2011（平23）年4月1日

❹ 条例制定の経緯
(1)　条例制定のきっかけ
　　a.首長の公約・マニフェスト　b.行政内部における検討
(2)　検討段階での子ども・市民参加
　　b.パブリックコメントの実施
　　c.実態・意識調査の実施　d.学習会・ワークショップ等の実施
　　f.筑紫野市子ども条例市民委員会の設置
(3)　議会における議決
　　a.全会一致

❺ 条例の特徴
○人間として大切な子どもの権利、子どもにやさしいまちづくりの推進、子どもの権利侵害に関する相談・救済及び回復支援、子どもの権利の保障状況の検証という構成の総合条例。

❻ 条例の推進体制
①　他部局・課、教育委員会等との連携体制、条例に基づく推進計画、検証制度等について
○次世代育成支援対策行動計画策定推進委員会（市内部組織）にて各課との連携を図る。
○次世代育成支援行動計画において施策の推進を図る。
○次世代育成支援対策地域協議会において検証を行う。

②　条例の広報・啓発、教育・学習（機会、方法、教材）について
○市広報紙や啓発冊子及び市HPにて情報の提供を行う。
○市民を対象にしたセミナーや講演会を実施。
○子ども（中学生以上）へリーフレット配布。

❼　条例実施による効果について
○2010（平22）年3月より市民に広く周知するために講演会やセミナー及びリーフレットの配布などを開催した結果、子どもの権利救済の申請が1件あり。
○小学校などでの人権学習において「子どもの権利」について学習がなされている。

❽　担当部局・課
筑紫野市健康福祉部子育て支援課子育て支援担当
　住所：〒818-8686　福岡県筑紫野市二日市西1丁目1番1号
　電話番号：092-923-1111（内線317）　FAX：092-921-8666
　メールアドレス：jidoukatei@city.chikushino.fukuoka.jp

北海道　幕別町

面積 ● 478.00km²
人口 ● 27,628人
18歳未満人口 ● 4,707人
※2011（平23）年8月末現在

❶ **子ども施策情報（子どもに関する特徴的な施策について）**
○子ども医療費助成制度
　2011（平23）年10月から、小学校卒業までの医療費を実質無料化。
○子どもサポーターの配置
　学校、家庭、社会環境等の要因で、学校に登校できない子どもたちを支援。
○子どもの権利に関する条例の内容を紹介するパンフレットの作成
　2010（平22）年7月1日に施行した「幕別町子どもの権利に関する条例」の内容を紹介する小学校5・6年向け及び中学生向けのパンフレットの作成。

❷ **子ども条例の名称**
幕別町子どもの権利に関する条例

❸ **制定年月日**
可決日：2010（平22）年3月25日　　公布日：2010（平22）年4月1日
施行日：2010（平22）年7月1日

❹ **条例制定の経緯**
(1)　条例制定のきっかけ
　a.首長の公約・マニフェスト
　f.教育委員会が実施した教職員へのアンケート調査
(2)　検討段階での子ども・市民参加
　c.実態・意識調査の実施
　f.町民で組織する次世代育成支援対策地域協議会で審議。中学生を対象とした意見交換会の実施。
(3)　議会における議決
　a.全会一致

❺ **条例の特徴**
○子どもにとって大切な権利として、安心して生きる権利（第5条）、自分らしく生きる権利（第6条）、豊かに育つ権利（第7条）、主体的に参加し、意見を表明する権利（第8条）を定め、子どもが健やかに育つ権利を保障する条例とした。
○子どもの権利を保障するための大人の責務として、保護者や学校、町、地域住民等の責務をそれぞれ定め、互いに連携し協力して、子どもの最善の利益の視点から、子どもの育ちを支えることを定めた。
○幕別町民憲章にある「未来をつくる子どものしあわせなまちにいたしましょ

う」を具現化するための条例とした。

❻ 条例の推進体制
① 他部局・課、教育委員会等との連携体制、条例に基づく推進計画、検証制度等について

　　町の次世代育成支援行動計画を本条例の推進計画と位置づけ、本条例の担当課であり同計画を主管するこども課が、他部局等が担当する同計画にある事業も含め、毎年度、その進捗状況及び自己評価を確認、検証することで、全職員が意識を共有し条例を推進できるよう取り組んでいる。

② 条例の広報・啓発、教育・学習（機会、方法、教材）について

　　条例の公布から施行までの３カ月間は、町広報紙で条例の内容を紹介するとともに、条例を詳しく説明したリーフレットを町内全戸に配布した。また、各種会議や町の出前講座で、教育関係者や住民に本条例について直接説明をしている。

　　2011（平23）年度からは、子どもたちに本条例を理解してもらうため、小学校５・６年生用と中学生用のパンフレットを作成し、学校を通じ、配布している。

❼ 条例実施による効果について
　　条例の理念や各規定が、短期間で実現されるものとは考えていないが、子どもの周囲にいる全ての人が、子どもの最善の利益を考え、各々の責務等を果たすことにより、子どもの心身の健やかな育ちを支援するまちを実現すること、また、自分自身を好きになれる子どもが増えることを目指している。

❽ 担当部局・課
幕別町民生部こども課
住所：〒089-0611 北海道中川郡幕別町新町122番地１ 幕別町保健福祉センター
　　　内
電話番号：0155-54-3811　FAX：0155-54-3839
メールアドレス：kodomoka@town.makubetsu.lg.jp

```
愛知県
幸田町
面積●56.78km²
人口●38,474人
18歳未満人口●7,768人
※2012（平24）年6月現在
```

❶ 子ども施策情報（子どもに関する特徴的な施策について）
- ファミリー・サポート・センター事業
- 養育支援訪問事業
- 子育てマップ作成
　妊娠・出産・育児・進学等の各種手続、子育てに関係するサービスや施設などの情報を冊子にして紹介する。

❷ 子ども条例の名称
幸田町子どもの権利に関する条例

❸ 制定年月日
可決日：2010（平22）年12月22日　公布日：2010（平22）年12月22日
施行日：2011（平23）年4月1日

❹ 条例制定の経緯
(1)　条例制定のきっかけ
　c.子ども計画（次世代育成支援行動計画ほか）　e.議員の質問
(2)　検討段階での子ども・市民参加
　b.パブリックコメントの実施
　c.実態・意識調査の実施　d.学習会・ワークショップ等の実施
(3)　議会における議決
　a.全会一致

❺ 条例の特徴
- 条例の構成…前文⇒子どもにとって大切な権利⇒大人による子どもの権利保障⇒子どもを大切にするまちづくりの推進⇒子どもの権利侵害からの救済及び回復
- 子どもにとって大切な権利に掲げている項目は、「子どもの権利条約」を基に、町内の大人や子どもの意見を取り入れたものになっている。
- 子どもの権利擁護について、擁護委員は個々で活動するのではなく、子どもの権利擁護委員会として組織で活動する。

❻ 条例の推進体制
① 他部局・課、教育委員会等との連携体制、条例に基づく推進計画、検証制度等について
- 条例で「子どもに関する行動計画」を策定することとしている。また、当面は、次世代育成支援対策推進法（2003（平15）年法律第120号）第8条第1項の規

定により策定されている計画（次世代育成支援行動計画）を「子どもに関する行動計画」とみなすことを規定している。
- 行動計画に策定及び円滑な推進を図るため、「子ども施策推進委員会」を設置する。

② 条例の広報・啓発、教育・学習（機会、方法、教材）について
- 町内広報誌「広報こうた」2011年4月号で、条例施行についての記事を記載。
- パンフレットを大人版と子ども版の2種類を作成し、大人版は全戸配布、子ども版は町内9小中学校を通じて小中学生へ配布。今後は条例の内容の理解を深めるために、子どもと大人が一緒に条例について考えるワークショップの開催や、子どもが何か相談したいときにすぐに相談先が分かるように、各相談機関の連絡先を掲載したカードを作成し、子どもに配布する予定。

❼ **条例実施による効果について**
- 2011（平23）年度より施行し、今後条例の更なる啓発活動や条例にもとづいた取組を実施していく予定のため、条例実施による効果については、まだ不透明である。条例の策定段階からだが、権利条例について「子どもは権利ばかり主張するのではなく、義務も教えるべき」といった意見が多くある。子どもが健やかに成長するためには、子どもの権利が守られることも、大人になる上での社会的な責任等を学ぶ事も、権利条例をつきつめていけば同じことであると理解できるが、やはり権利条例になじみのない人は「権利と義務」を懸念する。権利条例は解釈を誤ると家庭や学校等での子どもとの関わり方に問題を起こす危険性もあるため、その趣旨の正しい周知と理解をしていかなければならない。

❽ **担当部局・課**

幸田役場健康福祉部こども課こどもグループ
住所：〒444-0192 愛知県額田郡幸田町大字菱池字元林1番地1
電話番号：0564-63-5116(直)　FAX：0564-63-5334
メールアドレス：kodomo@town.kota.lg.jp

兵庫県
川西市

面積●53.44km²
人口●160,617人
18歳未満人口●26,380人
※2012(平成24)年3月末現在

❶ 子ども施策情報（子どもに関する特徴的な施策について）

　川西市次世代育成支援対策行動計画（後期計画）〜げんきっ子かわにし夢プラン〜がある。「子どもたちが夢を拡げ、子どもとおとなが育ち合うまちづくり」を基本理念とし、以下の5項目の基本目標と具体的施策を掲げている。

　Ⅰ．子どもの権利と安全を守る：子どもの人権オンブズパーソン事業等
　Ⅱ．多様な子育て支援サービスを展開する：地域子育て支援拠点事業等
　Ⅲ．母と子のいのちと健康を守る：プレママ・プレパパ教室等
　Ⅳ．子どもの豊かな個性と生きる力を育む：トライやる・ウィーク事業等
　Ⅴ．男女が参画し、地域でともに子どもを育てる：青少年ふれあいデー事業等

❷ 子ども条例の名称

　川西市子どもの人権オンブズパーソン条例

❸ 制定年月日

　可決日：1998（平成10）年12月21日　公布日：1998（平成10）年12月22日
　施行日：1999（平成11）年3月23日（第3章の規定は1999（平成11）年6月1日施行）

❹ 条例制定の経緯

(1)　条例制定のきっかけ　b.行政内部における検討
(2)　検討段階での子ども・市民参加　c.実態・意識調査の実施
(3)　議会における議決　a.全会一致（修正可決）

❺ 条例の特徴

① 公的第三者機関と独立性：市長の付属機関として設置。子どもの人権侵害の救済・防止にあたって、市関係機関に対し調整活動・調査の実施、勧告・意見表明・公表、制度改善等について提言する権限を持つ。
② 専門性：オンブズパーソンは法曹界、大学・研究者、NPO等子どもの人権にかかる活動関係者等から市長が委嘱。相談員は高い専門性や経験を有する者を公募により採用。専門員はオンブズパーソンの推薦を受け、市長が委嘱。
③ 子どもを中心とした支援：子どもの話をよく聴き、気持ちに寄り添いながら、一緒に問題解決をめざす。

❻ 条例の推進体制

(1)　運営体制、他部局・課、教育委員会等との連携体制、条例に基づく推進計画、検証制度等について

①　運営体制：オンブズパーソン3名。相談員4名。事務局（行政職員）1名。週一回の「研究協議」で子どもの最善の利益の観点から案件を課題整理し、支援方針を話し合う。日常業務は相談員が行い、調整活動・調査はオンブズパーソンが直接子どもや保護者と面談し、関係機関への訪問を行っている。専門員（8名）は必要に応じ活動している。
②　連携体制：市教委や学校等、最近ではこども部や健康福祉部との協働も増加。案件の情報共有と同時に、連携のあり方や制度的課題を提案している。
③　制度の検証：オンブズパーソン会議（公開）。年次活動報告会の開催。オンブズ・レポート作成と配布。適時、勧告や意見表明等の公表を行っている。
(2)　条例の広報・啓発、教育・学習（機会、方法、教材）について
「顔の見えるオンブズ」をモットーに、以下のような取り組みを行っている。
- 子ども向け：電話カード・リーフレットを市内の幼・小・中・養護学校、保育所等に配布。小学3年生の市庁舎見学時に紙芝居等での説明・デモンストレーション。「ほっとサロン」小・中・高校生対象の居場所活動（月一回程度）等。
- 市民一般：年次活動報告会（3月開催）、市広報誌やHPの広報。小学校区人権啓発推進委員会等社会教育団体での講演会等の開催。
- 市関係機関、他機関：市長報告（年一回）。市教職員研修、教育委員等との懇談や校長会等への出席。他の行政・議会、NPO・研究者等の視察やマスコミの取材。

❼　条例実施による効果について
　　子どもの人権擁護・救済のセイフティネットとして機能し、子どもにやさしい安心・安全のまちづくりにつながっている。
①個別救済過程で子どものエンパワーメントが図られる　②設立当初、子どもからの相談割合が20〜30％だったが、2009（平成21）年以降50％前後となり、保護者からの相談割合を上回っている。2010（平成22）年では54.6％に増加　③関係機関への提言により、行為や制度等の改善や見直しがなされる　④子どもの認知率は小学生78％、中学生75％　⑤年次活動報告会には毎回100名前後が参加している　⑥子どもを取り巻くおとなや関係機関をゆるやかにつなぎ、各機関の役割と機能を発揮できるよう働きかけている。

❽　担当部局・課
川西市市民生活部人権推進室人権推進課子どもの人権オンブズパーソン事務局
住所：〒666-8501　兵庫県川西市中央町12番1号　川西市役所3階
電話番号：072-740-1235　FAX：072-740-1233
メールアドレス：kwex0002@ml.city.kawanishi.hyogo.jp

埼玉県

面積●3797.30km²
人口●7,271,921人
18歳未満人口●1,175,298人
※2012(平24)年1月1日現在

❶ **子ども施策情報（子どもに関する特徴的な施策について）**
※子どもの権利に関する施策について記載
- 埼玉県子どもの権利擁護委員会（愛称「子どもスマイルネット」）の運営
- 子どもの権利擁護の普及・啓発

❷ **子ども条例の名称**
埼玉県子どもの権利擁護委員会条例

❸ **制定年月日**
可決日：2002（平14）年3月26日　　公布日：2002（平14）年3月29日
施行日：2002（平14）年8月1日

❹ **条例制定の経緯**
(1) 条例制定のきっかけ
　　b.行政内部における検討
(2) 検討段階での子ども・市民参加
　　b.パブリックコメントの実施
(3) 議会における議決
　　a.全会一致

❺ **条例の特徴**
- 都道府県レベルでは全国で初めて知事の附属機関として設置した。
- 公平・中立的な第三者機関として位置づけた。
- 当事者の間にたって、当事者同士の話し合いや相互理解に基づく合意形成による問題解決を図るという調整機能を重視している。

❻ **条例の推進体制**
① 他部局・課、教育委員会等との連携体制、条例に基づく推進計画、検証制度等について
- 権利侵害の訴えにより面接相談や調査・調整活動を行う対象は大半が公立学校であることから、教育委員会をはじめ関係機関と連携しながら活動している。

② 条例の広報・啓発、教育・学習（機会、方法、教材）について
- 市町村窓口へのリーフレットの配布
- 県内の小学校3・5年生、中学2年生へのカードの配布
- 県広報紙への掲載
- 県内市町村広報紙への掲載依頼
- 県政出前講座を活用した啓発活動

などを行っている

❼ 条例実施による効果について

　いじめや体罰などを受けた子どもが、自らの権利が侵害されていることに気づかず1人で悩んでいることがある。そこで、匿名でも相談できる電話相談窓口を設け、電話相談員が子どもの立場に立って話をよく聴き、子どもが自分の力で問題の解決を図れるように助言している。

　それでも解決が図れない問題については、面接相談を行い、関係機関とも調整しながら互いに理解しあった形での問題解決を図っている。

(参考)
2010（平22）年度の面接相談件数　11件（うち、終了6件、次年度へ継続5件）

❽ 担当部局・課

埼玉県福祉部こども安全課児童権利擁護担当
住所：〒330-0074　埼玉県さいたま市浦和区北浦和5-6-5
電話番号：048-834-8755　FAX：048-822-4559
メールアドレス：a3320-41@pref.saitama.lg.jp

大阪府
箕面市

面積●47.84km²
人口●127,461人
18歳未満人口●21,889人
※2011(平23)年3月末現在

❶ 子ども施策情報（子どもに関する特徴的な施策について）
- 子育て支援の新展開
- 待機児童ゼロプラン
- 子どもの安全にかかる基本的は考え方
- 子ども安全・健全育成地域活動推進事業
- 箕面市新子どもプラン（次世代育成支援対策行動計画）
- 箕面市子どもプラン

❷ 子ども条例の名称
　箕面市子ども条例

❸ 制定年月日
　可決日：1999（平11）年9月28日　公布日：1999（平11）年9月30日
　施行日：1999（平11）年10月1日

❹ 条例制定の経緯
(1) 条例制定のきっかけ
　d.住民の要望・取り組み
　f.箕面市青少年問題協議会での議論から
(2) 検討段階での子ども・市民参加
　f.中間提言に基づく市民フォーラム、小学校・中学校・高等学校の児童会・生徒会聴き取り
(3) 議会における議決
　b.賛成多数

❺ 条例の特徴
　名称を「箕面市子ども条例」とし、子どもの権利にも着目し、1　子どもの幸福を追求する権利の保障、2　子どもの主体性の確保と豊かな人間性の醸成、3　大人と子どもとの協働、4　子どもを育てることに「夢」をもてるような子育て支援。の4つの理念を規定し、子どもを単に保護や育成する対象としていない点が特徴的である。

❻ 条例の推進体制
① 他部局・課、教育委員会等との連携体制、条例に基づく推進計画、検証制度等について
　第4条に「総合的な施策の策定、実施」、第16条に「総合的な推進体制の整備」が規定されており、条例制定後、0～18歳の総合的な子ども施策の推進をめざし、2000（平12）年度末に「子どもプラン」、2004（平16）年度末には「箕

面市新子どもプラン（箕面市次世代育成支援対策行動計画（前期計画））」を策定し、2005（平17）年度には、子どもに関わる教育部門と福祉部門の事務を担う「子ども部」を教育委員会に設置し、幼稚園・保育所に関する施策や子育て支援・青少年育成などに関する施策展開をしている。全庁横断的な組織として「箕面市子ども施策推進本部」、プランの策定やその進行管理を担う組織として「箕面市子ども育成推進協議会」を運営している。

② 条例の広報・啓発、教育・学習（機会、方法、教材）について

箕面市子ども条例の制定の過程や箕面市子どもプランの策定の前後に、各種の会議組織を立ち上げ、「総合的な子育て支援のあり方について」「就学前児童の教育保育のあり方について」「子どもの生活実態調査の検討、実施」「総合的な子ども施策推進組織のあり方について」「子どもを考えるフォーラムの企画、実施」「子どもの居場所について」などの検討や取り組みを実施する中で、条例の広報、啓発を行った。

❼ **条例実施による効果について**

条例制定後、0～18歳の総合的な子ども施策の推進をめざし、2000（平12）年度末に「子どもプラン」、2004（平16）年度末には「箕面市新子どもプラン（箕面市次世代育成支援対策行動計画（前期計画））」を策定し、2005（平17）年度には、子どもに関わる教育部門と福祉部門の事務を担う「子ども部」を教育委員会に設置し、幼稚園・保育所に関する施策や子育て支援・青少年育成などに関する施策展開などが何より効果と考えられる。

❽ **担当部局・課**

箕面市教育委員会事務局　子ども部　子ども政策課
住所：〒562-0003　大阪府箕面市西小路4-6-1
電話番号：072-724-6931　FAX：072-721-9907
メールアドレス：childpolicy@maple.city.minoh.lg.jp

東京都
世田谷区

面積●58.08km²
人口●842,323人
18歳未満人口●114,724人
※2012(平24)年4月現在

❶ 子ども施策情報（子どもに関する特徴的な施策について）
- プレーパーク
　子どもたちの好奇心を尊重して、可能な限り子どもたちがやりたいことを目指した遊び場で、区内に4ヵ所ある。「自分の責任で自由に遊ぶ」をモットーに、地域住民の協働事業として位置づけて実施している。
- 世田谷子ども・子育てテレフォン
　子ども本人からの悩みや妊娠中の方、子育て中の保護者の不安や悩みに関する電話相談を平日夜間（午後5時～午後10時）、土・日曜・祝日（午前9時～午後10時、年末年始を除く）に受け付ける。必要に応じて専門機関の紹介や区のサービスにつなげている。

❷ 子ども条例の名称
　世田谷区子ども条例

❸ 制定年月日
　可決日：2001（平13）年12月6日　　公布日：2001（平13）年12月10日
　施行日：2002（平14）年4月1日

❹ 条例制定の経緯
(1) 条例制定のきっかけ
　b.行政内部における検討　　d.住民の要望・取り組み
(2) 検討段階での子ども・市民参加
　c.実態・意識調査の実施
　e.子どもが自由に審議できる「子ども条例検討会議」等の設置
(3) 議会における議決
　b.賛成多数

❺ 条例の特徴
- 前文で「児童の権利に関する条約」について言及するとともに、子どもがすこやかに育つことのできるまちをつくることを宣言している。
- 条例を基に推進計画（世田谷区子ども計画）の策定と評価を進め、推進体制を整備するような施策推進の原則条例である。
- 子ども（小学校高学年）が条例を読んで十分理解できる文章である。

❻ 条例の推進体制
① 他部局・課、教育委員会等との連携体制、条例に基づく推進計画、検証制度

等について
- 「世田谷区子ども条例」に基づく推進計画として、「世田谷区子ども計画」を策定している。
- 「世田谷区子ども計画」の推進にあたっては、次世代育成支援推進委員会（副区長を会長とし全部長が委員）により進行管理を行っている。
- 「世田谷区子ども計画」に基づく事業や施策が「世田谷区子ども条例」の理念に適合しているかという内容を含んだ「世田谷区子ども計画」の進捗状況の評価・検証のあり方について、区長の附属機関である世田谷区子ども・青少年問題協議会に検討依頼している。

② 条例の広報・啓発、教育・学習（機会、方法、教材）について
- 条例の啓発を目的として、区民啓発用のチラシ、小学生向け、中学生向けパンフレットをそれぞれ作成し、毎年、小学一年生の保護者、小学四年生児童、中学一年生生徒に配布するよう、区立小・中学校に依頼している。

❼ 条例実施による効果について
- 次世代育成支援対策推進法に基づく「世田谷区子ども計画後期計画」策定時に実施したパブリックコメントにおいて、多数の意見が出される等、子ども条例制定後、子どもに対する区民の意識醸成がさらに高まった。
- 「世田谷区子ども計画後期計画」の「基本的考え方」における基本方針を、条例の考え方に則り、「子どもの視点」の重視と定めた。

❽ 担当部局・課
世田谷区子ども部子ども育成推進課
住所：〒154-8504 世田谷区世田谷4-21-27
電話番号：03-5432-2528　FAX：03-5432-3016
メールアドレス：SEA02236@mb.city.setagaya.tokyo.jp

東京都
調布市

面積●21.53㎢
人口●222,843人
18歳未満人口●33,225人
※2012（平24）年5月現在

❶ 子ども施策情報（子どもに関する特徴的な施策について）
- 「調布市子ども基金」の設置と基金を活用した助成事業
- 地域子育て支援拠点施設「子ども家庭支援センターすこやか」の運営
- 公募市民，学識経験者，子ども関係団体代表者等で構成する，子育て施策全般にわたる意見交換の場である「調布市次世代育成支援協議会」の運営
- 中高生を対象とした児童館「青少年ステーション」の運営
- 発達に遅れやかたよりがある未就学児の相談・療育施設「子ども発達センター」の運営

❷ 子ども条例の名称
調布市子ども条例

❸ 制定年月日
可決日：2005（平17）年3月23日　　公布日2005（平17）年3月23日
施行日：2005（平17）年4月1日

❹ 条例制定の経緯
(1) 条例制定のきっかけ
　b.行政内部における検討
(2) 検討段階での子ども・市民参加
　a.委員会主催の公聴会等の開催　b.パブリックコメントの実施
　c.実態・意識調査の実施　d.学習会・ワークショップ等の実施
　f.「中・高校生の生活意識に関する調査」の実施，中・高校生による意見交換会の開催
(3) 議会における議決
　a.全会一致

❺ 条例の特徴
- 子ども条例制定に向けた調布市の思いを表明するため，「前文」を掲載
- 子どもの人権に関しては，憲法が保障する基本的人権を尊重することを前提とし，子ども自身が健やかに成長できるまちづくりを推進するための調布市の理念を謳っている。
- すべての市民が，それぞれの立場で役割を果たすことで，子どもが健やかに育つまちづくりを推進することを目指している。

❻　条例の推進体制

① 他部局・課、教育委員会等との連携体制、条例に基づく推進計画、検証制度等について
- 調布市子ども家庭支援ネットワーク会議（庁内連携会議＝他部局，教育委員会等との連携）
- 調布市次世代育成支援協議会（公募市民，学識経験者，子ども関連団体）
- 調布っ子すこやかプラン（調布市次世代育成支援行動計画）

② 条例の広報・啓発、教育・学習（機会、方法、教材）について
- 調布市子ども条例パンフレット（小学生向け，中学生向け，大人向け）
- 出前講座の実施（市民の要望により子ども条例の理念，施策等に関して講習会を実施）
- 子ども条例及び「いじめや虐待のないまち宣言」（子ども条例の理念から2007（平19）5月に実施）の普及啓発事業（市内の小学生に「みんななかよし」というテーマで絵を募集し，市内を走るごみ収集車に貼る事業）
- 調布市子育て応援シンボルマーク（公募により作成）を子どもと子育てに関する情報誌やパンフレット等に掲載
- 子育て支援情報誌「元気に育て!!調布っ子」（毎年発行）巻頭に，子ども条例及び「いじめや虐待のないまち宣言」を掲載

❼　条例実施による効果について
- 市民，事業者の，子どもと子育てに対する関心が広まるとともに，子育て家庭に対する理解が深まっている。
- 「地域で子育て支援」の意識が高まり，地域でのつながりが萌芽し始めている。
- 庁内における「子ども・子育て」に関する連携が，より一層図られるようになっている。

❽　担当部局・課

調布市子ども生活部子ども政策課
住所：〒182-8511　東京都調布市小島町2-35-1
電話番号：042-481-7111（代表）　FAX：042-499-6101
メールアドレス：kodomo@w2.city.chofu.tokyo.jp

三重県

面積●5,777.22㎢
人口●1,854,724人
18歳未満人口●309,157人
※2010（平22）年10月1日現在

❶ 子ども施策情報（子どもに関する特徴的な施策について）

　2008（平20）年4月、健康福祉部が所管してきた「子育て支援施策」、生活部所管の「青少年健全育成施策」、教育委員会所管の「家庭教育施策」を一元的、総合的に推進する組織として、健康福祉部内に「こども局」が設置された。

　その際、三重県の子ども施策推進の基本的な考え方として、従来の「子育て支援」に「子育ち支援」の視点を明確に位置づけている。

　2009（平21）年には、企業や個人の応援者との協働により、「みえのこども応援プロジェクト」をスタートさせ、子どもの主体的な活動への支援、これを支える人材の育成などに取り組んでいる。2012（平24）年4月、子ども・家庭局へ名称変更。

❷ 子ども条例の名称

三重県子ども条例

❸ 制定年月日

可決日2011（平23）年3月16日　公布日2011（平23）年3月23日
施行日2011（平23）年4月1日

❹ 条例制定の経緯

(1) 条例制定のきっかけ
　b.行政内部における検討
　e.議員の質問・立法　f.教育関係団体からの請願

(2) 検討段階での子ども・市民参加
　a.委員会主催の公聴会等の開催　b.パブリックコメントの実施
　c.実態・意識調査の実施　d.学習会・ワークショップ等の実施
　f.「条例をつくろう！こども会議」の開催

(3) 議会における議決
　a.全会一致

❺ 条例の特徴

　子どもにかかわるあらゆる主体が連携・協働して子どもが豊かに育つことのできる地域づくりに取り組むことを定め、もって子どもの権利が尊重される社会の実現をめざすものである。

　そのため、それぞれの主体が共有すべき基本理念、果たすべき役割をあきらかにするとともに、県の施策の基本となる事項などとして、「権利学習機会の

設定」「子どもの意見表明機会の充実、意見の尊重」「子どもの主体的な活動への支援」「子どものための相談窓口の設置」などを具体的に定めている。

❻ 条例の推進体制
① 他部局・課、教育委員会等との連携体制、条例に基づく推進計画、検証制度等について

条例において推進計画等は定めていない。

庁内体制として、副知事を本部長とし、各部局長（教育長、警察本部長含む）で構成する「三重県こども青少年施策総合推進本部」（既存）の組織を条例推進組織と位置づけ、各部局における事業調整、事業評価等に取り組むこととしている。

行政の施策検討および地域の主体が子どもの育ちを支えていく活動に資するため、3年毎に子ども、保護者、子どもに関わる団体、県民等を対象にした意識・実態調査を行い、これを公表する。

② 条例の広報・啓発、教育・学習（機会、方法、教材）について

条例施行の初年度には、ポスターや啓発リーフレットの配布のほか、県広報紙、新聞等の紙媒体、テレビ・ラジオ等の電波媒体などを活用して、幅広く広報・啓発を行っている。

また、さまざまな団体、企業、学校等に対し、条例の趣旨、基本理念、具体的な取り組み等を中心に内容説明、学習会、意見交換などを行っており、今後も、啓発機会の拡大を図ることとしている。

❼ 条例実施による効果について

条例施行により、社会全体で子どもの育ちを支えていくことを2011（平23）年度策定の新しい総合計画に盛り込み、県の重点的な政策として明確に位置づけることができた。

これにより、子どもの育ちを支えることに関する県民の意識が高まり、地域の団体、企業等による取り組みの一層の盛り上がり、充実が期待できる。

また、子ども自身も、条例制定を大人が子どものことを大切に考えていることの表れとして喜ぶ声が多く、大人になっても条例を大事にしていきたいという思いが、今後、社会の良い循環につながっていくことが期待される。

❽ 担当部局・課

三重県健康福祉部子ども・家庭局子どもの育ち推進課
住所：〒514-8570　三重県津市広明町13
電話番号：059-224-2269　FAX：059-224-2270
メールアドレス：kodomom@pref.mie.jp

高知県

面積●7105.16㎢
人口●753,624人
18歳未満人口●112,277人
※2012(平24)年5月1日推計人口

❶ 子ども施策情報（子どもに関する特徴的な施策について）

〇高知県教育振興基本計画重点プラン
- 力のある学校づくり
- 心を耕す教育の総合的な推進
- 「縦」「横」のつなぎを強化

〇日本一の健康長寿県構想（第二期）
- 働きながら子育てを行う家庭への支援
- 子育てに孤立感や不安感を持つ家庭への支援

❷ 子ども条例の名称

高知県こども条例

❸ 制定年月日

可決日：2004（平16）年7月26日　　公布日：2004（平16）年8月6日
施行日：2004（平16）年8月6日

❹ 条例制定の経緯

(1) 条例制定のきっかけ
  a.首長の公約・マニフェスト　e.議員の質問・立法
  f.こどもを取り巻く環境の変化など

(2) 検討段階での子ども・市民参加
  d.学習会・ワークショップ等の実施
  f.こども条例づくりを考える協力校（5校）でのこどもの意見集約、8つの「モデルプラン」の作成など

(3) 議会における議決
  b.賛成多数

❺ 条例の特徴

- 地域ぐるみでこどもを育てていこうという理念の明示
- 推進委員会へのこどもの参加　　●県民参加の条例づくりのプロセス
- 「こども」を主語にしたやさしい文体

❻ 条例の推進体制

① 他部局・課、教育委員会等との連携体制、条例に基づく推進計画、検証制度等について
- 2005（平17）年3月〜　高知県こどもの環境づくり推進委員会の設置
- 2007（平19）年3月　高知県こどもの環境づくり推進計画の策定など

② 条例の広報・啓発、教育・学習（機会、方法、教材）について

○高知県こども条例記念日の制定（8月6日）
- こども条例記念日フォーラムの開催

○広報啓発のための広報素材の作成と配布等
- こども条例パネル、パンフレットの作成
- 各種イベントでのパネル展示、パンフレットの配布
- 小学生へのパンフレットの配布
- 人権学習教材としてのパンフレットの活用

○その他
- 中学校への出前授業、各種イベントでのシールアンケートの実施など

❼ 条例実施による効果について

「こどもの環境づくり推進計画」を策定し、取組を推進
○体験・・こどものさまざまな体験学習やこどもの自発的な活動の支援
○居場所・・こどもの学び直す機会の支援やこどもの居場所づくりの推進
○参加・・こどもが自分の思いを表現する場づくり
○人権救済・・こどもの人権侵害に対する救済の取組

❽ 担当部局・課

高知県地域福祉部少子対策課
住所：〒780-8570　高知県高知市丸ノ内1-2-20
電話番号：088-823-9640　FAX：088-823-9658
メールアドレス：060501@ken.pref.kochi.lg.jp

滋賀県

面積●4,017.36㎢
人口●1,414,398人
18歳未満人口●254,030人
※2011 (平23) 10月1日現在

❶ **子ども施策情報（子どもに関する特徴的な施策について）**
(1) 子育て環境づくり
① 子ども未来基金事業
　子どもが健やかに育ち、子どもを安心して育てることのできる環境づくりを推進するため、県民や県内の民間団体等が地域の中で取り組む子育て支援活動を支援。
② 淡海子育て応援団事業
　子育て家庭に対するサービス等に取り組む事業所を募集し、その取り組みを紹介。
③ 子ども・子育て応援センター事業
　青少年・子どもにかかる電話相談を実施し問題の解決に向けて支援。
(2) 子ども参画社会づくり
① 21世紀淡海子ども未来会議
　小学校4年生から中学校3年生までの子どもたちがさまざまな体験、研修を通じて、感じたこと、考えたことについて、県関係者と意見交換。

❷ **子ども条例の名称**
滋賀県子ども条例

❸ **制定年月日**
可決日：2006（平18）年3月23日　　公布日：2006（平18）年3月30日
施行日：2006（平18）年4月1日

❹ **条例制定の経緯**
(1) 条例制定のきっかけ
　b.行政内部における検討
(2) 検討段階での子ども・市民参加
　b.パブリックコメントの実施
　e.子どもが自由に審議できる「子ども条例検討会議」等の設置
(3) 議会における議決
　a.全会一致

❺ **条例の特徴**
　①子どもが愛情深く大切に育てられ、自立した社会の担い手として育つこと、②次代の社会を担う大切な存在として、社会全体で、子どもを育て、子どもの成長を支援すること、③子どもにとって最善の利益が考慮されることを基

本理念とし、県、保護者、県民および育ち学ぶ施設が一体となって育ち・育てる環境づくりに取り組むこととしています。

❻ 条例の推進体制

① 他部局・課、教育委員会等との連携体制、条例に基づく推進計画、検証制度等について

（他部局・課、教育委員会等との連携体制）
　副知事を本部長とし、各部長、教育委員会教育長および警察本部長を本部員とする「滋賀県子ども・青少年施策推進本部」を設置し、子ども・青少年育成および少子化対策を総合的に推進。

（条例に基づく計画等）
- 「滋賀県子ども育成大綱」
　県、保護者、県民および育ち学ぶ施設が一体となって育ち・育てる環境づくりに取り組む指針として策定。
- 「滋賀県児童虐待防止計画」
　子どもの虐待の防止その他育ち・育てる環境づくりに関して必要な施策を実施するための計画。

② 条例の広報・啓発、教育・学習（機会、方法、教材）について
　パンフレットの作成、ホームページへの掲載等により広報、啓発。

❼ 条例実施による効果について
- 「子ども未来基金」の設置、「子ども・子育て応援センター」の設置、「滋賀県児童虐待防止計画」の策定等

❽ 担当部局・課
滋賀県健康福祉部子ども・青少年局
住所：〒520-8577　滋賀県大津市京町四丁目1番1号
電話番号：077-528-3550　FAX：077-528-4854
メールアドレス：em00@pref.shiga.lg.jp

秋田県

面積●11,636km²
人口●1,075,058人
18歳未満人口●152,051人
※2011（平23）年10月現在

❶ 子ども施策情報（子どもに関する特徴的な施策について）
- すこやか子育て支援事業：保育所・幼稚園に係る保育料の助成を行う市町村に対して、その経費の一部を補助する。
- こどものえき設置事業：公共施設やスーパーなど親子が立ち寄る施設を対象に、おむつ交換や授乳スペース等の整備を支援する。
- 子育て家庭優待事業：中学生以下の子どもや妊婦のいる家庭に優待カードを配布し、協賛店のサービスを受けられる仕組みを作り、社会全体で子育て家庭を支えていく機運の醸成を図る。

❷ 子ども条例の名称
　　秋田県子ども・子育て支援条例

❸ 制定年月日
　可決日：2006（平18）年9月29日　　公布日：2006年（平18）9月29日
　施行日：2006（平18）年9月29日

❹ 条例制定の経緯
(1)　条例制定のきっかけ
　　b.行政内部における検討
　　c.子ども計画（次世代育成支援行動計画ほか）
(2)　検討段階での子ども・市民参加
　　b.パブリックコメントの実施
　　c.実態・意識調査の実施　d.学習会・ワークショップ等の実施
(3)　議会における議決
　　b.賛成多数

❺ 条例の特徴
- 子育て支援の充実と子どもの権利の保障を包括する総合条例であること。
- 「経済的負担に対する支援」を条例の中に位置づけていること。
- 「子どもの権利擁護委員会」を設置し、意識啓発から権利侵害の救済まで、子どもの権利擁護に関する業務を総合的に取り扱うなど、具体的な施策を含む条例であること。

❻ 条例の推進体制
①　他部局・課、教育委員会等との連携体制、条例に基づく推進計画、検証制度等について

- 子育てと仕事の両立支援
    子育てと仕事の両立について、企業の責務を明示するとともに、経済団体の協力を得ながら、県内企業への普及・浸透を図る。
- 地域における支援活動の活性化
    地域におけるネットワーク組織を設け、子ども・子育て支援活動団体の積極的参加を求めながら、地域における子育て支援活動の活性化と子育て県民運動の盛り上げを図る。
② 条例の広報・啓発、教育・学習（機会、方法、教材）について
- 親子が一緒に過ごす時間が多い毎年8月を「子ども・子育て支援月間」と定め、条例や条例に基づく普及啓発活動等を集中的に実施することとしている。
- 地域におけるネットワーク組織を通じて、各ブロックごとに親子交流の場や講演会等のイベントを実施し、その中で広報啓発を進めている。

❼ 条例実施による効果について
- 啓発活動の実施や地域におけるネットワーク組織の活動の設置の根拠となっており、事業の円滑な活動を促進している。
- 「すこやか子育て支援事業」や「福祉医療費補助金」として、保育料や医療費の経済的負担に対する支援を継続している。

❽ 担当部局・課
秋田県健康福祉部子育て支援課
住所：〒010-8570　秋田市山王4丁目1番1号
電話番号：018-860-1342　FAX：018-860-3844
メールアドレス：kosodate@pref.akita.lg.jp

大阪府

面積●1,898.47km²
人口●8,817,166人
18歳未満人口●1,452,489人
※20**(平**)年*月現在

❶ 子ども施策情報（子どもに関する特徴的な施策について）

　市町村が創意工夫を凝らし、地域の実情や住民ニーズに沿った施策を推進できるよう、2009（平21）年度に「地域福祉・子育て支援交付金」制度を創設し、また、2010（平22）年度には同交付金に別途「子育て支援分野特別枠」を創設し、市町村に対して交付金を交付することにより、市町村の子育て支援に関する事業を支援している。

❷ 子ども条例の名称

　大阪府子ども条例

❸ 制定年月日

　可決日：2007（平19）年3月12日　公布日：2007（平19）年3月16日
　施行日：2007（平19）年4月1日

❹ 条例制定の経緯

(1) 条例制定のきっかけ
　　b.行政内部における検討　　e.議員の質問・立法
　　f.「大阪府子どもの権利についての条例検討会議」での議論
(2) 検討段階での子ども・市民参加
　　b.パブリックコメントの実施
　　f.「大阪府子どもの権利についての条例検討会議」への公募委員の参加
(3) 議会における議決
　　b.賛成多数

❺ 条例の特徴

　子どもの尊厳を守り、健やかな成長を支えるために、子どもを「かけがえのない存在であり、人としての尊厳を生まれながらに有する」と基本理念に位置づけ、子どもをとりまく行政、保護者、学校等、事業者、府民の責務を明確化している。

❻ 条例の推進体制

① 他部局・課、教育委員会等との連携体制、条例に基づく推進計画、検証制度等について
● 条例に基づく子ども施策の総合的な計画として「こども・未来プラン（大阪府次世代育成支援行動計画）」を策定し、本計画の進捗状況を「大阪府子ども施策審議会」に報告し、その意見を踏まえて、児童福祉、医療、教育など幅広い分

野にわたる取組の効果的な推進を図っている。
- さらに、子ども・青少年に関する施策を総合的かつ効果的に推進するため、知事を本部長とする「大阪府子ども・青少年施策推進本部」を設置し、推進本部の下に幹事会を置き、子ども・青少年関係の施策を推進するための重要事項について協議し、調整する場を設けている。

② 条例の広報・啓発、教育・学習（機会、方法、教材）について
- 府ホームページで公表している。
- 子ども用のパンフレットを作成しており、作成時には府内全小中学校の児童生徒に配布した。

❼ **条例実施による効果について**

　「大阪府子ども施策審議会」の設置や虐待等の子どもの権利侵害への対応策の充実が図られるなど、施策面での充実を図ることができ、府民意識の醸成にも一定の効果があると考えている。

❽ **担当部局・課**

大阪府福祉部子ども室子育て支援課
住所：〒540-8570　大阪市中央区大手前２丁目
電話番号：06-6944-6984　FAX：06-6944-3052
メールアドレス：kosodateshien-g02@sbox.pref.osaka.lg.jp

神奈川県

面積●2,415.86km²
人口●9,051,028人
18歳未満人口●1,427,559人
※2011（平23）年1月1日現在

❶ **子ども施策情報（子どもに関する特徴的な施策について）**
- 条例に基づく事業者の認証制度「かながわ子育て応援団」
　従業員の子ども・子育て支援に取り組む体制等が整っている事業者を県が認証し、その取組み状況を登録・公表することにより、仕事も子育ての両立できる職場環境の整備を推進する。
- 条例に基づくかながわ子ども・子育て支援大賞等表彰の実施
　地域団体やNPO法人、企業、商店街、個人等が行っている県内の子ども・子育て支援活動のモデルとなる活動を表彰し、自主的な子ども・子育て支援活動の活性化と県民総ぐるみの取組みへの機運醸成を図る。
- 条例に基づく「かながわ子ども・子育て支援月間」の実施
　毎年8月の「かながわ子ども・子育て支援月間」では、県や市町村、NPOや事業者が各地でイベントや相談窓口開設などを行い、県はその情報をとりまとめ周知を図り、参加意欲を高めるとともに、子育てを応援する機運を醸成する。

❷ **子ども条例の名称**
神奈川県子ども・子育て支援推進条例

❸ **制定年月日**
可決日：2007（平19）年3月13日　　公布日：2007（平19）年3月20日
施行日：2007（平19）年10月1日

❹ **条例制定の経緯**
（1）条例制定のきっかけ
　c.子ども計画（次世代育成支援行動計画ほか）　e.議員の質問・立法
（2）検討段階での子ども・市民参加
　b.パブリックコメントの実施
　c.実態・意識調査の実施　d.学習会・ワークショップ等の実施
（3）議会における議決　a.全会一致

❺ **条例の特徴**
- 県、事業者、子ども・子育て支援機関等及び県民の責務を明記。（第4条〜第7条）
- 事業者の認証制度（「かながわ子育て応援団」）（第15条）
- 子ども・子育て支援の推進に寄与した団体・個人の表彰制度（第20条）
- 「かながわ子ども・子育て支援月間」（毎年8月）の取組み（第21条）

❻ **条例の推進体制**

① 他部局・課、教育委員会等との連携体制、条例に基づく推進計画、検証制度等について
【推進体制】
- 「神奈川県子ども・子育て支援推進協議会」県民、地域団体、事業者、行政機関等による、子ども・子育て支援の県民運動を推進するための協議会。
- 「神奈川県子ども・子育て支援推進会議」知事を会長、副知事を副会長、県政策会議の構成員を委員として部局横断的に施策の推進を図る組織。

【推進計画】
「かながわぐるみ・子ども家庭応援プラン」2005（平17）年3月策定（前期計画 2005（平17）～2009（平21）年度　後期計画2010（平22）～2014（平26）年度）
次世代支援対策推進法に基づく神奈川県の地域行動計画であるとともに、条例に基づく推進計画として位置づける

【検証制度等】
毎年度、施策の実施状況に関する報告書（「白書」）を作成し公表する。

② 条例の広報・啓発、教育・学習（機会、方法、教材）について
- 県ホームページ、子育て支援総合情報サイトを通じた広報・啓発
- 「神奈川県子ども・子育て支援白書」の発行
- かながわ子ども・子育て支援大賞等表彰の実施
- 事業者の認証制度の実施と普及
- 「かながわ子ども・子育て支援月間（毎年8月）」における広報・普及活動（新聞広告、ポスター掲出、電車中吊り広告、地域子育て支援拠点における訪問ミニイベント、webサイト開設、メルマガ等）、子育て支援の活動（イベント）県内で期間内に延731事業（平成23年度実績）

❼ 条例実施による効果について
市町村、NPO等団体、企業等との連携・協働による地域ぐるみの子ども・子育て支援の機運の醸成

❽ 担当部局・課
神奈川県 保健福祉局福祉・次世代育成部次世代育成課
住所：〒231-8588　神奈川県横浜市中区日本大通1
電話番号：045-210-4666（直通）　FAX：045-210-8857
メールアドレス：県ホームページ『お問い合わせフォーム』
http://www.pref.kanagawa.jp/div/1386/

兵庫県
宝塚市

面積●101.89km²
人口●230,386人
18歳未満人口●39,905人
※2012（平24）年4月現在

❶ **子ども施策情報（子どもに関する特徴的な施策について）**

　2007（平19）年度の宝塚市子ども条例の制定に併せて、行動計画の策定や子どもの育成に関する施策を総合的に推進するための「子ども審議会」の設置や「子ども未来部」の設置、計画推進のための財政基盤として「子ども未来基金」を創設（当初16.7億円）しています。

※ミニたからづか　2006（平18）年度から実施。

　子ども達がつくる子どもだけのまちです。子ども達が仕事体験を通して、ミニたからづかで通用するお金「ZUKA」を稼ぎ、あそびや飲食を体験するなど、主体的にまちづくりに参加を促し、次世代へつなげていく目的で実施しています。

※子ども議会　2000（平12）年度から実施。

　子どもが社会の一員であることを認識し、市政等についての情報及び意見を表明する機会を提供するとともに子どもの意見を聴き、市政等に反映させることを目的に実施しています。

※子ども向け市ホームページ「たからづかキッズ」2007（平19）年度開設。

　宝塚のまちや環境、食育などの情報を提供しています。

❷ **子ども条例の名称**

宝塚市子ども条例

❸ **制定年月日**

可決日：2007（平19）年3月26日　　公布日：2007（平19）年3月28日

施行日：2007（平19）年4月1日

❹ **条例制定の経緯**

(1)　条例制定のきっかけ

　　c.子ども計画（次世代育成支援行動計画ほか）

(2)　検討段階での子ども・市民参加

　　b.パブリックコメントの実施

(3)　議会における議決

　　a.全会一致

❺ **条例の特徴**

・条例制定にあたっては、パブリックコメントを実施するとともに、全市立小中学校（小学5年、中学2年）の児童生徒を対象にアンケートを実施し、子どもの

意見を取り入れています。

- 施策推進条例として制定しましたが、施策を推進するに当たっては、「子どもの最善の利益を考慮すること」（子ども条例第3条）や「意見表明の機会の提供等」（子ども条例第14条）ができるように条文に盛り込みました。

❻ **条例の推進体制**

① 他部局・課、教育委員会等との連携体制、条例に基づく推進計画、検証制度等について

　宝塚市次世代育成支援行動計画「たからっ子「育み」プラン」を具体的な行動計画として位置づけ、子ども審議会で計画の進捗について評価をいただくとともに庁内関係課長で組織する次世代育成支援行動計画推進検討会で各事業の進捗状況を確認し、市長、副市長、部長級職員で組織する都市経営会議に報告するなど、計画の推進を図っています。

② 条例の広報・啓発、教育・学習（機会、方法、教材）について

　条例制定時に、市内の小学4年から高校生までに宝塚市子ども条例パンフレットを各学校を通じて配付しました。以後、毎年、新小学4年生と新中学1年生に配付しています。また子ども向け市ホームページ「たからづかキッズ」でも子ども条例など各施策のPRを実施しています。

❼ **条例実施による効果について**

　子ども条例第14条に定める「子どもの社会参加の促進」では、子ども議会やミニたからづか、子ども向けHP作成などそれぞれの事業を実施する根拠ができています。

　また、子どもの居場所や子育て支援の拠点として、市内各コミュニティブロックに地域児童館の整備を行うほか、中高生の居場所として大型児童センターを整備しています。

❽ **担当部局・課**

宝塚市役所子ども未来部子ども室子ども政策課
住所：〒665-8665　兵庫県宝塚市東洋町1番1号
電話番号：0797-71-1141　FAX：0797-77-2800
メールアドレス：m-takarazuka0051@city.takarazuka.lg.jp

> 北海道
> **滝川市**
> 面積●115.82㎢
> 人口●42,997人
> 18歳未満人口●6,141人
> ※2012(平24)年4月末現在

❶ **子ども施策情報（子どもに関する特徴的な施策について）**
- ファミリーサポートセンターの設置
- 病後児保育の実施
- 発達に応じた食育の推進

❷ **子ども条例の名称**
　滝川市の未来を担うこどもの子育て・子育ち環境づくりに関する条例

❸ **制定年月日**
　可決日：2009（平21）3月23日　　公布日：2009（平21）年3月24日
　施行日：2009（平21）4月1日

❹ **条例制定の経緯**
(1)　条例制定のきっかけ
　　a.首長の公約・マニフェスト
(2)　検討段階での子ども・市民参加
　　a.委員会主催の公聴会等の開催　b.パブリックコメントの実施
　　c.実態・意識調査の実施　d.学習会・ワークショップ等の実施
　　e.子どもが自由に審議できる「子ども条例検討会議」等の設置
(3)　議会における議決
　　b.賛成多数

❺ **条例の特徴**
- 家庭、地域、学校等、企業、市と社会のそれぞれの役割を明記
- 子どもの責任を明記

❻ **条例の推進体制**
①　他部局・課、教育委員会等との連携体制、条例に基づく推進計画、検証制度等について
- 条例の理念に基づき、行動計画としての滝川市こどもプラン（次世代育成支援後期行動計画）を策定
- 計画に基づいた施策に対する評価を行う際は、こども並びに家庭、地域、学校等及び企業の意見を生かすよう努める。

②　条例の広報・啓発、教育・学習（機会、方法、教材）について
- 市広報による周知
- 町内会回覧
- 各学校へ配布

- FMラジオに出演しPR
- 各種団体へ出向いての説明

❼ 条例実施による効果について
- 市内部、議会関係者等の意識の醸成
- 市民の関心が増加
- 子育てにやさしいマチとしてのPR

❽ 担当部局・課
滝川市保健福祉部子育て応援課
住所：〒073-8686　滝川市大町1丁目2番15号
電話番号：0125-28-8025　FAX：0125-23-5775
メールアドレス：Jido@city.takikawa.hokkaido.jp

> 岡山県
> **総社市**
>
> 面積 ● 212.00k㎡
> 人口 ● 67,662人
> 18歳未満人口 ● 11,812人
> ※2012(平24)年4月30日現在

❶ **子ども施策情報（子どもに関する特徴的な施策について）**
- 小児医療費公費負担制度（入院分は中学校終了，通院分は小学校終了まで）
- こんにちは　赤ちゃん事業
- 病児保育室の開設
- つどいの広場（4箇所）の設置
- 県大そうじゃ子育てカレッジの設置（岡山県立大学との協働による子育て支援拠点事業）
- 「子育て王国そうじゃ」まちづくり実行委員会による子育て支援事業の実施

❷ **子ども条例の名称**
　総社市子ども条例

❸ **制定年月日**
　可決日：2009（平21）年9月7日　　公布日：2009（平21）年9月9日
　施行日：2009（平21）年11月15日

❹ **条例制定の経緯**
(1)　条例制定のきっかけ
　　a.首長の公約・マニフェスト　e.議員の質問・立法
(2)　検討段階での子ども・市民参加
　　b.パブリックコメントの実施　c.実態・意識調査の実施
　　f.子どもの意見を反映させるために中学生を対象とした子ども議会を開催し子どもの意見を聴取した
(3)　議会における議決
　　a.全会一致

❺ **条例の特徴**
- 子どもにも理解できるように平易な言葉で表現している
- 家庭,学校園,地域,事業者,市それぞれの役割を規定し再認識させることで，互いに協働しての取組の推進を目指している
- 子どもがもつ権利や可能性を再認識し,安心して心豊かに育つことを支援する

❻ **条例の推進体制**
①　他部局・課、教育委員会等との連携体制、条例に基づく推進計画、検証制度等について
- 行動計画
　　　次世代育成支援行動計画（総社っ子プラン）後期計画（2010（平22）～2014（平

26）年度）

　　総社市が今後進めていく子ども・家族支援施策の方向性や目標を総合的に示しており、本条例と整合・連携を図りながら、子育て支援施策を推進するものである。
- 推進会議
「子育て王国そうじゃ」まちづくり協議会
　　公募による市民，学識経験を有する者，子育て支援の関係団体の代表者，関係行政機関の職員など23名で構成され，総社っ子プランの進捗状況と併せて，本条例の取組や普及の状況も確認している。

②条例の広報・啓発、教育・学習（機会、方法、教材）について
- 市広報紙での特集記事,ホームページに掲載
- リーフレット「総社市子ども条例ができました」の作製
- 副読本「絵で見る総社市子ども条例」の作製
　　幼稚園，保育所，小学校，中学校，高校，大学，図書館・公民館などの公共施設，ひろばなどの子育て支援施設に5,000部配布
- そうじゃ家族の日の普及啓発事業としての携帯写真コンテストの開催

❼　条例実施による効果について
- こども会議の設置により、子どもの意見発表の機会を創出できた。
- 小学校の低学年でも利用できる副読本「絵で見る総社市子ども条例」の作製により，幅広い年代に普及啓発できた。また小学校の社会科授業の副読本として活用することで教育面での波及効果も得られた。
- 携帯写真コンテストの開催により，そうじゃ家族の日を広めるとともに，第3日曜日は家族団らんの日として家族のきずなを深める日として定着させることができた。また第3日曜日に、家族で参加できるイベントを実施することで家族でのふれあいの機会を創出できた。

❽　担当部局・課
総社市　健康福祉部こども課
住所：〒719-1192　総社市中央一丁目1番1号
電話番号：0866-92-8268　FAX：0866-92-8385
メールアドレス：kodomo@city.soja.okayama.jp

資料：条例制定の経緯一覧

	制定自治体	公布日	施行日	名称
1	神奈川県川崎市	2000年12月21日	2001年4月1日	川崎市子どもの権利に関する条例
2	北海道奈井江町	2002年3月26日	2002年4月1日	子どもの権利に関する条例
3	岐阜県多治見市	2003年9月25日	2004年1月1日	多治見市子どもの権利に関する条例
4	東京都目黒区	2005年12月1日	2005年12月1日	目黒区子ども条例
5	北海道芽室町	2006年3月6日	2006年4月1日	芽室町子どもの権利に関する条例
6	三重県名張市	2006年3月16日	2007年1月1日	名張市子ども条例
7	富山県魚津市	2006年3月20日	2006年4月1日	魚津市子どもの権利条例
8	岐阜県岐阜市	2006年3月27日	2006年4月1日	岐阜市子どもの権利に関する条例
9	東京都豊島区	2006年3月29日	2006年4月1日	豊島区子どもの権利に関する条例
10	福岡県志免町	2006年12月20日	2007年4月1日	志免町子どもの権利条例
11	石川県白山市	2006年12月21日	2007年4月1日	白山市子どもの権利に関する条例
12	愛知県豊田市	2007年10月9日	2007年10月9日	豊田市子ども条例
13	愛知県名古屋市	2008年3月27日	2008年4月1日	なごや子ども条例
14	新潟県上越市	2008年3月28日	2008年4月1日	上越市子どもの権利に関する条例
15	北海道札幌市	2008年11月7日	2009年4月1日	札幌市子どもの最善の利益を実現するための権利条例
16	福岡県筑前町	2008年12月15日	2009年4月1日	筑前町子どもの権利に関する条例
17	愛知県岩倉市	2008年12月18日	2009年1月1日	岩倉市子ども条例
18	東京都小金井市	2009年3月12日	2009年3月12日	小金井市子どもの権利に関する条例
19	岩手県遠野市	2009年3月23日	2009年4月1日	遠野市わらすっこ条例
20	宮城県石巻市	2009年3月26日	2009年4月1日	石巻市子どもの権利に関する条例
21	愛知県日進市	2009年9月29日	2010年4月1日	日進市未来をつくる子ども条例
22	福岡県筑紫野市	2010年3月30日	2011年4月1日	筑紫野市子ども条例
23	北海道幕別町	2010年4月1日	2010年7月1日	幕別町子どもの権利に関する条例
24	愛知県幸田町	2010年12月22日	2011年4月1日	幸田町子どもの権利に関する条例
25	兵庫県川西市	1998年12月22日	1999年3月23日	川西市子どもの人権オンブズパーソン条例
26	埼玉県	2002年3月29日	2002年11月1日	埼玉県子どもの権利擁護委員会条例
27	大阪府箕面市	1999年9月30日	1999年10月1日	箕面市子ども条例
28	東京都世田谷区	2001年12月10日	2002年4月1日	世田谷区子ども条例
29	東京都調布市	2005年3月23日	2005年4月1日	調布市子ども条例
30	三重県	2011年3月23日	2011年4月1日	三重県子ども条例
31	高知県	2004年8月6日	2004年8月6日	高知県こども条例
32	滋賀県	2006年3月30日	2006年4月1日	滋賀県子ども条例
33	秋田県	2006年9月29日	2006年9月29日	秋田県子ども・子育て支援条例
34	大阪府	2007年3月16日	2007年4月1日	大阪府子ども条例
35	神奈川県	2007年3月20日	2007年10月1日	神奈川県子ども・子育て支援推進条例
36	兵庫県宝塚市	2007年3月28日	2007年4月1日	宝塚市子ども条例
37	北海道滝川市	2009年3月24日	2009年4月1日	滝川市の未来を担うこどもの子育て・子育ち環境づくりに関する条例
38	岡山県総社市	2009年9月9日	2009年11月15日	総社市子ども条例

条例制定のきっかけ						検討段階で子ども・市民参加						議会における議決	
a. 首長の公約・マニフェスト	b. 行政内部における検討	c. 子ども計画（次世代育成支援行動計画ほか）	d. 住民の要望・取り組み	e. 議員の質問・立法	f. その他	a. 委員会主催の公聴会等の開催	b. パブリックコメントの実施	c. 実態・意識調査の実施	d. 学習会・ワークショップ等の実施	e. 子どもが自由に審議できる会議等の設置	f. その他	a. 全会一致	b. 賛成多数
	○				○	○	○	○	○	○		○	
○							○	○		○		○	
○						○	○	○				○	
		○					○			○	○	○	
○							○	○				○	
				○							○	○	
				○					○	○		○	
				○					○	○	○	○	
					○				○		○		○
				○			○					○	
				○				○	○	○		○	
	○	○						○	○	○		○	
○						○		○	○	○		○	
		○		○			○	○	○	○		○	
○						○	○	○	○	○			○
	○			○		○	○	○	○	○		○	
	○						○					○	
	○	○	○	○		○	○	○		○		○	
○	○						○	○		○			○
				○			○	○				○	
		○					○	○				○	
○	○						○	○			○	○	
○				○				○			○	○	
		○		○			○	○				○	
	○							○				○	
	○							○				○	
			○		○						○		○
	○	○						○		○			○
		○				○	○	○		○	○		
		○		○	○	○	○	○		○			○
○				○	○				○	○		○	
	○						○		○				○
	○	○					○	○					○
		○					○						○
			○										
			○				○						
○						○				○			○
○				○			○			○		○	

第3部

子ども条例集

■総合条例

川崎市子どもの権利に関する条例（神奈川県川崎市）	134
子どもの権利に関する条例（北海道奈井江町）	140
多治見市子どもの権利に関する条例（岐阜県多治見市）	142
目黒区子ども条例（東京都目黒区）	145
名張市子ども条例（三重県名張市）	149
豊島区子どもの権利に関する条例（東京都豊島区）	152
志免町子どもの権利条例（福岡県志免町）	157
白山市子どもの権利に関する条例（石川県白山市）	161
豊田市子ども条例（愛知県豊田市）	164
なごや子ども条例（愛知県名古屋市）	169
札幌市子どもの最善の利益を実現するための権利条例（北海道札幌市）	172
筑前町子どもの権利に関する条例（福岡県筑前町）	178
遠野市わらすっこ条例（岩手県遠野市）	182
石巻市子どもの権利に関する条例（宮城県石巻市）	185
日進市未来をつくる子ども条例（愛知県日進市）	188
筑紫野市子ども条例（福岡県筑紫野市）	192
幕別町子どもの権利に関する条例（北海道幕別町）	196

■個別条例

川西市子どもの人権オンブズパーソン条例（兵庫県川西市）	199
埼玉県子どもの権利擁護委員会条例（埼玉県）	202

■施策推進の原則条例

箕面市子ども条例（大阪府箕面市）	205
世田谷区子ども条例（東京都世田谷区）	206
調布市子ども条例（東京都調布市）	208
三重県子ども条例（三重県）	211
秋田県子ども・子育て支援条例（秋田県）	213
尼崎市子どもの育ち支援条例（兵庫県尼崎市）	216

■参考

京畿道児童・生徒人権条例（韓国・京畿道〈キョンキド〉）	221

解説

　子どもに関わる条例については、子どもの権利を基盤にした子ども支援を中心にしているもの、子育て支援を中心にしたもの、子どもの権利と義務あるいは旧来の子どもの健全育成の考え等が混在するもの、さらには理念を中心に規定したもの、施策の方向性を示すもの、制度や仕組みまで含むものなど多様です。それに伴って条例の分類の仕方もいろいろありますが、本書では以下のような分類をして掲載しています。

(1) 子どもの権利を総合的に保障する条例

　日本で初めて子どもの権利を総合的に保障しようとする条例を制定したのは川崎市です。この条例は、子どもの権利についての理念、家庭・学校・施設・地域等の子どもの生活の場での権利保障、子どもの参加や救済のしくみ、行動計画策定による子ども施策の推進、子どもの権利委員会設置によるモニタリングなどを規定し、それらの内容が相互に補完し合うような内容になっています。その後、このような総合条例は、子どもの権利の重点、制度や仕組みの具体性、規定の詳細さの程度などに差はありますが、これまで約27の自治体で制定されています（富山県小杉町の条例は合併に伴い廃止され、射水市が新たな条例を制定しています）。

(2) 子どもの権利を個別的な施策・制度により実現していく個別条例

　子どもの意見表明・参加支援、子どもからの相談・権利救済、虐待等の防止、安全の確保など子ども施策の個別課題に対応する条例があります。

①子どもの意見表明・参加支援

　子どもの意見表明・参加支援にかかわっては、それらを中心にした内容の条例は制定されていませんが、教育行政への市民参加条例、町村合併に関する住民投票条例、自治基本条例や市民参加推進条例のなかで子どもの意見表明・参加を位置づける条例など、多様に存在します。

②子どもの相談・権利救済

　兵庫県川西市の条例は、公的な第三者機関（子どもオンブズパーソン）を設置して子どもの権利救済に取り組む日本で初めての条例です。その後、県レベルでも、埼玉県等で制定されています。また、上の総合条例のなかでも、多治見市（岐阜県）、目黒区（東京都）、名張市（三重県）、豊島区（東京都）、志免町（福岡県）、豊田市（愛知県）、札幌市（北海道）、筑前町（福岡県）、岩倉市（愛知県）、日進市（愛知県）、筑紫野市（福岡県）、幸田町（愛知県）等で同様の制度を設けています。なお、奈井江町（北海道）、芽室町（北海道）等では子どもの権利の「救済委員会」、白山市（石川県）では「子どもの権利相談室」を設置しています。

③子どもの虐待防止・安全等

　子どもが安全・安心して生きていけるよう、事件を契機として学校災害や子どもの虐待に対応する条例が制定されています。なお、奈良県等では、子どもの安全・防犯に取り組む「子ども版」生活安全条例もつくられています。また、障害のある人に対する差別・虐待の禁止について、千葉県の条例は、差別の定義、県知事への勧告、障害者への公的助成などを具体的に定めています。

(3) 子ども施策を推進するための原則条例

　子ども施策を推進していくための理念・原則等を主に定める条例も制定されています。

　これらの条例の相当数が子どもの権利（条約）について言及し、基本となる理念や施策を示し、その推進計画の策定あるいは推進体制のあり方などを定めています。秋田県の条例は、子育て支援とともに、「子どもの権利擁護委員会」を設置し、子どもの権利救済に取り組もうとしています。また、尼崎市（兵庫県）の条例は「子どもの育ち支援」を基本にした条例です。

　他方で、同じように子ども施策を推進していくための原則を定める子ども条例でも、もっぱら少子化対策・子育て支援のための施策を定める条例も一定数制定されつつあります。

川崎市子どもの権利に関する条例

神奈川県川崎市

公布：平成12年12月21日
施行：平成13年4月1日

前文

子どもは、それぞれが一人の人間である。子どもは、かけがえのない価値と尊厳を持っており、個性や他の者との違いが認められ、自分が自分であることを大切にされたいと願っている。

子どもは、権利の全面的な主体である。子どもは、子どもの最善の利益の確保、差別の禁止、子どもの意見の尊重などの国際的な原則の下で、その権利を総合的に、かつ、現実に保障される。子どもにとって権利は、人間としての尊厳をもって、自分を自分として実現し、自分らしく生きていく上で不可欠なものである。

子どもは、その権利が保障される中で、豊かな子ども時代を過ごすことができる。子どもの権利について学習することや実際に行使することなどを通して、子どもは、権利の認識を深め、権利を実現する力、他の者の権利を尊重する力や責任などを身に付けることができる。また、自分の権利が尊重され、保障されるためには、同じように他の者の権利が尊重され、保障されなければならず、それぞれの権利が相互に尊重されることが不可欠である。

子どもは、大人とともに社会を構成するパートナーである。子どもは、現在の社会の一員として、また、未来の社会の担い手として、社会の在り方や形成にかかわる固有の役割があるとともに、そこに参加する権利がある。そのためにも社会は、子どもに開かれる。

子どもは、同時代を生きる地球市民として国内外の子どもと相互の理解と交流を深め、共生と平和を願い、自然を守り、都市のより良い環境を創造することに欠かせない役割を持っている。

市における子どもの権利を保障する取組は、市に生活するすべての人々の共生を進め、その権利の保障につながる。私たちは、子ども最優先などの国際的な原則も踏まえ、それぞれの子どもが一人の人間として生きていく上で必要な権利が保障されるよう努める。

私たちは、こうした考えの下、平成元年11月20日に国際連合総会で採択された「児童の権利に関する条約」の理念に基づき、子どもの権利の保障を進めることを宣言し、この条例を制定する。

第1章 総則

(目的)
第1条 この条例は、子どもの権利に係る市等の責務、人間としての大切な子どもの権利、家庭、育ち・学ぶ施設及び地域における子どもの権利の保障等について定めることにより、子どもの権利の保障を図ることを目的とする。

(定義)
第2条 この条例において、次の各号に掲げる用語の意義は、それぞれ当該各号に定めるところによる。
(1) 子ども 市民をはじめとする市に関係のある18歳未満の者その他これらの者と等しく権利を認めることが適当と認められる者
(2) 育ち・学ぶ施設 児童福祉法(昭和22年法律第164号)に規定する児童福祉施設、学校教育法(昭和22年法律第26号)に規定する学校、専修学校、各種学校その他の施設のうち、子どもが育ち、学ぶために入所し、通所し、又は通学する施設
(3) 親に代わる保護者 児童福祉法に規定する里親その他の親に代わり子どもを養育する者

(責務)
第3条 市は、子どもの権利を尊重し、あらゆる施策を通じてその保障に努めるものとする。
2 市民は、子どもの権利の保障に努めるべき場において、その権利が保障されるよう市との協働に努めなければならない。
3 育ち・学ぶ施設の設置者、管理者及び職員(以下「施設関係者」という。)のうち、市以外の施設関係者は、市の施策に協力するよう努めるとともに、その育ち・学ぶ施設における子どもの権利が保障されるよう努めなければならない。
4 事業者は、雇用される市民が養育する子ども及び雇用される子どもの権利の保障について市の施策に協力するよう努めなければなら

ない。
(国等への要請)
第4条　市は、子どもの権利が広く保障されるよう国、他の公共団体等に対し協力を要請し、市外においてもその権利が保障されるよう働きかけを行うものとする。
(かわさき子どもの権利の日)
第5条　市民の間に広く子どもの権利についての関心と理解を深めるため、かわさき子どもの権利の日を設ける。
2　かわさき子どもの権利の日は、11月20日とする。
3　市は、かわさき子どもの権利の日の趣旨にふさわしい事業を実施し、広く市民の参加を求めるものとする。
(広報)
第6条　市は、子どもの権利に対する市民の理解を深めるため、その広報に努めるものとする。
(学習等への支援等)
第7条　市は、家庭教育、学校教育及び社会教育の中で、子どもの権利についての学習等が推進されるよう必要な条件の整備に努めるものとする。
2　市は、施設関係者及び医師、保健師等の子どもの権利の保障に職務上関係のある者に対し、子どもの権利についての理解がより深まるよう研修の機会を提供するものとする。
3　市は、子どもによる子どもの権利についての自主的な学習等の取組に対し、必要な支援に努めるものとする。
(市民活動への支援等)
第8条　市は、子どもの権利の保障に努める市民の活動に対し、その支援に努めるとともに、子どもの権利の保障に努める活動を行うものとの連携を図るものとする。

第2章　人間としての大切な子どもの権利

(子どもの大切な権利)
第9条　この章に規定する権利は、子どもにとって、人間として育ち、学び、生活をしていく上でとりわけ大切なものとして保障されなければならない。
(安心して生きる権利)
第10条　子どもは、安心して生きることができる。そのためには、主として次に掲げる権利が保障されなければならない。
(1)　命が守られ、尊重されること。
(2)　愛情と理解をもって育(はぐく)まれること。
(3)　あらゆる形態の差別を受けないこと。
(4)　あらゆる形の暴力を受けず、又は放置されないこと。
(5)　健康に配慮がなされ、適切な医療が提供され、及び成長にふさわしい生活ができること。
(6)　平和と安全な環境の下で生活ができること。
(ありのままの自分でいる権利)
第11条　子どもは、ありのままの自分でいることができる。そのためには、主として次に掲げる権利が保障されなければならない。
(1)　個性や他の者との違いが認められ、人格が尊重されること。
(2)　自分の考えや信仰を持つこと。
(3)　秘密が侵されないこと。
(4)　自分に関する情報が不当に収集され、又は利用されないこと。
(5)　子どもであることをもって不当な取扱いを受けないこと。
(6)　安心できる場所で自分を休ませ、及び余暇を持つこと。
(自分を守り、守られる権利)
第12条　子どもは、自分を守り、又は自分が守られることができる。そのためには、主として次に掲げる権利が保障されなければならない。
(1)　あらゆる権利の侵害から逃れられること。
(2)　自分が育つことを妨げる状況から保護されること。
(3)　状況に応じた適切な相談の機会が、相談にふさわしい雰囲気の中で確保されること。
(4)　自分の将来に影響を及ぼすことについて他の者が決めるときに、自分の意見を述べるのにふさわしい雰囲気の中で表明し、その意見が尊重されること。
(5)　自分を回復するに当たり、その回復に適切でふさわしい雰囲気の場が与えられること。
(自分を豊かにし、力づけられる権利)
第13条　子どもは、その育ちに応じて自分を豊かにし、力づけられることができる。そのためには、主として次に掲げる権利が保障さ

れなければならない。
(1) 遊ぶこと。
(2) 学ぶこと。
(3) 文化芸術活動に参加すること。
(4) 役立つ情報を得ること。
(5) 幸福を追求すること。

（自分で決める権利）
第14条　子どもは、自分に関することを自分で決めることができる。そのためには、主として次に掲げる権利が保障されなければならない。
(1) 自分に関することを年齢と成熟に応じて決めること。
(2) 自分に関することを決めるときに、適切な支援及び助言が受けられること。
(3) 自分に関することを決めるために必要な情報が得られること。

（参加する権利）
第15条　子どもは、参加することができる。そのためには、主として次に掲げる権利が保障されなければならない。
(1) 自分を表現すること。
(2) 自分の意見を表明し、その意見が尊重されること。
(3) 仲間をつくり、仲間と集うこと。
(4) 参加に際し、適切な支援が受けられること。

（個別の必要に応じて支援を受ける権利）
第16条　子どもは、その置かれた状況に応じ、子どもにとって必要な支援を受けることができる。そのためには、主として次に掲げる権利が保障されなければならない。
(1) 子ども又はその家族の国籍、民族、性別、言語、宗教、出身、財産、障害その他の置かれている状況を原因又は理由とした差別及び不利益を受けないこと。
(2) 前号の置かれている状況の違いが認められ、尊重される中で共生できること。
(3) 障害のある子どもが、尊厳を持ち、自立し、かつ、社会への積極的な参加が図られること。
(4) 国籍、民族、言語等において少数の立場の子どもが、自分の文化等を享受し、学習し、又は表現することが尊重されること。
(5) 子どもが置かれている状況に応じ、子どもに必要な情報の入手の方法、意見の表明の方法、参加の手法等に工夫及び配慮がなされること。

第3章　家庭、育ち・学ぶ施設及び地域における子どもの権利の保障

第1節　家庭における子どもの権利の保障

（親等による子どもの権利の保障）
第17条　親又は親に代わる保護者（以下「親等」という。）は、その養育する子どもの権利の保障に努めるべき第一義的な責任者である。
2　親等は、その養育する子どもが権利を行使する際に子どもの最善の利益を確保するため、子どもの年齢と成熟に応じた支援に努めなければならない。
3　親等は、子どもの最善の利益と一致する限りにおいて、その養育する子どもに代わり、その権利を行使するよう努めなければならない。
4　親等は、育ち・学ぶ施設及び保健、医療、児童福祉等の関係機関からその子どもの養育に必要な説明を受けることができる。この場合において、子ども本人の情報を得ようとするときは、子どもの最善の利益を損なわない限りにおいて行うよう努めなければならない。

（養育の支援）
第18条　親等は、その子どもの養育に当たって市から支援を受けることができる。
2　市は、親等がその子どもの養育に困難な状況にある場合は、その状況について特に配慮した支援に努めるものとする。
3　事業者は、雇用される市民が安心してその子どもを養育できるよう配慮しなければならない。

（虐待及び体罰の禁止）
第19条　親等は、その養育する子どもに対して、虐待及び体罰を行ってはならない。

（虐待からの救済及びその回復）
第20条　市は、虐待を受けた子どもに対する迅速かつ適切な救済及びその回復に努めるものとする。
2　前項の救済及びその回復に当たっては、二次的被害が生じないようその子どもの心身の状況に特に配慮しなければならない。
3　市は、虐待の早期発見及び虐待を受けた子どもの迅速かつ適切な救済及びその回復のため、関係団体等との連携を図り、その支援に努めるものとする。

第2節　育ち・学ぶ施設における子どもの

権利の保障
(育ち・学ぶ環境の整備等)
第21条　育ち・学ぶ施設の設置者及び管理者（以下「施設設置管理者」という。）は、その子どもの権利の保障が図られるよう育ち・学ぶ施設において子どもが自ら育ち、学べる環境の整備に努めなければならない。
2　前項の環境の整備に当たっては、その子どもの親等その他地域の住民との連携を図るとともに、育ち・学ぶ施設の職員の主体的な取組を通して行われるよう努めなければならない。

(安全管理体制の整備等)
第22条　施設設置管理者は、育ち・学ぶ施設の活動における子どもの安全を確保するため、災害の発生の防止に努めるとともに、災害が発生した場合にあっても被害の拡大を防げるよう関係機関、親等その他地域の住民との連携を図り、安全管理の体制の整備及びその維持に努めなければならない。
2　施設設置管理者は、その子どもの自主的な活動が安全の下で保障されるようその施設及び設備の整備等に配慮しなければならない。

(虐待及び体罰の禁止等)
第23条　施設関係者は、その子どもに対し、虐待及び体罰を行ってはならない。
2　施設設置管理者は、その職員に対し、子どもに対する虐待及び体罰の防止に関する研修等の実施に努めなければならない。
3　施設設置管理者は、子どもに対する虐待及び体罰に関する相談をその子どもが安心して行うことができる育ち・学ぶ施設における仕組みを整えるよう努めなければならない。
4　施設関係者は、虐待及び体罰に関する子どもの相談を受けたときは、子どもの最善の利益を考慮し、その相談の解決に必要な者、関係機関等と連携し、子どもの救済及びその回復に努めなければならない。

(いじめの防止等)
第24条　施設関係者は、いじめの防止に努めなければならない。
2　施設関係者は、いじめの防止を図るため、その子どもに対し、子どもの権利が理解されるよう啓発に努めなければならない。
3　施設設置管理者は、その職員に対し、いじめの防止に関する研修等の実施に努めなければならない。
4　施設設置管理者は、いじめに関する相談をその子どもが安心して行うことができる育ち・学ぶ施設における仕組みを整えるよう努めなければならない。
5　施設関係者は、いじめに関する子どもの相談を受けたときは、子どもの最善の利益を考慮し、その相談の解決に必要な者、関係機関等と連携し、子どもの救済及びその回復に努めなければならない。この場合において、施設関係者は、いじめを行った子どもに対しても必要な配慮を行った上で適切な対応を行うよう努めなければならない。

(子ども本人に関する文書等)
第25条　育ち・学ぶ施設における子ども本人に関する文書は、適切に管理され、及び保管されなければならない。
2　前項の文書のうち子どもの利害に影響するものにあっては、その作成に当たり、子ども本人又はその親等の意見を求める等の公正な文書の作成に対する配慮がなされなければならない。
3　育ち・学ぶ施設においては、その目的の範囲を超えてその子ども本人に関する情報が収集され、又は保管されてはならない。
4　前項の情報は、育ち・学ぶ施設のその目的の範囲を超えて利用され、又は外部に提供されてはならない。
5　第1項の文書及び第3項の情報に関しては、子どもの最善の利益を損なわない限りにおいてその子ども本人に提示され、又は提供されるよう文書及び情報の管理等に関する事務が行われなければならない。
6　育ち・学ぶ施設において子どもに対する不利益な処分等が行われる場合には、その処分等を決める前に、その子ども本人から事情、意見等を聴く場を設ける等の配慮がなされなければならない。

第3節　地域における子どもの権利の保障
(子どもの育ちの場等としての地域)
第26条　地域は、子どもの育ちの場であり、家庭、育ち・学ぶ施設、文化、スポーツ施設等と一体となってその人間関係を豊かなものとする場であることを考慮し、市は、地域において子どもの権利の保障が図られるよう子どもの活動が安全の下で行うことができる子育て及び教育環境の向上を目指したまちづくりに努めるものとする。
2　市は、地域において、子ども、その親等、施設関係者その他住民がそれぞれ主体となっ

て、地域における子育て及び教育環境に係る協議その他の活動を行う組織の整備並びにその活動に対し支援に努めるものとする。

（子どもの居場所）
第27条　子どもには、ありのままの自分でいること、休息して自分を取り戻すこと、自由に遊び、若しくは活動すること又は安心して人間関係をつくり合うことができる場所（以下「居場所」という。）が大切であることを考慮し、市は、居場所についての考え方の普及並びに居場所の確保及びその存続に努めるものとする。
2　市は、子どもに対する居場所の提供等の自主的な活動を行う市民及び関係団体との連携を図り、その支援に努めるものとする。

（地域における子どもの活動）
第28条　地域における子どもの活動が子どもにとって豊かな人間関係の中で育つために大切であることを考慮し、市は、地域における子どもの自治的な活動を奨励するとともにその支援に努めるものとする。

第4章　子どもの参加

（子どもの参加の促進）
第29条　市は、子どもが市政等について市民として意見を表明する機会、育ち・学ぶ施設その他活動の拠点となる場でその運営等について構成員として意見を表明する機会又は地域における文化・スポーツ活動に参加する機会を諸施策において保障することが大切であることを考慮して、子どもの参加を促進し、又はその方策の普及に努めるものとする。

（子ども会議）
第30条　市長は、市政について、子どもの意見を求めるため、川崎市子ども会議（以下「子ども会議」という。）を開催する。
2　子ども会議は、子どもの自主的及び自発的な取組により運営されるものとする。
3　子ども会議は、その主体である子どもが定める方法により、子どもの総意としての意見等をまとめ、市長に提出することができる。
4　市長その他の執行機関は、前項の規定により提出された意見等を尊重するものとする。
5　市長その他の執行機関は、子ども会議にあらゆる子どもの参加が促進され、その会議が円滑に運営されるよう必要な支援を行うものとする。

（参加活動の拠点づくり）
第31条　市は、子どもの自主的及び自発的な参加活動を支援するため、子どもが子どもだけで自由に安心して集うことができる拠点づくりに努めるものとする。

（自治的活動の奨励）
第32条　施設設置管理者は、その構成員としての子どもの自治的な活動を奨励し、支援するよう努めなければならない。
2　前項の自治的な活動による子どもの意見等については、育ち・学ぶ施設の運営について配慮されるよう努めなければならない。

（より開かれた育ち・学ぶ施設）
第33条　施設設置管理者は、子ども、その親等その他地域の住民にとってより開かれた育ち・学ぶ施設を目指すため、それらの者に育ち・学ぶ施設における運営等の説明等を行い、それらの者及び育ち・学ぶ施設の職員とともに育ち・学ぶ施設を支え合うため、定期的に話し合う場を設けるよう努めなければならない。

（市の施設の設置及び運営に関する子どもの意見）
第34条　市は、子どもの利用を目的とした市の施設の設置及び運営に関し、子どもの参加の方法等について配慮し、子どもの意見を聴くよう努めるものとする。

第5章　相談及び救済

（相談及び救済）
第35条　子どもは、川崎市人権オンブズパーソンに対し、権利の侵害について相談し、又は権利の侵害からの救済を求めることができる。
2　市は、川崎市人権オンブズパーソンによるもののほか、子どもの権利の侵害に関する相談又は救済については、関係機関、関係団体等との連携を図るとともに子ども及びその権利の侵害の特性に配慮した対応に努めるものとする。

第6章　子どもの権利に関する行動計画

（行動計画）
第36条　市は、子どもに関する施策の推進に際し子どもの権利の保障が総合的かつ計画的に図られるための川崎市子どもの権利に関する行動計画（以下「行動計画」という。）を策定するものとする。
2　市長その他の執行機関は、行動計画を策定

するに当たっては、市民及び第38条に規定する川崎市子どもの権利委員会の意見を聴くものとする。

(子どもに関する施策の推進)
第37条　市の子どもに関する施策は、子どもの権利の保障に資するため、次に掲げる事項に配慮し、推進しなければならない。
(1)　子どもの最善の利益に基づくものであること。
(2)　教育、福祉、医療等との連携及び調整が図られた総合的かつ計画的なものであること。
(3)　親等、施設関係者その他市民との連携を通して一人一人の子どもを支援するものであること。

第7章　子どもの権利の保障状況の検証

(権利委員会)
第38条　子どもに関する施策の充実を図り、子どもの権利の保障を推進するため、川崎市子どもの権利委員会(以下「権利委員会」という。)を置く。
2　権利委員会は、第36条第2項に定めるもののほか、市長その他の執行機関の諮問に応じて、子どもに関する施策における子どもの権利の保障の状況について調査審議する。
3　権利委員会は、委員10人以内で組織する。
4　委員は、人権、教育、福祉等の子どもの権利にかかわる分野において学識経験のある者及び市民のうちから、市長が委嘱する。
5　委員の任期は、3年とする。ただし、補欠の委員の任期は、前任者の残任期間とする。
6　委員は、再任されることができる。
7　第4項の委員のほか、特別の事項を調査審議させるため必要があるときは、権利委員会に臨時委員を置くことができる。
8　委員及び臨時委員は、職務上知ることができた秘密を漏らしてはならない。その職を退いた後も同様とする。
9　前各項に定めるもののほか、権利委員会の組織及び運営に関し必要な事項は、市長が定める。

(検証)
第39条　権利委員会は、前条第2項の諮問があったときは、市長その他の執行機関に対し、その諮問に係る施策について評価等を行うべき事項について提示するものとする。
2　市長その他の執行機関は、前項の規定により権利委員会から提示のあった事項について評価等を行い、その結果を権利委員会に報告するものとする。
3　権利委員会は、前項の報告を受けたときは、市民の意見を求めるものとする。
4　権利委員会は、前項の規定により意見を求めるに当たっては、子どもの意見が得られるようその方法等に配慮しなければならない。
5　権利委員会は、第2項の報告及び第3項の意見を総合的に勘案して、子どもの権利の保障の状況について調査審議するものとする。
6　権利委員会は、前項の調査審議により得た検証の結果を市長その他の執行機関に答申するものとする。

(答申に対する措置等)
第40条　市長その他の執行機関は、権利委員会からの答申を尊重し、必要な措置を講ずるものとする。
2　市長は、前条の規定による答申及び前項の規定により講じた措置について公表するものとする。

第8章　雑則

(委任)
第41条　この条例の施行に関し必要な事項は、市長その他の執行機関が定める。

附則
(施行期日)
1　この条例は、平成13年4月1日から施行する。
(権利侵害からの救済等のための体制整備)
2　市は、子どもに対する権利侵害の事実が顕在化しにくく認識されにくいことと併せ、子どもの心身に将来にわたる深刻な影響を及ぼすことを考慮し、子どもが安心して相談し、救済を求めることができるようにするとともに、虐待等の予防、権利侵害からの救済及び回復等を図ることを目的とした新たな体制を早急に整備する。

子どもの権利に関する条例

北海道奈井江町

公布：平成14年3月26日
施行：平成14年4月1日

前文

子どもは、個性が認められ、喜びや悲しみを共有できる家族や友達の温もりの中で、健やかに遊び、学び、生きることを願っています。そのことは、子どもが一人の人間として、温かい情、やろうとする意欲、豊かな創造性を持ち続け、最も人間らしい生き方の基礎・基本を培うことにつながります。

奈井江町の子どもが、最も人間らしく生きるためには、子どもの最善の利益の確保、差別の禁止、子どもの意見の尊重などの国際条約の原則の基で、町民の誓い、奈井江町教育目標、青少年健全育成の町宣言との整合性を図りながら、子どもの権利保障に向けた環境づくりに総合的に取り組み、かつ、現実に保障していくことが必要です。

それは、「未来からの使者」である子どもにとって、「自然環境の保全」「異文化との共生」「恒久平和の願い」とともに、自らの人格の形成にかかわる非常に大切なものだからです。

町及び町民は、すべての子どもの権利を保障し、幸福に暮らせる町づくりを進めるために、家庭、学校、地域が互いに連携して、大人と子どもそれぞれが役割と責任を自覚し、公徳心をもって社会規範を守り、互いに学び、共に育ち、協働することが必要です。

子どもは、大人とともに社会を構成するパートナーとして大人に認められ、さまざまな権利が保障される中で、他者の権利を尊重する姿勢や責任感などを身につけます。

一方、大人は、子ども自らが創造的な子ども文化を育み、次代を担う人間として成長していけるよう、愛情と理解をもって見守り、励まし、育てて行くことが大切です。

町及び町民は、協働して、子育てに夢を持ち、子どもが幸福に暮らせる町づくりを進めることを決意し、この条例を制定します。

（目的）
第1条　この条例は、奈井江町で育つ子どもにとって、最善の利益が尊重されるとともに、子どもの自己形成を支援するための基本理念を定め、町及び町民の役割を明らかにすることにより、子どもの権利を保障し、すべての子どもが幸福に暮らせる町づくりを進めることを目的とする。

（定義）
第2条　この条例において「子ども」とは、18歳未満のすべての者をいう。

（基本理念）
第3条　町及び町民は、奈井江町の子どもを育てるに当たり、子どもの権利を尊重し、子どもの幸福を追求する権利の保障に努めるものとする。
2　子どもは、その権利が保障され、豊かな人間性を養うことにより、自らを律し、主体的に判断してその責任を果たし、自分らしく生きることを支援される。
3　町及び町民は、すべての子どもが幸福に暮らせる町づくりをめざし、子どもと協働する。
4　町民は、安心して子どもを育てることができるよう支援される。

（町の役割）
第4条　町は、基本理念に基づき、子どもの権利を尊重し、あらゆる施策を通してその保障に努めるものとする。
2　町は、子どもの権利の保障に向け、町民の理解を深めるために、積極的に広報活動に努めるものとする。

（町民の役割）
第5条　町民は、自らが子どもの成育に大きく関わっていることを理解と自覚をし、子どもの権利保障と子どもが幸福に暮らせる町づくりに努めるものとする。
2　保護者は、子どもの成育に第一義的責任を有し、家庭が子どもの人格形成に大きな役割を果たしていることを理解し、子どもを育てることに最善を尽くすとともに、子どもの権利の保障に努めるものとする。

（子どもの生きる権利）
第6条　子どもは、健やかに安心して生きるために、主として次のことが保障される。
(1)　命が守られ、尊重されること。
(2)　あらゆる形態の差別や暴力を受けず、放任されないこと。
(3)　健康に配慮され、適切な医療が受けられること。
(4)　愛情と理解をもって育まれ、成長にふさわしい環境で生活できること。

(子どもの育つ権利)
第7条　子どもは、自分らしく生き、豊かな子ども時代を過ごすために、主として次の権利が保障される。
(1)　個性が認められ、人格が尊重されること。
(2)　ゆとりとやすらぎの時間・空間的保障がされること。
(3)　成長に必要な情報の入手や活用ができること。
(4)　自分の将来に係わることについて、適切な助言や支援を受けられること。

(子どもの守られる権利)
第8条　子どもは、自分を守り、守られるために、主として次のことが保障される。
(1)　あらゆる権利の侵害から逃れられること。
(2)　成長が阻害される状況から保護されること。
(3)　秘密が守られ、誇りを傷つけられないこと。
(4)　子どもであることをもって不当な扱いを受けないこと。

(子どもの参加する権利)
第9条　子どもは、自ら社会に参加するために、主として次のことが保障される。
(1)　自己表現や意見の表明ができ、それが尊重されること。
(2)　仲間をつくり、仲間と集うこと。
(3)　社会に参画し、意見を生かされる機会があること。
(4)　社会参加に際して、適切な支援を受けられること。

(子どもの成育環境の保全)
第10条　町は、子どもの権利の保障が図られるよう、子どもの意見を広く聴きながら子どもが自ら育ち、遊び、学べる環境の整備や自然環境の保全に努めるものとする。
2　町は、子どもの成育環境の整備に努めるために、町民その他の関係機関との調整を行うものとする。

(子育て支援)
第11条　町は、保護者が子どもを育てるに当たり、必要に応じて経済的な支援又は社会的な支援を行うこととする。
2　町は、子ども自身が抱える問題や子どもに関する相談に対して、速やかに対応するよう努めるものとする。

(学校・幼稚園・保育所)
第12条　学校・幼稚園・保育所の機関は、子どもの豊かな人間性と多様な能力を育むために重要な場であることを認識し、子どもの有するさまざまな権利が保障されるよう自らその役割を点検し、評価するよう努めるものとする。
2　学校・幼稚園・保育所の機関は、保護者や地域の町民に積極的に情報を提供し、その運営について意見を聴き、協力を受けるなど、開かれた学校・幼稚園・保育所づくりの推進に努めるものとする。

(子どもの社会参加)
第13条　町及び町民は、子どもの社会参加の機会の確保に努めるものとする。
2　町は、子どもの意見を聴くために、各種の学校をはじめあらゆる子どもの参加のもと、子ども会議を開催する。
3　町は、子ども会議が自主的・自発的に運営されるよう支援し、子どもの総意としてまとめられた意見を尊重し、その実現に努める。

(子どもの活動や町民活動の支援)
第14条　町は、子どもが安心して集い、その自主的な活動や町民の子どもに関する活動を奨励し、支援するものとする。

(相互支援)
第15条　町は、すべての子どもの権利を保障し、幸福に暮らせる町づくりを進めるために、町民その他の関係機関との相互連携を積極的に支援するものとする。

(救済)
第16条　町は、子どもの権利の侵害その他の不利益を受けた場合、迅速かつ適切な救済を組織的に行い、その権利回復に努めるものとする。
2　町は、救済及び権利回復のための組織として、救済委員会を設置する。

(推進体制)
第17条　町は、すべての子どもの権利を保障し、幸福に暮らせる町づくりを進めるために、総合的な推進体制の整備と充実に努めるものとする。

(委任)
第18条　この条例の施行に関し必要な事項は、町長その他の執行機関が定める。

附則
　この条例は、平成14年4月1日から施行する。

多治見市子どもの権利に関する条例

岐阜県多治見市

公布：平成15年9月25日
施行：平成16年1月1日
〔一部につき附則参照〕

前文

（子ども一人ひとりの違いを大切にし個性として尊重するまち）

子どもは、それぞれ一人の人間であり、かけがえのない存在です。子どももおとなも命を大切に生きている仲間です。子どもは、一人の人間としてその権利が尊重されます。子どもは、その権利が保障されるなかで、すこやかに成長していくことができます。

（子どもが安心して自分らしく生きることができるまち）

子どもは、それぞれに苦しいこと、心配なことがあります。子どもは、安心して助けてと言うことができ、守ってもらえます。

子どもは、それぞれに思いがあります。たとえ小さい子どもでも意志や考えを持っています。子どもは、その思いや意見を自由に言うことができ、それらを尊重してもらえます。

子どもは、それぞれに可能性や成長のしかたがあります。子どもは、ゆっくり自分をつくっていくことや子ども同士が育ち合うことができます。

（お互いを尊重し、共に支え合うまち）

子どもは、自分を大切にし始めるとき、他の人を大切にする気持ちを持つことができるようになります。子どもは、自分の権利について学び、気づき、身につけていくなかで、他の人の権利を大切にし、お互いに権利を尊重し合える力をつけていくことができます。

子どもは、子ども同士や子どもとおとなの良い関係をつくっていけるように支援されます。

（子どもが多治見の今と未来をつくっていくことのできるまち）

子どもは、多治見を共につくっていく仲間としてまちづくりに参加ができます。子どもが幸せなまちはおとなも幸せなまちです。子どもは、社会の一員として重んじられ、それぞれの役割を果たしていけるように支援されます。

（平和と環境を大切にし、世界とつながっていくまち）

子どもは、平和と豊かな環境のなかですこやかに成長していくことができます。子どもは、日本と世界の子どもたちのことについて考え、自分たちのできることをしていけるように支援されます。

私たちは、このようなまちづくりをめざして、児童の権利に関する条約（平成6年条約第2号。以下「子どもの権利条約」といいます。）の精神をふまえ、多治見市が子どもの権利を尊重するまちであることを明らかにし、多治見市子どもの権利に関する条例を制定します。

第1章　総則

（目的）

第1条　この条例は、子どもの権利条約に基づいて、子どもの権利の普及、子どもの権利を守り、成長を支援するしくみなどについて定めることにより、子どもの最善の利益を第一に考えながら子どもの権利の保障を図ることを目的とします。

（定義）

第2条　この条例において「子ども」とは、18歳未満の人をいいます。ただし、これらの人と同等に子どもの権利を持つことがふさわしいと認められる人も含みます。

2　この条例において「子ども施設」とは、児童福祉法（昭和22年法律第164号）に規定する児童福祉施設、学校教育法（昭和22年法律第26号）に規定する学校その他の子どもが育ち、学ぶために入り、通い、利用する施設をいいます。

（責務）

第3条　市は、子どもの権利を尊重し、あらゆる施策を通じてその権利の保障に努めます。

2　親など保護者は、その養育する子どもの権利の保障に努める第一義的な責任者であることを認識し、その養育する子どもの権利の保障に努めます。

3　子ども施設の設置者、管理者、職員（以下「子ども施設関係者」といいます。）は、子ども施設において子どもの権利の保障に努めます。

4　市民は、子どもにかかわる場や機会において、子どもの権利の保障に努めます。

5　市、親など保護者、子ども施設関係者、市民は、お互いに連携して子どもの権利の保障に努めます。
6　市は、国、他の地方公共団体などと協力し、市の内外において子どもの権利が保障されるよう努めます。

（成長への支援）
第4条　市、親など保護者、子ども施設関係者、市民は、子どもが一人の人間として自分らしくすこやかに成長していくことができるよう支援します。

第2章　子どもの権利の普及

（子どもの権利の普及）
第5条　市は、子どもの権利について、さまざまな方法を通じて普及に努めます。
2　市は、家庭、子ども施設、地域において、子どもの権利について教育や学習が行われるよう支援します。
3　市は、子どもの権利について、子ども自身による学習を支援します。

（子どもの権利の日）
第6条　子どもの権利についての関心や理解を深め、取組みを進めるために、たじみ子どもの権利の日を設けます。
2　たじみ子どもの権利の日は、11月20日とします。
3　市は、たじみ子どもの権利の日の趣旨にふさわしい事業を市民参加のもとで行います。

第3章　子どもの生活の場での権利の保障

（家庭における権利の保障）
第7条　親など保護者は、子どものすこやかな成長や権利の保障にとって家庭が果たす役割を認識し、その養育する子どもの権利を保障します。
2　市は、親など保護者が、安心して子育てができ、その責任を果たせるよう支援します。
3　親など保護者は、虐待などの子どもの権利を侵害することをしてはいけません。
4　市は、虐待を受けた子どもの速やかな発見、適切な救済、回復、虐待の予防のために関係機関や関係者と連携を図ります。

（子ども施設における権利の保障）
第8条　子ども施設関係者は、子どもの権利が保障されるなかで、子どもが主体的に育ち、学ぶことができるよう支援します。
2　子ども施設の設置者や管理者は、その職員に対して子どもの権利を保障できるよう支援します。
3　子ども施設関係者は、虐待、体罰などの子どもの権利を侵害することをしてはいけません。
4　子ども施設関係者は、いじめなどをなくすよう努めます。
5　子ども施設関係者は、虐待、体罰、いじめなどについての相談、救済、防止などのために関係機関や関係者と連携を図ります。
6　子ども施設関係者は、関係者や関係機関と連携を図りながら、不登校などについて適切な対応をします。
7　子ども施設関係者は、育ちや学びに関する情報の開示に努めるとともに、説明責任を果たします。

（地域における権利の保障）
第9条　市民は、地域において、子どもの権利が保障され、子どもがすこやかに成長していくことができるよう努めます。
2　市は、子どもの成長にかかわる市民の活動を支援し、連携を図ります。
3　市民は、地域において、子どもが安心して休み、遊び、学び、人間関係を作り合うことなどができるような居場所を確保・充実し、これらの活動を支援するよう努めます。

第4章　子どもの意見表明や参加

（意見表明や参加の促進）
第10条　市、親など保護者、子ども施設関係者、市民は、子どもが家庭、子ども施設、地域において、意見を表明し、参加できるよう支援します。

（子ども会議）
第11条　市は、子どもがまちづくり、市政などに意見を表明し、参加できるようにするために、たじみ子ども会議を開催します。
2　たじみ子ども会議は、会議としての意見などをまとめ、市に提出することができます。
3　市は、たじみ子ども会議が提出した意見などを尊重します。

（子ども施設での意見表明や参加）
第12条　子ども施設関係者は、子どもの意見表明や参加を進めるために、子どもの自主的

で主体的な活動を奨励し、支援します。
2　学校の設置者や管理者は、子どもの意見表明や参加を進めるために、子ども、親など保護者、職員その他の関係者が参加し意見を述べ合う場や機会の提供をします。

第5章　子どもの権利侵害からの救済と回復

(子どもの権利擁護委員)
第13条　子どもの権利侵害に対して、その子どもの速やかで適切な救済を図り、回復を支援するために、多治見市子どもの権利擁護委員(以下「擁護委員」といいます。)を設けます。
2　擁護委員は、3人以内とします。
3　擁護委員は、子どもの権利に理解や豊かな経験がある人のうちから、市長が議会の同意を得て選任します。
4　擁護委員の任期は、3年とします。ただし、再任を禁止するものではありません。
5　市長は、擁護委員が心身の故障のため職務を行うことができないと認める場合、職務上の義務違反その他擁護委員としてふさわしくない行いがあると認める場合は、議会の同意を得て、やめさせることができます。
6　擁護委員は、市長の同意を得て、辞職することができます。

(擁護委員の職務)
第14条　擁護委員は、次のことをします。
(1)　子どもの権利侵害について相談に応じ、その子どもの救済や回復のために、助言や支援をすること。
(2)　子どもの権利侵害にかかわる救済の申立てを受けて、また、必要があるときには自らの判断で、その子どもの救済や回復にむけて調査、調整、勧告、是正要請をすること。
(3)　前号の勧告、是正要請を受けてとられた措置の報告を求めること。
2　擁護委員は、必要に応じ、前項第2号の勧告、是正要請、同項第3号の措置の報告を公表することができます。
3　擁護委員は、職務上知ることができた秘密をもらしてはいけません。その職を退いた後も同様とします。

(勧告などの尊重)
第15条　前条第1項第2号の勧告、是正要請を受けた者は、これを尊重し、必要な措置をとるよう努めます。

(救済や回復のための連携)
第16条　擁護委員は、子どもの権利侵害について、その子どもの救済や回復のために関係機関や関係者と連携を図ります。

(擁護委員に対する支援や協力)
第17条　市は、擁護委員の独立性を尊重し、その活動を支援します。
2　親など保護者、子ども施設関係者、市民は、擁護委員の活動に対して協力します。

(報告)
第18条　擁護委員は、毎年その活動状況などを市長や議会に報告するとともに、広く市民にも公表します。

第6章　子どもに関する施策の推進と検証

(施策の推進)
第19条　市は、子どもの権利に関する推進計画を作り、子どもに関する施策を総合的に行います。
2　市は、前項の推進計画を作るときには、市民や次条に定める多治見市子どもの権利委員会の意見を聴きます。

(子どもの権利委員会)
第20条　この条例に基づく施策の実施の状況を検証し、子どもの権利を保障するために、多治見市子どもの権利委員会(以下「権利委員会」といいます。)を設けます。
2　権利委員会は、10人以内の委員で組織します。
3　委員は、人権、福祉、教育などの子どもの権利にかかわる分野において学識経験のある人や市民のうちから市長が委嘱します。
4　委員の任期は3年とし、補欠の委員の任期は前任者の残任期間とします。ただし、再任を禁止するものではありません。

(権利委員会の職務)
第21条　権利委員会は、市長の諮問を受けて、また、必要があるときは自らの判断で、子どもの権利の状況、子どもに関する施策における子どもの権利保障の状況などについて調査や審議をします。
2　権利委員会は、前項の審議に当たっては、市民から意見を求めることができます。

(提言やその尊重)
第22条　権利委員会は、調査や審議の結果を市に報告し、提言します。

2 市は、権利委員会からの提言を尊重し、必要な措置をとります。

第7章　雑則

(委任)
第23条　この条例の施行に必要なことがらは、市長その他の執行機関が定めます。

附則
1　この条例は、規則で定める日〔平成16年1月1日。ただし、第13条第3項中議会の同意を得ることに関する部分は平成15年12月19日〕から施行します。

目黒区子ども条例

東京都目黒区

公布：平成17年12月1日
施行：平成17年12月1日
〔一部につき附則参照〕

前文

子どもは、一人ひとりがかけがえのない存在です。一人の人間として尊重され、自らの意思でいきいきと成長していくことが大切にされなければなりません。

日本は、世界の国々と、児童の権利に関する条約を結び、性別、国籍〈こくせき〉、障害などにかかわらず、すべての子どもには、生きる、守られる、育つ、そして参加する権利が
あり、これを大切にすることを約束しました。

子どもは、あらゆる差別や暴力を受けることなく、また、保護者の愛情と理解をもってはぐくまれ、健やかに成長していくことができます。

子どもは、自分の考えや感じたことを自由に表したり、様々な場に参加したりするなど経験を重ねる中で、失敗を恐〈おそ〉れずに挑戦〈ちょうせん〉し、結果に対する責任を学ぶことで、自分の生き方を考えながら成長していくことができます。

大人は、子どもと誠実に向き合い、子どもの思いを受け止め、その成長を支えるとともに、子どもが自立し、責任ある社会の一員となるよう導いていく役割を担っています。

私たちは、子どもの権利を尊重することが、未来を担う子どもの生きる力をはぐくみ、子どもと大人がともにつくる豊かな地域社会の形成につながるという考えの下〈もと〉、この条例を制定します。

第1章　総則〈そうそく〉

(目的)
第1条　この条例は、児童の権利に関する条約の理念〈りねん〉に基づいて、子どもの権利が尊重され、子どもが自らの意思でいきいきと成長していく子育ちの大切さとこれを支える取組を明らかにし、子どもたちが元気に過ごすことのできるまちの実現を目的とします。

(言葉の意味)

第2条　この条例で「子ども」とは、目黒区に住んだり、目黒区で学んだり、遊んだり、働いたりする18歳〈さい〉未満の人のことをいいます。
2　この条例で「権利」とは、児童の権利に関する条約において認められる権利のことをいいます。
3　この条例で「育ち学ぶ施設〈しせつ〉」とは、目黒区にある学校教育施設〈しせつ〉、児童福祉〈ふくし〉施設〈しせつ〉などのことをいいます。

（基本の考え方）
第3条　子どもの権利を尊重し、子育ちを支えるまちづくりは、次の基本の考え方に基づいて進めます。
　(1)　子どもの幸せを第一に考えること。
　(2)　子どもの年齢〈ねんれい〉や成長に配慮〈はいりょ〉すること。
　(3)　子どもと大人の信頼〈しんらい〉関係を基本に、地域ぐるみで行うこと。

（大人の役割）
第4条　目黒区は、子どもの権利の尊重と子育ちの支援〈しえん〉についての施策〈しさく〉を、国や東京都などと協力して進めていきます。
2　保護者は、子育てに第一の責任を持つ人として、子どもの権利を尊重し、子どもの年齢〈ねんれい〉や成長に応じた支援〈しえん〉や指導に努めなければなりません。
3　育ち学ぶ施設〈しせつ〉は、子どもの権利を尊重し、家庭や地域と協力しながら、子どもが自ら進んで学び、成長していけるよう支援〈しえん〉や指導に努めなければなりません。
4　区民及〈およ〉び目黒区で活動を行う団体や事業者は、子どもの権利を尊重し、地域活動などを通して、子育ちを支えるよう努めなければなりません。

第2章　子どもの権利を尊重し、子育ちを支えるまち

第1節　まちづくりの進め方

（子ども総合計画）
第5条　区長は、子どもの権利を尊重し、子育ちを支えるまちづくりを総合的かつ計画的に進めるため、目黒区子ども総合計画をつくります。
2　目黒区子ども総合計画は、必要に応じて、その内容を見直します。
3　区長は、目黒区子ども総合計画をつくるとき又〈また〉は見直すときは、あらかじめ目黒区子ども施策〈しさく〉推進会議の意見を聴〈き〉きます。
4　区長は、目黒区子ども総合計画をつくるとき又〈また〉は見直すときは、子どもを含〈ふく〉めた区民の意見を取り入れるよう努めます。
5　区長は、目黒区子ども総合計画をつくったとき又〈また〉は見直したときは、その内容を公表します。

（子ども施策〈しさく〉推進会議）
第6条　区長は、子どもの権利を尊重し、子育ちを支えるまちづくりに関することについて、専門的な意見などを聴〈き〉くため、目黒区子ども施策〈しさく〉推進会議を設置します。
2　目黒区子ども施策〈しさく〉推進会議は、区長の求めに応じ、次のことを調査したり、審議〈しんぎ〉したりします。
　(1)　子ども総合計画に関すること。
　(2)　その他子どもの権利を尊重し、子育ちを支えるまちづくりに関すること。
3　子ども施策〈しさく〉推進会議は、子どもの権利を尊重し、子育ちを支えるまちづくりに関して、区長に意見を述べることができます。
4　子ども施策〈しさく〉推進会議の委員は、24人以内にします。
5　委員の任期は2年とし、補欠者の任期は前任者の残りの期間とします。ただし、職を退いた委員は、再度委員となることもできます。
6　子ども施策〈しさく〉推進会議は、必要に応じて、委員以外の人に出席を求め、意見を聴〈き〉くことができます。

（子どもの権利の普及〈ふきゅう〉啓発〈けいはつ〉）
第7条　目黒区は、子どもと大人がともに子どもの権利を大切にするよう次のことを行います。
　(1)　子どもの権利の大切さについての理解を広めること。
　(2)　子どもが、子どもの権利のこと、権利を行使するには他の人のことを大切にすることや、そのための社会のきまりがあることを学ぶ機会をつくること。

第2節　子育てを支えるまち

（子育て）
第8条　子どもは、保護者に愛情を持ってはぐくまれ、成長していく権利が尊重されなければなりません。
2　保護者は、特に乳幼児期には、最も身近な理解者として子どもの気持ちを受け止め、こ

たえていくよう努めなければなりません。
3　大人は、地域ぐるみで子育てを支えるよう努めなければなりません。

（目黒区の取組）
第9条　目黒区は、保護者が子どもの年齢〈ねんれい〉や成長に応じた子育てができるよう次のことを行います。
　(1)　子育て家庭に対するその状況〈じょうきょう〉に応じた支援〈しえん〉
　(2)　子どもの健康づくりのための支援〈しえん〉
　　　第3節　子どもが安心できるまち

（子どもの安心）
第10条　子どもは、あらゆる差別や暴力を受けることなく、命が守られ、平和と安全な環境〈かんきょう〉の下〈もと〉で、安心して生きる権利が尊重されなければなりません。
2　だれであっても、虐待〈ぎゃくたい〉やいじめなど子どもの権利侵害〈しんがい〉をしてはなりません。
3　大人は、関係機関と協力して、子どもが安心できる生活を守るよう努めなければなりません。

（目黒区の取組）
第11条　目黒区は、子どもが安心して生活できるよう次のことを行います。
　(1)　虐待〈ぎゃくたい〉やいじめなど子どもの権利侵害〈しんがい〉の予防、早期発見その他の権利侵害〈しんがい〉の防止のための必要な対策
　(2)　子どもが、安心して、自由に相談できる仕組みづくり
　　　第4節　子どもが参加できるまち

（子どもの参加）
第12条　子どもは、自分にかかわりのあることについて意見を述べたり、仲間をつくったり、様々な活動に参加したりする権利が尊重されなければなりません。
2　大人は、子どもの意見を受け止めるよう努めなければなりません。この場合、その年齢〈ねんれい〉や成長に応じてふさわしい配慮〈はいりょ〉をしなければなりません。
3　大人は、様々な体験や学習など子どもが活動できる機会をつくるよう努めなければなりません。

（目黒区の取組）
第13条　目黒区は、子どもの意見の表明、体験や学習、活動のため、次のことを行うよう努めます。

　(1)　区政、施設〈しせつ〉の運営や行事への子どもの意見の反映
　(2)　子どもの主体的な活動の支援〈しえん〉
　　　第5節　子ども一人ひとりのことを大切にするまち

（自分らしさ）
第14条　子どもは、家庭、育ち学ぶ施設〈しせつ〉、地域などにおいて、自分らしさを認められながら育つ権利が尊重されなければなりません。
2　大人は、子どもが、安全で安心できる環境〈かんきょう〉の中で、自分が受け入れられ、主体性がはぐくまれる居場所〈いばしょ〉を子どもの身近なところに確保するよう努めなければなりません。

（目黒区の取組）
第15条　目黒区は、子どもの居場所〈いばしょ〉づくりのため、次のことを行います。
　(1)　公共施設〈しせつ〉などの活用
　(2)　子どもが利用しやすい施設〈しせつ〉の運営

　　　第3章　子どもの権利の相談と擁護〈ようご〉

（子どもの権利擁護〈ようご〉委員の設置など）
第16条　区長は、子どもの権利侵害〈しんがい〉について、子どもやその関係者からの相談や救済の申立てを適切かつ迅速〈じんそく〉に処理するため、目黒区子どもの権利擁護〈ようご〉委員（以下「委員」といいます。）を設置します。
2　委員は、3人以内とし、人格に優れ、子どもの人権や教育などに関して知識や経験のある人から選ばれます。
3　委員の任期は2年とし、補欠者の任期は前任者の残りの期間とします。ただし、職を退いた委員は、再度委員となることもできます。
4　次の人は、委員になることができません。
　(1)　衆議院議員又〈また〉は参議院議員
　(2)　地方公共団体の議会の議員又〈また〉は長
　(3)　政党その他政治団体の役員
　(4)　目黒区の教育委員会委員、選挙管理委員会委員又〈また〉は監査〈かんさ〉委員
5　委員は、任期の満了〈まんりょう〉以外は、その意に反して職を解かれません。ただし、区長は、委員が心身の故障によりその活動ができないと判断したときやふさわしくない行為〈こうい〉があると判断したときは、その職を

解くことができます。
6 委員の報酬〈ほうしゅう〉の額は、目黒区付属機関の構成員の報酬〈ほうしゅう〉及び費用弁償〈べんしょう〉に関する条例（昭和31年12月目黒区条例第27号）第2条の規定にかかわらず、目黒区非常勤職員の報酬〈ほうしゅう〉及び費用弁償〈べんしょう〉に関する条例（昭和31年12月目黒区条例第28号）別表に定める日額の限度額のうち特に高度な知識、経験又〈また〉は資格を要する業務に従事する者について定められた額の範囲〈はんい〉内で区長が定める額とします。

(委員の仕事)
第17条 委員は、次の仕事を行います。
(1) 子どもの権利侵害〈しんがい〉について、子ども又〈また〉はその関係者から相談を受け、その解決のために助言や支援〈しえん〉などを行うこと。
(2) 権利侵害〈しんがい〉を受けている子どもについて、本人又〈また〉はその関係者から救済の申立てを受け、事実の調査や関係者間の調整を行うこと。
(3) 権利侵害〈しんがい〉を受けている子どもについて、緊急〈きんきゅう〉を要すると認めるときに、その救済のために、事実の調査や関係者間の調整を行うこと。
(4) 調査や調整の結果、子どもの成長や人格形成に影響〈えいきょう〉を及〈およ〉ぼすと認めるときに、子どもの権利を侵害〈しんがい〉したものに対して、その影響度〈えいきょうど〉に応じ、意見の表明又〈また〉は改善の要請〈ようせい〉を行うこと。
(5) 改善の要請〈ようせい〉を受けたものに対して、改善の状況〈じょうきょう〉などの報告を求めること。また、その内容を申立人などに伝えること。

(申立てができること)
第18条 救済の申立てができることは、子どもの権利侵害〈しんがい〉に関することとします。ただし、次のことは、申立てをすることができません。
(1) 裁判所で係争〈けいそう〉中のこと又〈また〉はその判決などのあったこと。
(2) 不服申立て中のこと又〈また〉はその裁決などのあったこと。
(3) 区議会などに請願〈せいがん〉、陳情〈ちんじょう〉などをしていること。
(4) 委員の活動に関すること。

(委員の仕事の進め方)
第19条 委員は、その仕事を進めるに当たっては、次のことを守らなければなりません。
(1) それぞれ独立してその仕事を行うこと。ただし、意見の表明又〈また〉は改善の要請〈ようせい〉は、原則として合議の上、行うものとします。
(2) 自己と利害関係のあることにかかわらないこと。
(3) 職務上知り得た秘密を漏〈も〉らさないこと。その職を退いた後も同様とします。
(4) 申立人などの人権に十分配慮〈はいりょ〉すること。
(5) 取り扱う内容に応じ、関係機関などと協力して、その仕事を行うこと。
(6) 調査を行うときには、事前に調査をしようとするものの同意を得ること。ただし、委員が特に必要がないと認めるときは、同意を得ないこともあります。
(7) 仕事中は、身分証明書を身に付け、求めに応じ提示〈ていじ〉すること。

(改善の要請〈ようせい〉への対応)
第20条 目黒区は、改善の要請〈ようせい〉を受けたときは、速〈すみ〉やかに改善し、その内容を委員に報告しなければなりません。
2 目黒区以外のものは、改善の要請〈ようせい〉を受けたときは、速〈すみ〉やかに改善し、その内容を委員に報告するよう努めなければなりません。

(委員への協力)
第21条 保護者、育ち学ぶ施設〈しせつ〉、区民及〈およ〉び目黒区で活動を行う団体や事業者は、委員の仕事に協力するよう努めなければなりません。

第4章　雑則〈ざっそく〉

(委任)
第22条 この条例の施行〈しこう〉について必要なことは、別に定めます。

付則〈ふそく〉
　この条例は、公布の日から施行〈しこう〉します。ただし、第6条及〈およ〉び第3章の規定は、規則で定める日〔第6条は平成18年12月1日、第3章は平成20年1月9日〕から施行〈しこう〉します。

名張市子ども条例

三重県名張市

公布：平成18年3月16日
施行：平成19年1月1日
〔一部につき附則参照〕

前文

子どもは、かけがえのない大切な宝です。そして、この子どもたちに、名張市の将来を託すことになります。

子どもは、日本国憲法や国際連合で採択された「児童の権利に関する条約」に明記されているように、基本的人権としての自由、平等の権利などとともに、生きる権利、育まれる権利、守られる権利、参加する権利、教育を受ける権利などを有しています。

しかし、子どもを取り巻く環境は大きく変化しており、本市においても、いじめ、児童虐待その他子どもの権利が侵害されるなど、子どもの健全育成の達成には多くの課題が残されています。

今こそ、わたしたち名張市民は、子どもの権利を最大限尊重し、子どもが自らの権利を行使できるよう保障するとともに、健全な育成を社会全体で支えるまちづくりに努めなければなりません。

ここに、わたしたち名張市民の宝である子どもたちが、健やかに育まれ、将来に夢と希望をもって力強く生きることができるよう、この条例を制定します。

第1章　総則

(目的)
第1条　この条例は、名張市で育つ子どもの最善の利益を尊重し、子どもの権利を保障するとともに、市、市民及び事業者が、子どもを社会の構成員として認め、それぞれの役割を明確にし、社会全体で子どもの成長を支えることを目的とする。

(定義)
第2条　この条例において、次の各号に掲げる用語の意義は、当該各号に定めるところによる。
(1)　子ども　名張市で育つ18歳以下の者をいう。
(2)　関係施設　児童福祉法(昭和22年法律第164号)に規定する児童福祉施設、学校教育法(昭和22年法律第26号)に規定する学校その他これに類する施設をいう。

(基本理念)
第3条　市、市民及び事業者は、子どもの権利を尊重し、その保障に努めるとともに、相互に協力し、子どもが安全に安心して暮らし、健全に育つまちづくりに努めなければならない。

(市の役割)
第4条　市は、基本理念にのっとり、子どもを取り巻く状況に充分配慮し、あらゆる施策を推進するものとする。

(市民の役割)
第5条　市民は、子どもが心豊かに育つ生活環境及び教育環境の向上を目指したまちづくりに努めなければならない。

(事業者の役割)
第6条　事業者は、雇用する市民が養育する子ども及び雇用する子どもの権利の保障並びに健全な育成について市の施策に協力するとともに、子育てをしやすい環境の整備に努めなければならない。

(保護者の役割)
第7条　保護者は、その養育する子どもの権利の保障及び健全な育成に努めるべき第一義的な責任者であること並びに家庭が子どもの成長に大きな役割を果たすことを理解し、子どもの成長に合わせて適切な支援をしなければならない。

(関係施設の役割)
第8条　関係施設の設置者、管理者及び職員(以下「施設関係者」という。)は、市の施策に協力し、その施設において子どもが自ら考え、学べる環境の整備に努めるとともに、保護者その他地域の住民との連携を図り、子どもの自主的な活動が安全に行われるよう配慮しなければならない。

2　施設関係者は、子ども、保護者及び地域の住民に対して施設に関する情報を積極的に提供するとともに、その施設の運営等に関し意見を聴く機会を持つ等、開かれた施設の運営に努めなければならない。

(子どもの役割)
第9条　子どもは、自らの個性を大切にしながら、他人の権利を尊重し、家族、友達及び隣人を大切にし、思いやりとゆとりのある心を持って行動するよう努めなければならない。

第2章　子どもの大切な権利とその保障

（生きる権利）
第10条　子どもは、命が守られ、尊重され、安心して生きる権利を有する。

（育まれる権利）
第11条　子どもは、愛情と理解をもって、成長にふさわしい環境で育まれ、個性と能力の発達に合わせて、適切な指導及び教育を受ける権利を有するとともに、必要な休息、余暇又は遊びの機会を得る権利を有する。

（守られる権利）
第12条　子どもは、安心して育つために、虐待をはじめ、身体的及び精神的に有害な環境から保護される権利を有するとともに、プライバシーが守られ、名誉及び信用が傷つけられないことが保障される。

（参加する権利）
第13条　子どもは、自由に自己の表現や意見を表明する権利を有し、そのための十分な機会が得られ、また仲間づくり及び健全な集いの自由が認められる。

（権利侵害の禁止）
第14条　何人も、子どもの権利を侵害してはならない。

（権利の侵害等からの救済及びその回復）
第15条　市は、権利の侵害を受けた子どもに対する迅速かつ適切な救済及びその回復を図るための具体的な方策を確立しなければならない。
2　子どもの権利の侵害に関する相談を受けた者は、その解決に必要な者及び関係する機関等と連携し、救済及びその回復に努めなければならない。この場合において、加害者となる子どもがいる場合は、当該子どもに対しても適切な対応に努めるものとする。
3　市は、関係施設及び地域社会等と連携し、虐待、体罰及びいじめの防止並びにその早期発見のための具体的な施策を推進するものとする。
4　施設関係者は、子どもが虐待、体罰及びいじめに関し、安心して相談ができる仕組みの整備を図るとともに、その防止に関する研修等の実施に努めなければならない。

（権利の救済）
第16条　市長の附属機関として、子どもの権利救済委員会（以下「救済委員会」という。）を設置する。
2　何人も、子どもの権利に関する事項について、救済委員会に相談し、又は救済を申し立てることができる。
3　救済委員会は、前項による相談を受けたとき又は救済の申立てを受理したときは、規則の定めるところにより、事案の調査及び審議等を行うものとする。
4　救済委員会は、必要があると認めるときは、関係機関に対し説明を求め、又は書類その他の公開を求めることができる。
5　救済委員会は、必要があると認めるときは、当該申立人、親族等の関係者（以下「関係者」という。）に対し説明を求め、又は関係者の協力を得た上で、書類その他の公開を求めることができる。
6　救済委員会は、調査及び審議の結果、必要があると認めるときは、関係機関及び関係者に対して、助言又は是正の要望等を行うことができる。
7　救済委員会は、救済の申立てを受理した日から起算して90日以内に、前3項に基づく調査結果及び助言又は是正の要望等があった場合にはその内容を市長に報告するとともに、当該申立人に通知するよう努めなければならない。
8　救済委員会は、学識経験を有する者のうちから市長が任命する委員3名以内で組織する。
9　委員の任期は2年とし、補欠の委員の任期は前任者の残任期間とする。ただし、再任は妨げない。
10　前各項に定めるもののほか、救済委員会に関し必要な事項は、規則で定める。

第3章　子どもの権利の普及

（子どもの権利の普及及び啓発）
第17条　市は、子どもの権利について広く市民に理解されるよう努めなければならない。
2　市は、家庭教育、幼児教育、学校教育及び社会教育の中で、子どもの権利についての学習等が推進されるよう必要な条件の整備に努めるとともに、市民及び事業者等が子どもの権利について自主的な活動に取り組むことに対し、必要な支援に努めなければならない。
3　市は、子どもの権利の保障に職務上関係のある者に対し、子どもの権利についての理解がより深まるよう研修等の機会を提供するものとする。

(子どもの権利を考える週間)
第18条　子どもの権利について市民の関心と理解を深めるとともに、本条例の目的の遂行を検証するため、名張市子どもの権利を考える週間（以下「子ども権利週間」という。）を設ける。
2　市は、子ども権利週間に際して、その趣旨にふさわしい事業を実施し、広く市民の参加を求めるものとする。

第4章　子どもの健全育成のための施策

(施策の基本方針)
第19条　市は、子どもの大切な権利が保障され、子どもが心身ともに健全に成長するよう、子どもを取り巻くあらゆる環境を整備することを施策の基本とする。
2　市は、子どもが自主的かつ健全にスポーツ、文化、読書等の活動をするための場所づくりに努めるものとする。

(基本計画)
第20条　市は、前条の基本方針に基づき、子どもの健全育成に関する基本計画（以下「基本計画」という。）を作成しなければならない。
2　市は、基本計画を作成するにあたっては、子どもから意見を聴くものとする。
3　基本計画は、策定後3年ごとに、推進状況等を勘案し、必要があると認めるときは、見直しをするものとする。
4　市長は、基本計画の推進状況を毎年、議会へ報告しなければならない。

(市の推進体制)
第21条　市は、子どもの健全育成の施策を総合的に実施するために必要な体制を整備しなければならない。
2　市長は、基本計画を計画的に推進するため、市長を本部長とする子ども健全育成推進本部を設置する。

(子ども会議)
第22条　市長は、市政について、子どもの意見を求めるため、子どもの自主的及び自発的な取組により運営される子ども会議を開催する。
2　子ども会議は、その主体である子どもが定める方法により、子どもの総意としての意見等をまとめ、市長その他の執行機関に提出することができる。
3　市長その他の執行機関は、前項の規定により提出された意見等を尊重しなければならない。
4　市長その他の執行機関は、子ども会議にあらゆる子どもの参加が促進され、その会議が円滑に運営されるよう必要な支援を行うものとする。

第5章　子ども権利委員会

(子ども権利委員会)
第23条　市長は、子どもに関する施策の充実を図り、子どもの権利の保障を推進するため、子ども権利委員会を置くものとする。
2　子ども権利委員会は、子どもの権利の保障にかかわる総合的かつ計画的な施策について、市長の諮問に応じるとともに、定期的に又は必要に応じて会議を開催し、子どもに関する施策における子どもの権利の保障の状況について調査審議する。
3　子ども権利委員会は、10人以内で構成するものとし、その委員は、人権、教育、福祉等子どもの権利にかかわる分野における学識経験者及び市長が必要と認める者とし、市長が委嘱する。
4　委員の任期は2年とし、補欠の委員の任期は前任者の残任期間とする。ただし、再任は妨げない。
5　子ども権利委員会は、必要があると認めるときは、委員以外の子どもの権利に関係する者に委員会への出席を求め、子どもの権利の保障について意見を聴くことができる。
6　市長その他の執行機関は、子ども権利委員会の答申又は調査審議の結果を尊重し、必要な措置を講じなければならない。
7　子ども権利委員会の組織及び運営に関して必要なその他の事項は、市長が別に定める。

第6章　雑則

(委任)
第24条　この条例に定めるもののほか、必要な事項は、別に定める。

附則
　この条例は、平成19年1月1日から施行する。ただし、第20条の規定は、平成19年4月1日から施行する。

豊島区子どもの権利に関する条例

東京都豊島区

公布：平成18年3月29日
施行：平成18年4月1日
〔一部につき附則参照〕

前文

　子どものみなさん
　　あなたの人生の主人公は、あなたです
　　あなたのことは、あなたが選んで決めることができます
　　失敗しても、やり直せます
　　困ったことがあったら、助けを求めていいのです
　　あなたは、ひとりではありません
　　私たちおとなは、あなたの立場に立って、あなたの声に耳を傾けます
　　あなたがあなたらしく生きていけるように、いっしょに考えていきましょう
　　あなたという人は、世界でただ一人しかいません
　　大切な、大切な存在なのです
　この宣言をもとに、豊島区は子どもの権利に関する条例を制定します。

　子どもは、自分の今の「思い」をわかってほしいと願っています。何かを要求するだけではなく、子どもなりにできることを考えて挑戦し、自分の役割を担おうとしています。それを手助けするためには、子どもの主体性を認めて、子どもがおとなとともに手を携えて社会に参画できる場をつくることが必要です。子どもに対する差別をなくし、誤った思い込みを改め、お互いの権利を意識しながら、子どもとおとなの新しい信頼関係をつくることが大切です。

　どんな子どももみな等しく生まれながらに持っているものが子どもの権利です。子どもの権利は、その年齢や発達に応じて保障されるものです。子どもの権利を実現していくためには、まず、おとな自身が権利というものに関心を持つことが必要です。そして子どもは、おとなや子ども同士のかかわりあいの中から、お互いの権利の尊重、責任などを学び、権利を実現していく力を培っていくのです。未来を託する子どもたちにとって、自分の選択で権利を行使することは、かけがえのないことなのです。

　おとなには、子どもを深い愛情のもとに健やかに育てる責任があります。そのために、おとなは、家庭、学校及び地域の中でお互いに手を携え、協力しながら、子どもの限りない力を信じて最善の努力をします。豊島区は、それらを実効あるものにするために、安全・安心に暮らせる環境を整備し、この条例に定める子どもの権利保障の理念をあらゆる施策に反映させていきます。

　まさにこの豊島区の目指す理念こそ、国が批准した児童の権利に関する条約（平成6年条約第2号）に通じる理念にほかならないのです。

第1章　総則

（目的）
第1条　この条例は、子どもの権利の内容を明らかにし、子どもの権利を守り、成長を支援する仕組みを定めることにより、子どもの権利を保障することを目的とします。

（定義）
第2条　この条例において、次の各号に掲げる用語の意義は、それぞれ当該各号に定めるところによります。
(1)　子ども　18歳未満のすべての者及び規則で定める者をいいます。
(2)　保護者　親権を行う者、未成年後見人その他の者で、子どもを現に監護する者をいいます。
(3)　子どもにかかわる施設　豊島区（以下「区」といいます。）の区域内（以下「区内」といいます。）にある児童福祉法（昭和22年法律第164号）に定める児童福祉施設等及び学校教育法（昭和22年法律第26号）に定める学校等のほか、子どもが育ち、遊び又は学ぶ施設をいいます。
(4)　区民　区内に居住する者、区内の事務所若しくは事業所に勤務する者又は区内の学校等に在学する者をいいます。
(5)　区民等　区民及び区内に滞在する者（通過する者を含みます。）をいいます。
(6)　事業者　営利、非営利の別にかかわらず、区内において事業活動を行う個人又は団体をいいます。

（責務）
第3条　区は、子どもの権利を尊重し、あらゆる環境の整備を通じて、これを保障しなけれ

ばなりません。
2　保護者は、子どもの成育について第一義的責任があることを認識し、その養育する子どもの権利を保障しなければなりません。
3　子どもにかかわる施設の設置者、管理者、職員等（以下「施設関係者」といいます。）は、子どもにかかわる施設において子どもの権利を保障しなければなりません。
4　区民等は、家庭、学校又は地域の中でお互いに連携・協働し、子どもの権利を保障しなければなりません。
5　事業者は、区の施策に協力し、雇用又は所属している子どもの権利を保障しなければなりません。

第2章　子どもの権利の普及

（子どもの権利の普及）
第4条　区は、子どもとおとなが子どもの権利の重要性を知り、よりよく理解するために、次に掲げる子どもの権利の普及に取り組みます。
(1)　この条例に定められた子どもの権利の周知や学習の機会を設けること。
(2)　地域や子どもにかかわる施設との連携・協働の下に、子どもの権利に関する取組を推進するため、としま子ども月間を設けること。
(3)　児童虐待に係る通告について、地域や子どもにかかわる施設と連携して広報及び啓発活動を行うこと。

第3章　大切な子どもの権利

（大切な子どもの権利）
第5条　大切な存在として尊重される子どもは、あらゆる場面において、この章に規定する権利などが保障されます。

（安心して生きること）
第6条　子どもは、安心して生きるために、次に掲げることが保障されます。
(1)　何ものにもかえがたい生命が守られること。
(2)　差別や偏見を受けないこと。
(3)　心身を傷つけられないこと。
(4)　平和で安全・安心な環境の下で生活すること。

（個性が尊重されること）
第7条　子どもは、個性が尊重され、自分らしく生きるために、次に掲げることが保障されます。
(1)　個性が認められ、自分の可能性が大切にされること。
(2)　自分の思っているところに従い、意見や信条を持ち、行動すること。
(3)　子どもであることを理由として、不当な扱いを受けないこと。
(4)　自分に関する情報が不正に利用されないこと。
(5)　個人にかかわる事柄について、特別な場合を除き、その意思に反して公開されないこと。

（自分で決めること）
第8条　子どもは、発達に応じて、自分に関する事柄を自分で決めるために、次に掲げることが保障されます。
(1)　自ら考えるところに従い、選んで決めるために、様々な情報を、おとなや社会から集めること。
(2)　前号の情報に関して、子どもが理解できるように、おとなに対して説明を求めること。

（思いを伝えること）
第9条　子どもは、自分の思いを伝えるために、次に掲げることが保障されます。
(1)　自分の想いを、言葉やその他の手段により、他の人の権利を尊重しながら自由に表現すること。
(2)　自分の願いや気持ちを、意見として家庭、学校、地域、行政等の場で伝えること。
(3)　仲間をつくり、集まること。
(4)　子どもの意見は、おとなの意見と同じように価値あるものとして尊重されること。

（かけがえのない時を過ごすこと）
第10条　子どもは、かけがえのない時を過ごすために、次に掲げることが保障されます。
(1)　自分の成長にあわせて、憩い、遊び又は学ぶこと。
(2)　ゆったりと安心できる場所で休み、自由に過ごす時間を持つこと。
(3)　生活習慣を学び、成長に応じた教育を求め、かけがえのない時間をより充実させること。
(4)　様々な文化や芸術、スポーツ等に触れて、親しみ、豊かな自己や表現力をはぐくむこと。

（社会の中で育つこと）
第11条　子どもは、社会の中でよりよく育つ

ために、次に掲げることが保障されます。
(1) 住民自治や地域活動に参加し、自らの思いをより確実なものにすること。
(2) 地域住民としての知識や能力をはぐくむこと。
(3) 地域に根ざした文化の伝承を受け、地域社会をよりよく知ること。

(支援を求めること)
第12条 子どもは、支援を求めるために、次に掲げることが保障されます。
(1) 不安になっていることや困っていることを、相談すること。
(2) 心身が傷つけられそうになったら、助けを求めること。
(3) 自分の権利の実現に向けて、助言や援助を求めること。

第4章　子どもの権利の保障

第1節　区による保障

(区による保障)
第13条 区は、子どもの権利が侵害されそうになった場合又は侵害された場合には、区民等と協働してその救済や回復に最大限に努めなければなりません。

(環境の整備等)
第14条 区は、子どもの権利を保障するために、次に掲げる環境等を整備し、充実させなければなりません。
(1) 生命や身体が守られる環境
(2) 安全な食生活の環境
(3) 安心して休み、遊び又は学べる環境
(4) 住民自治の担い手となるための教育や環境教育の機会
(5) 文化や芸術の担い手となれるような機会
(6) 相談や援助の仕組み

(児童虐待防止に関する整備等)
第15条 区は、子どもの深刻な権利侵害である児童虐待の防止等のために、次に掲げる体制を整備しなければなりません。
(1) 児童虐待の予防及び早期発見のための体制
(2) 児童虐待を受けた子どもの迅速かつ適切な保護及び自立の支援のための体制
(3) 児童虐待にかかわった保護者に対する適切な指導及び支援のための体制
(4) 児童虐待防止に向けた、区と関係機関、民間団体等との連携の強化及び支援のための体制

(5) 児童虐待防止に向けた、子どもや保護者に対する教育及び啓発のための体制

第2節　家庭における保障

(家庭における保障)
第16条 子どもにとってかけがえのない存在である保護者は、家庭を中心とした子どもの環境を確保し、愛情をもってその生命を守らなければなりません。
2 保護者は、児童虐待又はそれに類似する行為により、子どもの心身を傷つけてはなりません。
3 保護者は、子どもと共にいる時間を大切にしなければなりません。
4 保護者は、子どもの気持ちに耳を傾け、尊重しなければなりません。
5 保護者は、子どもが他の人の権利を尊重できるように、自らその範を示さなければなりません。
6 保護者は、子どもの発達に応じてそのプライバシーを尊重しなければなりません。

第3節　子どもにかかわる施設における保障

(子どもにかかわる施設における保障)
第17条 施設関係者は、子どもの健康を守り、子どもの育ち、遊び又は学びを、子どもの主体性を尊重しながら充実させなければなりません。
2 施設関係者は、保護者や関係機関と共に、子ども同士のかかわりを見守り、一人ひとりの子どもの気持ちに耳を傾け、人格を認めて、意見を尊重しなければなりません。
3 施設関係者は、児童虐待又はそれに類似する行為により、子どもの心身を傷つけてはなりません。
4 施設関係者は、児童虐待を発見しやすい立場にあることを自覚し、児童虐待を防止するために関係機関との連携・協働の下に、予防及び早期発見に取り組まなければなりません。
5 子どもにかかわる施設の管理者は、子どもの権利の保障について、子どもの意見を聴く機会を作るよう努めなければなりません。
6 子どもにかかわる施設の管理者は、子どもの個人に関する情報について、あらかじめ本人の同意を得ないで、目的の範囲を超えて利用し、外部に提供してはいけません。ただし、本人の発達段階に応じて特に必要な場合であって、本人の同意を得ることが難しいと

きは除きます。
7　子どもにかかわる施設の管理者は、職員等にこの条例に定められた子どもの権利を十分理解させるため、研修の機会を設けなければなりません。

第4節　地域における保障

(地域における保障)
第18条　区民は、地域社会を構成する大切な一員である子どもにとって安全・安心な地域の環境をつくり、その環境を守らなければなりません。
2　区民等は、児童虐待又はそれに類似する行為により、子どもの心身を傷つけてはなりません。
3　区民は、家庭、子どもにかかわる施設又は地域の中で互いに声をかけあい、子どもの成長を支援しなければなりません。
4　区民は、区民が住民自治の担い手としての責務を負うことを子どもに伝え、自らその範を示さなければなりません。
5　事業者は、自らこの条例に定められた子どもの権利をよく理解し、雇用又は所属している者にもよく理解させなければなりません。
6　事業者は、雇用又は所属している者が安心して子どもを養育できるような働きやすい職場環境を整備しなければなりません。
7　区民等は、児童虐待を受けたと思われる子どもを発見した場合に、子ども家庭支援センターその他の関係機関に速やかに通告しなければなりません。

第5章　子どもの参加

(子どもの参加)
第19条　子どもは、社会性を培い、子どもの権利を実生活に生かすために、家庭、子どもにかかわる施設又は地域に対して、権利の主体として参加することが保障されます。

(子どもの社会参加及び参画)
第20条　区は、地域における子どもの社会参加を支援しなければなりません。
2　おとなは、子どもが地域活動に参加しやすいように、地域の役割等をわかりやすく説明し、又は子どもがこれらの情報を得ることができるように様々な方法を講じなければなりません。
3　おとなは、子どもの意見表明の場を設け、子どもの意見を聴き、又は子ども同士が仲間をつくり、社会に参画できるように支援しなければなりません。
4　区は、次代を担う子どもの意見を区政に反映するよう努め、子どもの意見を聴き、話し合う場として、としま子ども会議を開催しなければなりません。

(子どもにかかわる施設における子どもの参加及び参画)
第21条　施設関係者は、子どもが育ち、遊び又は学ぶ存在であることを認識して、子どもの自主的な活動を支援しなければなりません。
2　施設関係者は、施設運営等に関して子どもの意見を聴き、話合いの場を設けるよう努めなければなりません。
3　施設関係者は、参加及び参画の結果について、子どもに理解を得られる方法で説明するよう努めなければなりません。

第6章　子どもの権利侵害からの救済及び回復

(豊島区子どもの権利擁護委員の設置)
第22条　区は、子どもの権利侵害について、迅速かつ適切に対応し、救済を図り、回復を支援するために、区長の附属機関として、豊島区子どもの権利擁護委員(以下「擁護委員」といいます。)を設けます。
2　擁護委員は、3人以内とし、子どもの権利に理解のある幅広い年齢層にある者(ただし、規則で定める者を除きます。)から、区長が委嘱します。
3　擁護委員の任期は、2年とし、再任することができます。
4　区長は、擁護委員が心身の故障のため職務を行うことができないと認める場合、職務上の義務違反その他擁護委員としてふさわしくない行いがあると認める場合又は規則で定める事由に該当する場合は、その職を解くことができます。
5　区は、擁護委員の中立性に配慮し、地位の独立性を尊重して、その活動に協力をしなければなりません。
6　擁護委員は、職務上知りえた秘密をもらしてはなりません。その職を退いた後も同様とします。

(擁護委員の職務)
第23条　擁護委員は、次に掲げる職務を行います。
(1)　子どもの権利侵害について相談に応じ、

その子どもの権利の救済及び回復のために、助言や支援をすること。
(2) 子どもの権利侵害に関する救済の申立てを受け、必要な調査及び調整を行うこと。
(3) 前号の申立てを受け、調査及び調整の結果、子どもの権利侵害にかかわると判断される場合は、関係する団体又は個人に対して是正要請をすること。
(4) 前号の是正要請を受けてとられた措置について、関係する団体又は個人から報告を求めること。

(是正要請の尊重)
第24条 前条第3号の是正要請を受けた者は、これを尊重し、かつ、必要な措置をとるよう努めなければなりません。

(是正要請及び報告の公表)
第25条 擁護委員は、必要と認めた場合に、第23条第3号の是正要請及び同条第4号の報告を公表することができます。

(救済及び回復のための連携)
第26条 擁護委員は、子どもの権利侵害を予防し、子どもの権利侵害からの救済及び回復のために家庭、子どもにかかわる施設、地域、関係機関等との連携に努めなければなりません。

(活動状況等の報告及び公表)
第27条 擁護委員は、毎年の活動状況等を区長に報告し、区民に公表しなければなりません。

(庶務)
第28条 擁護委員の庶務は、子ども家庭部において処理します。

第7章 子どもの権利に関する施策の推進

(施策の推進)
第29条 区は、子ども、保護者、施設関係者及び地域と連携・協働し、あらゆる面に配慮しながら、子どもの権利に関する施策を推進しなければなりません。

(推進計画の策定)
第30条 区は、子どもの権利に関する施策を、総合的に実行するために、次に掲げる事項について推進計画を策定しなければなりません。
(1) 保護者等に対する子どもの養育支援
(2) 子どもの健やかな育ちに対する支援
(3) この条例に関する情報の発信や啓発
(4) この条例に関する学習の機会の確保
(5) 地域等における子どもの社会参加活動の啓発
(6) 子どもにかかわる施設等におけるこの条例に定められた子どもの権利の保障
(7) 児童虐待についての理解の普及及び防止
(8) 子どもの権利侵害に対する相談、援助及び救済体制の整備
(9) 前各号に掲げるもののほか、子どもの権利にかかわる施策

(豊島区子どもの権利委員会の設置)
第31条 区長は、この条例に基づく計画及び施策を検証するために、区長の附属機関として豊島区子どもの権利委員会(以下「権利委員会」といいます。)を設けます。
2 権利委員会は、区長が委嘱する委員10人以内をもって組織します。
3 権利委員会の委員(以下「委員」といいます。)の任期は、2年とし、補欠委員の任期は、前任者の残任期間とします。ただし、再任することができます。
4 区長は、委員が心身の故障のため職務を行うことができないと認める場合又は職務上の義務違反その他委員としてふさわしくない行いがあると認める場合は、その職を解くことができます。
5 委員は、職務上知りえた秘密をもらしてはなりません。その職を退いた後も同様とします。

(権利委員会の職務)
第32条 権利委員会は、次に掲げる職務を行います。
(1) 区長の諮問を受けて、子どもの権利保障の状況等について、調査及び審議をすること。
(2) 前号の調査及び審議の結果を区長に答申し、制度の改善等を提言すること。

(答申及び提言の尊重)
第33条 区は、権利委員会の答申及び提言を尊重し、必要な措置をとらなければなりません。

(会長及び副会長)
第34条 権利委員会に会長及び副会長を置きます。
2 会長及び副会長は、委員の互選によって定めます。
3 会長は、権利委員会を代表し、会務を総理します。

4　副会長は、会長を補佐し、会長に事故があるときは、その職務を代理します。

(招集等)
第35条　権利委員会は、会長が招集します。
2　権利委員会は、半数以上の委員の出席がなければ、会議を開くことができません。
3　権利委員会の議事は、出席した委員の過半数で決し、可否同数のときは、会長の決するところによります。

(庶務)
第36条　権利委員会の庶務は、子ども家庭部において処理します。

第8章　雑則

(委任)
第37条　この条例の施行に必要な事柄は、規則で定めます。

附則
　この条例は、平成18年4月1日から施行します。ただし、第6章及び第31条から第36条までの規定は、規則で定める日〔平成22年1月1日〕から施行します。

志免町子どもの権利条例

福岡県志免町

公布：平成18年12月20日
施行：平成19年4月1日

前文
　子どもは、一人の人間であり、かけがえのない大切な存在です。子どもには、人間として生きていくための当然の権利があります。子どもは、その権利が保障され、健やかに成長していくことができます。
　子どもは、自分の意見を自由に言うことができ、大人は子どもの意見を尊重します。
　子どもは、安心して助けてと言うことができ、大人は子どもを守ります。
　子どもは、自分の権利について学び、気づき、身につけていくなかで、他の人の権利を大切にし、お互いに権利を尊重し合うことができます。
　子どもは、大人と共に志免町をつくっていく仲間です。子どもが幸せな町は大人にとっても幸せな町です。子どもは、社会の一員として重んじられ、それぞれの役割を果たしていけるように支援されます。
　子どもは、平和と豊かな環境のなかで、健やかに成長していくことができます。子どもは、世界中の子どもたちのことについて考え、自分たちのできることをしていけるように支援されます。
　私たちは、このような町づくりをめざして、児童の権利に関する条約（平成6年条約第2号通称子どもの権利条約）の理念に基づき、志免町が子どもの権利を尊重する町であることを明らかにし、この条例を制定します。

第1章　総則

(目的)
第1条　この条例は、町民に幅広く子どもの権利を普及させ、子どもの権利を守り、成長を支援するしくみなどについて定めることにより、子どもの最善の利益を第一に考えながら、子どもの権利の保障を図ることを目的とします。

(定義)
第2条　この条例において「子ども」とは、18

歳未満の人をいいます。
2　この条例において「子ども施設」とは、児童福祉法（昭和22年法律第164号）に規定する児童福祉施設、学校教育法（昭和22年法律第26号）に規定する学校、その他の子どもが利用する施設をいいます。

（責務）
第3条　町は、子どもの権利を尊重し、あらゆる施策を通じてその権利の保障に努めます。
2　親などの保護者（以下「親」といいます。）は、その養育する子どもの権利の保障に努める第一義的な責任者であることを認識し、その養育する子どもの権利の保障に努めます。
3　子ども施設の設置者、管理者、職員（以下「子ども施設関係者」といいます。）は、子ども施設において子どもの権利の保障に努めます。
4　町民は、子どもにかかわる場や機会において、子どもの権利の保障に努めます。
5　町、親、子ども施設関係者、町民は、お互いに連携して子どもの権利の保障に努めます。
6　町は、国、他の地方公共団体などと協力し、町の内外において子どもの権利が保障されるよう努めます。
7　町、親、子ども施設関係者、町民は、子どもが一人の人間として自分らしく健やかに成長していくことができるよう支援します。

（子どもの権利の普及）
第4条　町は、子どもの権利に対する町民の理解を深めるため、さまざまな方法を通じてその普及に努めます。
2　町は、家庭、子ども施設、地域において、子どもの権利について教育や学習が行われるよう支援します。
3　町は、子ども自身による子どもの権利についての自主的な学習を支援します。

（子どもの権利の日）
第5条　子どもの権利についての関心や理解を深めるために、「しめまち子どもの権利の日」を設けます。
2　「しめまち子どもの権利の日」は、11月20日とします。
3　町は、「しめまち子どもの権利の日」の趣旨にふさわしい事業を行います。

第2章　人間として大切な子どもの権利

（子どもの大切な権利）
第6条　この章に規定する権利は、子どもにとって、自分らしく育ち、学び、成長にふさわしい生活をしていく上で特に大切なものとして保障されます。

（安心して生きる権利）
第7条　子どもは、安心して生きることができます。そのために、主として次に掲げる権利が保障されます。
(1)　命が守られ、尊重されること。
(2)　暴力を受けず、又は放置されないこと。
(3)　差別を受けないこと。
(4)　愛情と理解をもってはぐくまれること。
(5)　健康に配慮され、適切な医療が提供されること。
(6)　平和と安全な環境の中で生活ができること。

（自分らしく生きる権利）
第8条　子どもは、人格が尊重され、自分らしく生きることができます。そのために、主として次に掲げる権利が保障されます。
(1)　個性や他の者との違いが認められ、人格が尊重されること。
(2)　自分の考えをもつこと。
(3)　自分にとってふさわしいやり方で学ぶこと。
(4)　プライバシーが侵されないこと。
(5)　自分に関する情報が不当に収集され、又は利用されないこと。
(6)　子どもであることにより、不当な取扱いを受けないこと。
(7)　安心できる場所で自分を休ませ、余暇を持つこと。

（意見表明や参加する権利）
第9条　子どもは、自ら社会に参加することができます。そのために、主として次に掲げる権利が保障されます。
(1)　自己表現や意見の表明ができ、それが尊重されること。
(2)　仲間をつくり、仲間と集うこと。
(3)　社会に参画し、意見を生かされる機会があること。
(4)　社会参加に際し、必要な支援が受けられること。

（支援を受ける権利）
第10条　子どもは、その置かれた状況に応じ、必要な保護や支援を受けることができます。

第3章　家庭、子ども施設、地域における権利の保障

（家庭における権利の保障）
第11条　親は、子どもの権利の保障において

家庭が果たす役割を認識し、子どもの権利を保障します。
2　町は、親が、安心して子育てができ、その責任を果たせるよう支援します。
3　親は、虐待や体罰などの子どもの権利を侵害することをしてはいけません。
4　町は、権利を侵害された子どもの速やかな発見、適切な救済、回復、予防のために関係機関や関係者と連携を図ります。

(子ども施設における権利の保障)
第12条　子ども施設関係者は、子どもの権利が保障されるなかで、子どもが主体的に育ち、学ぶことができるよう支援します。
2　子ども施設の設置者や管理者は、その職員に対し子どもの権利を保障できるよう支援します。
3　子ども施設関係者は、虐待、体罰などの子どもの権利を侵害することをしません。
4　子ども施設関係者は、いじめなどをなくすよう努めます。
5　子ども施設関係者は、虐待、体罰、いじめなどについての相談、救済、防止などのために関係機関や関係者と連携を図ります。
6　子ども施設関係者は、関係機関や関係者と連携を図りながら、不登校などについて必要な支援をします。
7　子ども施設関係者は、育ちや学びに関する情報の開示に努めるとともに、説明責任を果たします。

(地域における権利の保障)
第13条　町民は、地域において、子どもの権利が保障され、子どもが健やかに成長していくことができるよう努めます。
2　町は、子どもの成長にかかわる町民の活動を支援し、連携を図ります。
3　町民は、地域において、子どもが安心して休み、遊び、学び、人間関係を作り合うことができるような居場所を確保、充実し、これらの活動を支援するよう努めます。

第4章　子どもにやさしい町づくりの推進

(意見表明や参加の促進)
第14条　町、親、子ども施設関係者及び町民は、子どもが家庭、子ども施設及び地域において、意見を表明し、参加することを尊重し、支援します。
2　町は、子どもが町づくり、町政などに意見を表明し、参加できるような場や機会を提供するよう努め、提出された意見などを尊重します。
3　子ども施設関係者は、子どもの意見表明や参加を進めるために、子どもの自主的で主体的な活動を奨励し、支援します。子ども施設の設置者や管理者は、子どもの意見表明や参加を進めるために、子ども、親、職員その他の関係者が参加し意見を述べ合う場や機会の提供をします。

(子どもの居場所)
第15条　子どもには、ありのままの自分でいること、休息して自分を取り戻すこと、自由に遊び活動すること、安心して人間関係をつくり合うことができる居場所が必要です。町は、居場所についての考え方の普及、居場所の確保と充実に努めます。
2　町は、居場所の提供などの自主的な活動を行う町民及び関係団体との連携を図り、その支援に努めます。

(施策の推進)
第16条　町は、この条例に定める子どもの権利に関する施策を総合的かつ計画的に実施するために行動計画を作成し、推進します。
2　町は、前項の行動計画の進捗状況を第24条に定める子どもの権利委員会に報告します。

第5章　子どもの権利救済

(権利侵害に関する相談及び救済)
第17条　町は、子どもの権利の侵害に関する相談・救済機関を設置します。
2　子ども、親、子ども施設関係者及び町民は、相談・救済機関に対して、子どもの権利の侵害について相談し、権利の侵害からの救済を求めることができます。

(子どもの権利救済委員)
第18条　子どもの権利侵害に対して、その子どもの速やかで適切な救済を図り、回復を支援するために、志免町子どもの権利救済委員(以下「救済委員」といいます。)を設けます。
2　救済委員は、3人とします。
3　救済委員は、子どもの権利に理解と豊かな経験がある人のうちから、町長が議会の同意を得て選任します。
4　救済委員の任期は、3年とします。ただし、再任を妨げるものではありません。
5　救済委員の活動を補助するため、子どもの権利相談員を置きます。

6　町長は、救済委員が心身の故障のため職務を行うことができないと認める場合、職務上の義務違反その他救済委員としてふさわしくない行いがあると認める場合は、議会の同意を得て、解任することができます。

(救済委員の職務)
第19条　救済委員は、次のことをします。
　(1)　子どもの権利侵害について相談に応じ、その子どもの救済や回復のために、助言や支援をすること。
　(2)　子どもの権利侵害にかかわる救済の申立てを受けて、また、必要があるときには自らの判断で、その子どもの救済や回復に向けて調査、調整、勧告、是正要請をすること。
　(3)　前号の勧告、是正要請を受けてとられた措置の報告を求めること。
2　救済委員は、必要に応じ、前項第2号の勧告、是正要請、同項第3号の措置の報告を公表することができます。
3　前2項の職務のうち、勧告、是正要請及び報告の公表をするに当たっては、救済委員は合議をしなければなりません。
4　救済委員は、職務上知ることができた秘密を漏らしてはいけません。その職を退いた後も同様とします。

(勧告などの尊重)
第20条　前条第1項第2号の勧告、是正要請を受けたものは、これを尊重し、必要な措置をとるよう努めます。

(救済や回復のための連携)
第21条　救済委員は、子どもの権利侵害について、子どもの救済や回復のために関係機関や関係者と連携を図ります。

(救済委員に対する支援や協力)
第22条　町は、救済委員の独立性を尊重し、その活動を支援します。
2　親、子ども施設関係者、町民は、救済委員の活動に対して協力します。

(報告)
第23条　救済委員は、毎年その活動状況などを町長や議会に報告するとともに、広く町民にも公表します。

第6章　検証

(子どもの権利委員会)
第24条　この条例に基づく施策の実施の状況を検証し、子どもの権利を保障するために、志免町子どもの権利委員会(以下「権利委員会」といいます。)を設けます。
2　権利委員会は、10人以内の委員で組織します。
3　委員は、人権、福祉、教育などの子どもの権利にかかわる分野において識見を有する者や町民のうちから町長が委嘱します。
4　委員の任期は3年とし、補欠の委員の任期は前任者の残任期間とします。ただし、再任を妨げるものではありません。

(権利委員会の職務)
第25条　権利委員会は、町長の諮問を受けて、また、必要があるときは自らの判断で、子どもの権利の状況、子どもに関する施策における子どもの権利保障の状況などについて調査や審議をします。
2　権利委員会は、前項の審議に当たっては、町民から意見を求めることができます。

(提言とその尊重)
第26条　権利委員会は、調査や審議の結果を町に報告し、提言します。
2　町は、権利委員会からの提言を尊重し、必要な措置をとります。

第7章　雑則

(委任)
第27条　この条例の施行に必要なことがらは、町長その他の執行機関が定めます。

附則
　この条例は、平成19年4月1日から施行します。

白山市子どもの権利に関する条例

石川県白山市

公布：平成18年12月21日
施行：平成19年4月1日

前文

すべての子どもは、生まれながらにして夢と希望に満ちたかけがえのない存在です。家庭では、家族の愛情に包まれながら健やかに育ち、また、育ち・学びの施設や地域では、多くの人々に見守られながら感性豊かに自らの意思で生き生きと成長していくことができます。

子どもは、自分の考えや感じたことを自由に表現し、自ら参加することを通して、自分が大切にされていることを実感し、自分と同じように他の人も大切にしなければならないことを学びます。

大人には、子ども自身の成長する力を認め、子どもの思いを十分に受け止め、その成長を支えていく責任があります。そのために、愛情と理解を持って子どもに接し、子どもがより良く成長していけるよう、大人としての役割を自覚するよう努めます。

私たち白山市民は、霊峰白山から手取川、加賀平野、日本海に至る本市の豊かな自然や、優しさとたくましさと人情味あふれる地域性を大切にし、子どもの権利を保障することを通して、だれもが幸福に暮らせるまちづくりを目指します。

以上の考えの下、私たちは、日本国憲法及び児童の権利に関する条約の理念に基づき、白山市の子どもの権利の保障を進めることを宣言し、この条例を制定します。

第1章 総則

（目的）
第1条 この条例は、白山市で育つ子どもの健やかな成長を願い、市及び市民等（市内で活動を行うすべての人をいいます。以下同じ。）の役割、人間として大切な子どもの権利、子どもの権利の保障並びに施策の推進について定めることにより、すべての子どもが幸福に暮らせるまちづくりを進めることを目的とします。

（定義）
第2条 この条例において「子ども」とは、市内に居住又は通学若しくは通勤している18歳未満の人とこれに準ずる人をいいます。

2 この条例において「育ち・学びの施設」とは、児童福祉法（昭和22年法律第164号）に定める施設、学校教育法（昭和22年法律第26号）に定める学校、その他の施設のうち、子どもが育ち、学ぶことを目的として通学し、通所し、又は入所する施設をいいます。

（基本理念）
第3条 市及び市民等は、すべての子どもが幸福に暮らせるまちづくりを子どもと共に目指すため、子どもの権利を尊重し、その権利の保障に努めます。

2 子どもは、個人としてその権利が保障され、他の人の権利をも尊重する中で、健やかに育つことができます。

3 子どもは、その権利が保障される中で、豊かな人間性を養うとともに、自らを律し、社会の一員として役割を担うことができます。

（市の役割）
第4条 市は、基本理念に基づき、あらゆる施策を通じて子どもの権利の保障に努めるものとします。

2 市は、子どもの権利に対する市民の理解を深めるために、その広報に努めるものとします。

（市民等の役割）
第5条 市民等は、自らが子どもの成長に大きくかかわっていることを理解し、子どもの権利の保障と子どもが幸福に暮らせるまちづくりに努めるものとします。

2 保護者は、家庭が子どもの人格形成に大きな役割を果たしていることを深く理解し、子どもを育てることに最善を尽くすとともに、子どもの権利の保障に努めるものとします。

第2章 人間として大切な子どもの権利

（安心して生きる権利）
第6条 子どもは、健やかに安心して生きることができます。そのために、主として次のことが保障されます。
(1) 命が尊重され、守られること。
(2) 愛情と理解をもってはぐくまれること。
(3) 虐待、体罰その他のあらゆる形の暴力を受けず、また、放任されないこと。
(4) 健康に配慮がなされ、適切な医療が提供

されること。
(5) あらゆる危険から身が守られること。

(守られる権利)
第7条　子どもは、個人として自分を守り、また、自分が守られることができます。そのために、主として次のことが保障されます。
(1) 権利の侵害から逃れられること。
(2) あらゆる形の差別を受けないこと。
(3) 個性が認められ、人格が尊重されること。
(4) プライバシーが守られ、誇りを傷つけられないこと。
(5) 子どもであることを理由に不当な扱いを受けないこと。

(より良く育つ権利)
第8条　子どもは、自分を豊かにし、自他共により良く育つことができます。そのために、主として次のことが保障されます。
(1) 遊ぶこと。
(2) 学ぶこと。
(3) 文化芸術、運動・スポーツ及び自然に親しむこと。
(4) 生活習慣を学び、成長に応じた主体性を身に付けること。
(5) 主体性がはぐくまれる居場所が確保されること。

(参加する権利)
第9条　子どもは、自ら社会に参加することができます。そのために、主として次のことが保障されます。
(1) 自分の意見や考えを表明し、尊重されること。
(2) 仲間を作り、自由に集うこと。
(3) 子どもとしての意見を生かされる機会があること。
(4) 助言、代弁などの支援を受けられること。

第3章　基本的な施策

(子どもが成長する環境の整備と保全)
第10条　市は、子どもの権利の保障が図られるよう、子どもが自ら育ち、遊び、学べる環境の整備や自然環境の保全に努めるものとします。
2　市は、前項の環境を整備し、又は保全するために、市民等、関係機関及び関係団体との調整を行うものとします。

(子育ての支援)
第11条　市は、保護者が子どもを育てるに当たり、必要に応じて支援を行うものとします。
2　市は、子ども自身が抱える問題及び子どもに関する相談に対し、速やかに対応するよう努めるものとします。

(育ち・学びの施設づくり)
第12条　育ち・学びの施設の設置者、管理者、職員等（以下「施設関係者」といいます。）は、育ち・学びの施設が子どもの豊かな人間性と多様な能力をはぐくむために重要な場であることを認識し、子どもの有する様々な権利が保障されるよう努めるものとします。
2　施設関係者は、子ども、保護者及び地域の市民等に対し、積極的に情報を公開し、その運営について意見を聴き、協力を受けるなど、開かれた育ち・学びの施設づくりの推進に努めるものとします。

(子どもの活動や市民活動の支援)
第13条　市は、子どもの自主的な活動及び市民等の子どもに関する活動を奨励し、支援するものとします。

(相互連携支援)
第14条　市は、子どもの権利を保障し、子どもが幸福に暮らせるまちづくりを進めるために、市民等、関係機関及び関係団体が相互に連携できるよう、積極的に支援するものとします。

(相談及び救済)
第15条　市は、権利の侵害を防ぐため、関係機関及び関係団体と連携を密にするとともに、権利の侵害が、子どもの心身に将来にわたる深刻な影響を及ぼすことを考慮し、だれもが安心して相談し、救済を求めることができるよう、虐待等の予防に努め、権利の侵害から子どもを救済する体制を整備します。

(子どもの社会参加)
第16条　市及び市民等は、子どもの社会参加の機会の確保に努めるものとします。
2　市は、子どもがまちづくり及び市の施策に意見表明できる制度として「白山市子ども会議」を設け、子どもの意見を施策に反映させるよう努めるものとします。

第4章　子どもの権利を保障する仕組み

(行動計画)
第17条　市は、市民等と連携し、子どもの権利に関する施策を総合的かつ計画的に推進す

るため、白山市子どもの権利に関する行動計画（以下「行動計画」といいます。）を策定します。
2　行動計画の内容は、次のとおりとします。
　(1)　子どもの権利に関する学習の推進
　(2)　保護者に対する子育て支援
　(3)　子どもにかかわる施設における子どもの権利の保障
　(4)　地域での子どもの自治的な活動の奨励支援
　(5)　市、家庭、育ち・学びの施設及び地域の連携による子どもに関する施策の推進
　(6)　子どもの権利に関する相談並びに権利の侵害に対する救済体制の整備
　(7)　まちづくりへの子どもの参加支援
　(8)　前各号に掲げるもののほか、子どもの権利にかかわる施策

(権利委員会の設置)
第18条　市は、すべての子どもの権利を保障し、子どもが幸福に暮らせるまちづくりを進めるために、白山市子どもの権利委員会（以下「権利委員会」といいます。）を置き、総合的な推進体制の整備と充実に努めるものとします。
2　権利委員会は、次のことについて審議し、必要に応じて市に報告を求めます。
　(1)　子どもの権利を保障する市の施策の実施に関すること。
　(2)　子どもの権利の保障の状況に関すること。
　(3)　行動計画策定に関すること。
3　権利委員会は、前項各号に掲げる事項について、必要があると認めたときは、市長その他の執行機関（以下「執行機関」と総称します。）に対し提言をすることができます。
4　執行機関は、権利委員会の提言を尊重し、必要な措置を講じるものとします。

(権利委員会の組織等)
第19条　権利委員会は、委員15人以内で組織します。
2　委員は、人権、教育、福祉、医療その他子どもの権利に関わる分野の学識経験者及び市民等のうちから、市長が委嘱します。
3　委員の任期は、2年とし、再任を妨げません。委員が欠けた場合の補欠の委員の任期は、前任者の残任期間とします。
4　委員は、職務上知り得た情報を漏らしてはいけません。その職を退いた後も同様です。

5　権利委員会に、会長及び副会長1人を置きます。
6　会長及び副会長は、委員の互選によって定めます。
7　会長は、会務を総理し、権利委員会を代表します。
8　副会長は、会長を補佐し、会長に事故があるときは、その職務を代理します。
9　権利委員会は会長が招集し、会議の議長となります。
10　権利委員会は、委員の半数以上が出席しなければ、会議を開くことができません。
11　権利委員会の議事は、出席委員の過半数で決し、可否同数のときは、議長の決するところによります。
12　その他権利委員会の運営に関して必要な事項は、会長が権利委員会に諮って定めます。

附則
(施行期日)
1　この条例は、平成19年4月1日から施行する。

豊田市子ども条例

〔愛知県豊田市〕

公布：平成19年10月9日
施行：平成19年10月9日
〔一部につき附則参照〕

前文

子どもは、生まれながらにして、一人ひとりが独立した人格を持つかけがえのない存在であり、自らの力で未来を切りひらく主体です。このため、子どもの心と体が大切にされなければなりません。子どもと子ども、子どもと大人とが、育ち合い、学び合う関係の中で、発達が保障され、社会と文化の創造に参加する機会が与えられなければなりません。

大人は、子どもとふれあい、子どもの声を聴き、子どもと共に生きることによって、喜びと夢を分かち合うことができます。子どもは、地域の宝であり、社会の宝です。保護者や、子どもにかかわる仕事や活動に従事する大人だけでなく、すべての市民が子どもに対する責任を負っています。このため、社会全体で、子どもと直接向き合う大人への支援と子どもが育つ環境づくりを進めなければなりません。

子どもにやさしいまちは、すべての人にとってやさしいまちになります。子どもが夢をかなえることができるまちは、すべての人にとって希望のあふれるまちになります。私たちは、子どもと大人が手をつなぎ、子どもにやさしいまちづくりをめざします。

私たちは、こうした考えのもと、子どもの権利を保障し、子どもにやさしいまちづくりを進めることを宣言し、ここに豊田市子ども条例を制定します。

第1章　総則

（目的）
第1条　この条例は、日本国憲法と児童の権利に関する条約の理念に基づき、子どもの権利を保障し、社会全体で子どもの育ちを支え合う仕組みを定めることにより、子どもが幸せに暮らすことのできるまちを実現することを目的とします。

（定義）
第2条　この条例で「子ども」とは、18歳未満の人をいいます。また、これらの人と等しく権利を認めることがふさわしい人を含みます。

2　この条例で「育ち学ぶ施設」とは、子どもを対象とする学校教育施設、社会教育施設、児童福祉施設などをいいます。

3　この条例で「事業者」とは、事業活動を行うすべての人や団体をいいます。

（責務）
第3条　保護者は、子育てについての第一義的責任を持ち、子どもの年齢や発達にふさわしい環境の下で子どもを育てなければなりません。

2　市は、保護者が子育てについての第一義的責任を遂行するために必要な支援をしなければなりません。

3　市、保護者、育ち学ぶ施設、市民及び事業者は、子どもにとって最もよいことは何かを第一に考えて、子どもの権利を保障し、お互いに協力して子どもの育ちを支え合わなければなりません。

4　市は、国や他の公共団体などと協力して、市の内外において子どもの権利が保障されるよう努めなければなりません。

第2章　子どもにとって大切な権利

（子どもの権利と責任）
第4条　子どもは、あらゆるとき、あらゆる場所において、この章に定める権利が特に大切なものとして保障されます。

2　子どもは、自分の権利を大切にするよう努めなければなりません。

3　子どもは、自分の権利が尊重されるのと同様に、他者の権利を尊重するよう努めなければなりません。

4　子どもは、子ども同士や大人との間でお互いの権利を尊重し合うことができる力を身に付けるために必要な支援を受けることができます。

（安心して生きる権利）
第5条　子どもは、安心して生きるために、次のことが保障されます。
(1)　命が守られ、かけがえのない存在として大切にされること。
(2)　愛情と理解をもってはぐくまれること。
(3)　年齢や発達にふさわしい環境の下で生活すること。
(4)　平和で安全な環境の下で生活すること。

(5) 健康に気を配られ、適切な医療が受けられること。
　(6) あらゆる差別や不当な不利益を受けないこと。
　(7) 困っていることや不安に思っていることを相談すること。
　(8) いじめ、虐待、体罰などのあらゆる暴力や過度なストレスから心と体が守られること。

(自分らしく生きる権利)
第6条　子どもは、自分らしく生きるために、次のことが保障されます。
　(1) ありのままの自分が認められること。
　(2) 個性が尊重され、その個性を伸ばすことについて支援が受けられること。
　(3) 自分の気持ちや考えを持ち、表明し、それに基づいて行動すること。
　(4) 自分に関係することを、年齢や発達に応じて自分で決めること。
　(5) 安心できる場所で休み、自由な時間を持つこと。
　(6) 安心して過ごすことができる居場所を持つこと。
　(7) プライバシーや名誉が守られること。

(豊かに育つ権利)
第7条　子どもは、様々な経験を通して豊かに育つために、次のことが保障されます。
　(1) 遊ぶこと。
　(2) 学ぶこと。
　(3) 保護者と一緒に、食事や会話などの楽しい時間を過ごすこと。
　(4) 自分の気持ちや考えを聴いてもらうこと。
　(5) 友だちをつくること。
　(6) 様々な世代の人々とふれあうこと。
　(7) 地域や社会の活動に参加すること。
　(8) 芸術、文化、スポーツなどに親しむこと。
　(9) 自然に親しむこと。
　(10) 夢に向かって挑戦し、失敗しても再度挑戦すること。

(参加する権利)
第8条　子どもは、家庭、育ち学ぶ施設、地域社会などに主体的に参加するために、次のことが保障されます。
　(1) 自分の気持ちや考えを表明すること。
　(2) 表明した自分の気持ちや考えが尊重されること。
　(3) 年齢や発達にふさわしい活動の機会が用意されること。
　(4) 年齢や発達に応じて意思決定に参加すること。
　(5) 必要な情報を大人や社会に求め、集めること。
　(6) 仲間をつくり、集まること。

第3章　家庭、育ち学ぶ施設及び地域における権利の保障

(家庭における権利の保障)
第9条　保護者は、子どもにとって最もよいことは何かを第一に考えて、子どもの年齢や発達に応じた援助や指導をしなければなりません。
2　保護者は、子どもの気持ちや考えを受け止め、それにこたえていくとともに、子どもと十分に話し合わなければなりません。
3　市、育ち学ぶ施設、市民及び事業者は、保護者が子どもと育ち合い、学び合うことができるよう、学習の機会や情報の提供などの必要な支援をしなければなりません。
4　保護者は、子どもに過度なストレスを与えたり、虐待や体罰などをしたりしてはなりません。
5　保護者は、たばこや酒類の害から、子どもを保護しなければなりません。

(育ち学ぶ施設における権利の保障)
第10条　育ち学ぶ施設は、子どもにとって最もよいことは何かを第一に考えて、子どもの年齢や発達に応じた援助や指導をしなければなりません。
2　育ち学ぶ施設は、子どもの気持ちや考えを受け止め、相談に応じ、対話などをしなければなりません。
3　育ち学ぶ施設は、子どもを育ち学ぶ施設の一員として認め、その主体的な自治的活動を支援しなければなりません。
4　育ち学ぶ施設の管理者は、育ち学ぶ施設の職員が子どもと育ち合い、学び合うことができるよう、職場環境の整備や研修の機会の提供などの必要な支援をしなければなりません。
5　育ち学ぶ施設は、いじめを防止するとともに、子どもがいじめについて相談しやすい環境を整備しなければなりません。また、いじめが発生したときは、関係する子どもにとって最もよいことは何かを第一に考えて対応しなければなりません。

6　育ち学ぶ施設は、子どもに過度なストレスを与えたり、虐待や体罰などをしたりしてはなりません。
7　育ち学ぶ施設、保護者及び子どもは、いじめや虐待、体罰などの暴力を許してはなりません。

(地域における権利の保障)
第11条　市民及び事業者は、地域の中で、子どもを見守り、子どもが安心して過ごすことができるよう努めなければなりません。
2　市民及び事業者は、子どもを地域社会の一員として認め、その気持ちや考えを受け止め、対話などをするとともに、地域の活動に子どもの意見を取り入れるよう努めなければなりません。
3　市民及び事業者は、子どもに過度なストレスを与えたり、虐待や体罰などをしたりしてはなりません。
4　市民、事業者、保護者及び子どもは、いじめや虐待、体罰などの暴力を許してはなりません。

第4章　子どもにやさしいまちづくりの推進

(子どもの権利の周知と学習支援)
第12条　市は、この条例と子どもの権利について、市民に広く知らせなければなりません。
2　市は、家庭、育ち学ぶ施設、地域などにおいて、子どもが自分の権利と他者の権利を学び、お互いの権利を尊重し合うことができるよう支援しなければなりません。
3　市は、市民が子どもの権利について理解を深めることができるよう支援しなければなりません。

(子育て家庭への支援)
第13条　市、育ち学ぶ施設、市民及び事業者は、子育てをしている家庭に気を配り、保護者が安心して子育てをすることができるよう支援しなければなりません。
2　市、育ち学ぶ施設及び事業者は、子育てをしている家庭の一人ひとりの保護者に寄り添って、仕事と子育ての両立を支援する環境づくりに努めなければなりません。

(特別なニーズのある子ども・家庭への支援)
第14条　市、育ち学ぶ施設、市民及び事業者は、外国籍の子ども、障害のある子ども、ひとり親家庭の子ども、経済的に困難な家庭の子ども、不登校の子ども、社会的ひきこもりの子ども、虐待を受けた子ども、心理的外傷を受けた子ども、非行を犯した子どもなどで、特別なニーズがあると考えられる子どもとその家庭に気を配り、適切な支援をしなければなりません。

(子どもの虐待の予防などに関する取組)
第15条　市は、子どもに対する虐待の予防と早期発見に取り組まなければなりません。
2　子どもは、自らが虐待を受けたときや虐待を受けていると思われる子どもを発見したときは、市や関係機関に相談することができます。
3　育ち学ぶ施設、市民及び事業者は、子どもに気を配るとともに、虐待を受けていると思われる子どもを発見したときは、直ちに市や関係機関に通報しなければなりません。
4　市は、虐待を受けた子どもを迅速かつ適切に救済するために、関係機関と協力して、必要な支援をしなければなりません。

(有害・危険な環境からの保護)
第16条　市、保護者、育ち学ぶ施設、市民及び事業者は、子どもの健やかな発達を支援するために、次のものに子どもが接することがないよう取り組まなければなりません。
(1)　環境たばこ煙や環境汚染物質などの健康に有害なもの
(2)　喫煙、飲酒及び薬物の濫用
(3)　売買春、児童ポルノなどの性的搾取や性的虐待
(4)　過激な暴力や性などの有害な情報
(5)　犯罪の被害や加害
(6)　公共施設や交通機関などにおける危険な環境

(子どもの居場所づくりの推進)
第17条　市、育ち学ぶ施設、市民及び事業者は、子どもが安心して過ごすことのできる居場所づくりに努めなければなりません。
2　市、育ち学ぶ施設、市民及び事業者は、地域において、子どもが様々な世代の人々とふれあうことのできる場や機会の提供に努めなければなりません。
3　市、育ち学ぶ施設、市民及び事業者は、子どもが多様で豊かな体験をすることのできる場や機会の提供に努めなければなりません。
4　市は、子どもが自然に親しむことのできる環境の整備に努めなければなりません。
5　市、育ち学ぶ施設、市民及び事業者は、居

場所づくりなどについて、子どもが気持ちや考えを表明したり、参加したりする機会を設けるよう努めなければなりません。

(意見表明や参加の促進)
第18条　市は、市政などについて、子どもが気持ちや考えを表明したり、参加したりする機会を設けなければなりません。
2　育ち学ぶ施設は、施設の行事や運営などについて、子どもが気持ちや考えを表明したり、参加したりする機会を設けるよう努めなければなりません。
3　市民及び事業者は、地域の行事や運営などについて、子どもが気持ちや考えを表明したり、参加したりする機会を設けるよう努めなければなりません。
4　市、保護者、育ち学ぶ施設、市民及び事業者は、子どもの意見表明や参加を促進するために、子どもの気持ちや考えを尊重するとともに、子どもの主体的な活動を奨励し、支援するよう努めなければなりません。

(子ども会議)
第19条　市は、子どもにやさしいまちづくりに関することについて、子どもの意見を聴くため、豊田市子ども会議を置きます。

第5章　子どもの権利の侵害に対する救済と回復

(子どもの権利擁護委員の設置など)
第20条　市は、子どもの権利の侵害について、迅速かつ適切に対応し、その救済を図り、権利の回復を支援するため、豊田市子どもの権利擁護委員(以下「擁護委員」といいます。)を置きます。
2　擁護委員は、3人以内とします。
3　擁護委員は、人格に優れ、子どもの権利、福祉、教育などに関して知識や経験のある人のうちから、市長が選びます。
4　擁護委員の任期は2年とし、補欠者の任期は前任者の残りの期間とします。ただし、再任も可能です。
5　擁護委員は、任期の満了以外は、その意に反して職を解かれません。ただし、市長は、擁護委員が心身の故障によりその仕事ができないと判断したときや、擁護委員としてふさわしくない行為があると判断したときは、その職を解くことができます。

(擁護委員の仕事)
第21条　擁護委員は、次の仕事を行います。

(1)　子どもの権利の侵害について、子ども又はその関係者から相談を受け、その救済と権利の回復のために、助言や支援などをすること。
(2)　権利の侵害を受けている子どもについて、本人又はその関係者から救済の申立てを受け、事実の調査や関係者間の調整をすること。
(3)　子どもが権利の侵害を受けていると認めるときに、自らの判断で調査すること。
(4)　調査や調整の結果、必要と認めるときに、子どもの権利を侵害したものに対して、是正措置を講ずるよう勧告したり、制度などの改善を要請したりすること。
(5)　勧告や要請を受けたものに対して、是正措置や制度などの改善の状況などの報告を求めること。また、その内容を申立人などに伝えること。
2　擁護委員は、その仕事を行うに当たっては、次のことを守らなければなりません。
(1)　仕事上知ることができた秘密を漏らさないこと。擁護委員の職を離れた後も同様とします。
(2)　申立人などの人権について十分に気を配ること。
(3)　取り扱う内容に応じ、関係機関などと協力して、その仕事を行うこと。

(擁護委員への協力)
第22条　市の機関は、擁護委員の独立性を尊重し、その仕事を積極的に支援しなければなりません。
2　保護者、育ち学ぶ施設、市民及び事業者は、擁護委員の仕事に協力するよう努めなければなりません。

(勧告や要請への対応)
第23条　市の機関は、擁護委員から勧告や要請を受けたときは、速やかに勧告や要請に応じ、その対応状況などを擁護委員に報告しなければなりません。
2　市の機関以外のものは、擁護委員から勧告や要請を受けたときは、速やかに勧告や要請に応じ、その対応状況などを擁護委員に報告するよう努めなければなりません。

(勧告や要請などの内容の公表)
第24条　擁護委員は、必要と認めたときは、勧告や要請、その対応状況などの報告の内容を公表することができます。
2　擁護委員は、勧告や要請、その対応状況な

どの報告の内容を公表するときは、個人情報などの保護について十分に気を配らなければなりません。

（活動状況などの報告と公表）
第25条　擁護委員は、毎年の活動状況などを市長に報告し、市民に公表します。

第6章　子どもに関する施策の推進と検証

（子ども総合計画）
第26条　市は、子どもの権利を保障し、子どもにやさしいまちづくりを総合的かつ計画的に進めるため、豊田市子ども総合計画（以下「子ども総合計画」といいます。）を作ります。
2　子ども総合計画は、必要に応じて、その内容を見直します。
3　市は、子ども総合計画を作るときや見直すときは、子どもを含めた市民や豊田市子どもにやさしいまちづくり推進会議の意見を聴きます。
4　市は、子ども総合計画を作ったときや見直したときは、速やかにその内容を公表します。

（子どもにやさしいまちづくり推進会議の設置など）
第27条　市は、子どもにやさしいまちづくりに関することについて、専門的な意見などを聴くとともに、子どもに関する施策の実施状況を検証するため、豊田市子どもにやさしいまちづくり推進会議（以下「推進会議」といいます。）を置きます。
2　推進会議の委員は、30人以内とします。
3　委員は、子どもの権利、福祉、教育などに関して知識や経験のある人、豊田市子ども会議の代表者、市民及び事業者のうちから、市長が選びます。
4　委員の任期は2年とし、補欠者の任期は前任者の残りの期間とします。ただし、再任も可能です。

（推進会議の仕事）
第28条　推進会議は、市長その他の執行機関の求めに応じ、次のことを調査したり、審議したりします。
(1)　子ども総合計画に関すること。
(2)　子どもに関する施策の実施状況に関すること。
(3)　その他子どもにやさしいまちづくりに関すること。

2　推進会議は、必要があるときは自らの判断で、子どもにやさしいまちづくりに関して、調査したり、審議したりできます。
3　推進会議は、必要に応じて、委員以外の人に出席を求め、意見を聴くことができます。

（報告、提言など）
第29条　推進会議は、市長その他の執行機関の求めに応じ、又は自らの判断で調査したり、審議したりしたときは、その結果を市長その他の執行機関に報告し、提言します。
2　市長その他の執行機関は、推進会議から報告や提言を受けたときは、その内容を公表します。
3　市長その他の執行機関は、推進会議の報告や提言を尊重し、必要な措置をとります。

第7章　雑則

（委任）
第30条　この条例に定めるもののほか、必要なことは、市長が別に定めます。

附則
　この条例は、公布の日から施行します。ただし、第19条並びに第5章及び第6章の規定は、公布の日から起算して1年6月を超えない範囲内において規則で定める日〔第19条、第6章は平成20年6月1日、第5章は平成20年10月1日〕から施行します。

なごや子ども条例

愛知県名古屋市

公布：平成20年3月27日
施行：平成20年4月1日
〔一部につき附則参照〕

前文

子どもは、生まれながらにして一人一人がかけがえのない存在であり、周りの人に大切にされ、愛され、信頼されることによって、自分に自信を持ち、安心して健やかに育つことができます。

子どもは、自分の価値が尊重されることによって、他者の価値を尊重することを知ることができます。

子どもは、子ども同士のふれあいや、様々な人、自然、社会そして文化との適切なかかわりを通じて、他を思いやる心を持ち、ルールを守るなどの社会性を身につけ、豊かな人間性と創造性を備えるとともに、自分の行動に責任を持ち、他者と共生し、社会の責任ある一員として自立することができます。

子どもは、年齢や発達に応じて、物事を考え、意見を言うことができます。

名古屋のすべての子どもが、自分自身の持っているこのような力を信じることで、その力を伸ばすとともに発揮して、未来の名古屋を担う存在になっていくことが、すべての市民の願いです。

そのために、大人は、子どもの未来の視点を大切にするとともに、子どもの年齢や発達に応じた支援をし、子どもが自立した若者に成長するまでを見守ることが必要です。

さらに、大人は、自分の言動が子どもに大きな影響を与えることを認識したうえで、子どもの手本となり、子どもから信頼される存在であることが求められます。

ここに、わたしたちは、児童の権利に関する条約を基本とし、民族、性別、障害などにかかわらず、子どもにとって大切な権利を保障するとともに、子どもの視点に立ち、子どもとともに最善の方法は何かを考え、子どもの健やかな育ちを社会全体で支援するなごやのまちを、市民が一体となってつくることを決意し、この条例を制定します。

第1章 総則

(目的)
第1条　この条例は、子どもの権利及びその権利を保障するための市、保護者、地域住民等、学校等関係者及び事業者の責務を明らかにするとともに、子どもに関する施策の基本となる事項等を定めることにより、子どもの権利を保障し、子どもの健やかな育ちを社会全体で支援するまちの実現を目指すことを目的とする。

(定義)
第2条　この条例において、次の各号に掲げる用語の意義は、それぞれ当該各号に定めるところによる。
(1)　子ども　18歳未満の者その他これらの者と等しく権利を認めることが適当である者をいう。
(2)　保護者　親及び里親その他親に代わり子どもを養育する者をいう。
(3)　地域住民等　地域の住民及び団体をいう。
(4)　学校等関係者　学校、保育所、児童養護施設その他子どもが学び、又は育つことを目的として通学し、通園し、通所し、又は入所する施設の関係者をいう。

第2章 子どもの権利

(子どもにとって大切な権利及び責任)
第3条　この章に定める権利は、子どもにとって特に大切なものとして保障されなければならない。
2　子どもは、その年齢及び発達に応じ、社会の責任ある一員であることを自覚し、自分の権利が尊重されるのと同様に他者の権利を尊重するよう努めなければならない。

(安全に安心して生きる権利)
第4条　子どもは、安全に安心して生きるため、次に掲げることを権利として保障されなければならない。
(1)　命が守られること。
(2)　かけがえのない存在として、愛情及び理解をもってはぐくまれること。
(3)　健康な生活ができるとともに、適切な医療が提供されること。
(4)　あらゆる暴力及び犯罪から守られること。
(5)　あらゆる差別を受けないこと。

(6)　年齢及び発達にふさわしい生活ができること。

(一人一人が尊重される権利)
第5条　子どもは、一人一人が尊重されるため、次に掲げることを権利として保障されなければならない。
　(1)　個人の価値が尊重されること。
　(2)　自分の考えを自由に持ち、及び表現することができること。
　(3)　信頼されるとともに、自分の考えが尊重されること。
　(4)　プライバシー及び名誉が守られること。
　(5)　自分の持っている力を発揮できること。

(豊かに育つ権利)
第6条　子どもは、豊かに育つため、次に掲げることを権利として保障されなければならない。
　(1)　年齢及び発達に応じ、学び、遊び、及び休息することにより、のびのびと育つこと。
　(2)　様々な人、自然及び社会並びに多彩な文化とのかかわりの中で、他と共生し、社会の責任ある一員として自立していくこと。

(主体的に参加する権利)
第7条　子どもは、自分たちにかかわることについて主体的に参加するため、その年齢及び発達に応じ、次に掲げることを権利として保障されなければならない。
　(1)　意見を表明する機会が与えられること。
　(2)　自分たちの意見が尊重されること。
　(3)　意見を表明するために、必要な情報の提供その他必要な支援を受けられること。

第3章　子どもの権利を保障する大人の責務

(共通の責務)
第8条　市、保護者、地域住民等、学校等関係者及び事業者は、子どもの権利を保障するため、連携し、及び協働するとともに、次に掲げる支援を行うよう努めなければならない。
　(1)　子どもが他者の権利を尊重し、社会の責任ある一員として育つために必要な支援
　(2)　保護者が子どもの養育及び発達に関する第一義的な責任を果たすために必要な支援

(市の責務)
第9条　市は、子どもの権利を保障するため、国、他の地方公共団体及び関係機関と連携し、及び協働するとともに、子どもに関する施策を実施しなければならない。
2　市は、子どもに関する施策を実施するため、必要な財政上の措置その他の措置を講じなければならない。
3　市は、保護者、地域住民等、学校等関係者及び事業者がそれぞれの責務を果たすことができるよう、必要な支援を行わなければならない。

(保護者の責務)
第10条　保護者は、子どもの養育及び発達に家庭が果たす役割を理解するとともに、その第一義的な責任は保護者が有することを自覚し、子どもを守り育てなければならない。
2　保護者は、子どもの健やかな育ちのため、子どもにとっての最善の方法を考え、子どもの年齢及び発達に応じた養育に努めなければならない。

(地域住民等の責務)
第11条　地域住民等は、子どもの豊かな人間性が地域の人、自然、社会及び文化とのかかわりの中ではぐくまれることを認識し、子どもの健やかな育ちを支援するよう努めなければならない。
2　地域住民等は、虐待等あらゆる暴力及び犯罪から子どもを守るため、安全で安心な地域づくりに努めなければならない。
3　地域住民等は、子どもが地域社会の一員であることを認識し、子どもとともに地域活動を行うよう努めなければならない。

(学校等関係者の責務)
第12条　学校等関係者は、子どもの年齢及び発達に応じ、子どもが主体的に学び、及び育つことができるよう、必要な支援に努めなければならない。
2　学校等関係者は、虐待、体罰、いじめ等から子どもを守るため、その解決に向け、関係機関と連携していくよう努めなければならない。
3　学校等関係者は、子どもの年齢及び発達に応じ、子どもが子どもの権利について理解し、及び自分の意見を表明することができるよう、必要な支援に努めなければならない。

(事業者の責務)
第13条　事業者は、子どもの健やかな育ちを支援するため、その社会的影響力及び責任を認識した事業活動を行うとともに、社会的自立に向けた就労支援、人材育成及び社会人教育を行うよう努めなければならない。

2　事業者は、ワーク・ライフ・バランス（仕事と生活の調和）の視点から、子どもを養育する従業員が仕事と子育てとを両立できるよう、職場の環境づくりに努めなければならない。
3　事業者は、仕事と子育てとを両立できる働き方について、従業員の意識の向上を図るとともに、従業員に対し、子ども及び子どもを養育する家庭（以下「子育て家庭」という。）を支援する取組への参加又は協力を促すよう努めなければならない。

第4章　子どもに関する基本的な施策等

(虐待、体罰、いじめ等の救済等)
第14条　市は、保護者、地域住民等、学校等関係者及び関係機関と連携し、及び協働し、虐待、体罰、いじめ等の防止、相談及び救済のために必要な措置を講じなければならない。

(子どもの育ちの支援)
第15条　市は、子どもの健やかな育ちを支援するため、保護者、地域住民等、学校等関係者及び事業者と連携し、及び協働し、次に掲げる施策を実施するものとする。
(1)　子どもが安全に安心して過ごすことができるための居場所づくり
(2)　子どもが自然及び地域社会とのかかわりの中で豊かに育つことができるための遊び及び体験の場づくり
(3)　子どもが社会とのかかわりの中で、他者と共生し、社会の責任ある一員として自立していくために必要な支援

(子育て家庭の支援)
第16条　市は、保護者が子どもの養育及び発達に関する第一義的な責任を果たすことにより子どもが安心して生活することができるよう、保護者、地域住民等、学校等関係者及び事業者と連携し、及び協働し、子育て家庭を支援するネットワークづくりを進めるなど、子育て家庭の支援を行うものとする。

(子どもの参画の促進)
第17条　市は、前3条に掲げる子どもに関する基本的な施策（以下「基本的施策」という。）を策定するに当たっては、子ども会議を開催するなど、子どもが主体的に参加し、及び意見を表明する機会を設けるとともに、子どもの意見を尊重するよう努めるものとする。

(関連施策との一体的推進)
第18条　市は、基本的施策を推進するに当たっては、若者の自立支援に関する施策その他関連施策と一体的に推進しなければならない。

(調査研究等)
第19条　市は、子どもの権利、その権利の保障及び子どもに関する施策に関する調査及び研究を行うものとする。
2　市は、子どもの権利について、市民の関心を高めるための広報活動を行うものとする。

第5章　子どもに関する施策の総合的な推進

(総合計画)
第20条　市長は、子どもに関する施策を総合的かつ計画的に実施するため、子どもに関する総合的な計画（以下「総合計画」という。）を策定しなければならない。
2　市長は、総合計画を策定するに当たっては、あらかじめ、なごや子ども・子育て支援協議会の意見を聴かなければならない。
3　市長は、総合計画を策定するに当たっては、子どもを含めた市民の意見を反映することができるように適切な措置を講ずるものとする。
4　市長は、総合計画を策定したときは、速やかに、これを公表しなければならない。
5　前3項の規定は、総合計画の変更について準用する。

(実施状況等の公表等)
第21条　市長は、毎年度、総合計画の実施状況等を公表しなければならない。
2　市長は、前項の総合計画の実施状況等について、なごや子ども・子育て支援協議会の意見を聴くとともに、子どもを含めた市民の意見を聴き、それらの意見を総合計画等に反映させるよう努めるものとする。

(拠点施設)
第22条　市は、子どもに関する施策を実施するとともに、子どもを社会全体で支援するため、総合的な拠点施設を整備するものとする。

(なごや子ども・子育て支援協議会)
第23条　市長の附属機関として、なごや子ども・子育て支援協議会（以下「協議会」という。）を置く。
2　協議会は、市長の諮問に応じ、子どもに関

する施策に関する重要事項について調査審議し、その結果を市長に答申する。
3　協議会は、子どもに関する施策に関し必要と認める事項について調査審議し、市長に対し、意見を述べることができる。
4　協議会は、市長が委嘱する委員35人以内をもって組織する。
5　委員の任期は、2年とする。ただし、補欠委員の任期は、前任者の残任期間とする。
6　委員は、再任されることができる。
7　前各項に定めるもののほか、協議会の組織及び運営に関し必要な事項は、規則で定める。

第6章　雑則

（委任）
第24条　この条例の施行に関し必要な事項は、市長が定める。

附則
（施行期日）
1　この条例は、平成20年4月1日から施行する。ただし、第23条の規定は、規則で定める日〔平成20年9月1日〕から施行する。
（経過措置）
2　この条例の施行の際現に次世代育成支援対策推進法（平成15年法律第120号）第8条第1項の規定により策定されている計画は、第20条第1項の規定により策定された総合計画とみなす。

札幌市子どもの最善の利益を実現するための権利条例

北海道札幌市

公布：平成20年11月7日
施行：平成21年4月1日

前文

すべての子どもは、未来と世界へ羽ばたく可能性に満ちた、かけがえのない存在です。

日本には、平和な社会を築き、基本的人権を大切にする日本国憲法があります。さらに、日本は、世界の国々と、子どもの権利に関して条約を結び、誰もが生まれたときから権利の主体であり、あらゆる差別や不利益を受けることなく、自分らしく、豊かに成長・発達していくことを認め、これを大切にすることを約束しています。

子どもは、子どもが持つ権利を正しく学び、感じたこと、考えたことを自由に表明し、自分にかかわることに参加することができます。こうした経験を通して、自分が大切にされていることを実感し、自分と同じように、他の人も大切にしなければならないことを学びます。そして、お互いの権利を尊重し合うことを身につけ、規範意識をはぐくみます。

大人は、子ども自身の成長・発達する力を認めるとともに、言葉や表情、しぐさから、気持ちを十分に受け止め、子どもの最善の利益のために、子どもが直面することについて、ともに考え、支えていく責任があります。

子どもの権利を大切にすることは、子どもが自分の人生を自分で選び、自信と誇りを持って生きていくように励ますことです。それによって子どもは、自ら考え、責任を持って行動できる大人へと育っていきます。

子どもは、社会の一員として尊重され、大人とともに札幌のまちづくりを担っていきます。子どもが参加し、子どもの視点に立ってつくられたまちは、すべての人にとってやさしいまちとなります。

私たちは、こうした考えのもと、ここに、日本国憲法及び児童の権利に関する条約の理念に基づき、子どもの権利の保障を進めることを宣

言し、この条例を制定します。

第1章　総則

（目的）
第1条　この条例は、子どもが毎日を生き生きと過ごし、自分らしく伸び伸びと成長・発達していくことができるよう、子どもにとって大切な権利等について定めることにより、子どもの権利の保障を進めることを目的とします。

（定義）
第2条　この条例において「子ども」とは、18歳未満の者その他これと等しく権利を認めることが適当である者として規則で定める者をいいます。
2　この条例において「育ち学ぶ施設」とは、児童福祉法（昭和22年法律第164号）に定める児童福祉施設、学校教育法（昭和22年法律第26号）に定める学校、専修学校及び各種学校その他の施設のうち、子どもが育ち、学ぶことを目的として通学し、通所し、又は入所する施設をいいます。
3　この条例において「保護者」とは、親及び児童福祉法に定める里親その他の親に代わり子どもを養育する者をいいます。

（責務）
第3条　保護者、育ち学ぶ施設の設置者、管理者及び職員（以下「施設関係者」といいます。）、事業者、市民並びに市は、子どもの最善の利益を考慮し、子どもの権利の保障に努めなければなりません。
2　市は、市外においても子どもの権利が広く保障されるよう、他の公共団体等に対し協力を要請し、働きかけを行うものとします。

第2章　子どもの権利の普及

（広報及び普及）
第4条　市は、子どもの権利について、広報することなどにより、その普及に努めるものとします。

（子どもの権利の日）
第5条　市は、子どもの権利について、市民の関心を高めるため、さっぽろ子どもの権利の日（以下「権利の日」といいます。）を設けます。
2　権利の日は、11月20日とします。
3　市は、権利の日にふさわしい事業を行うものとします。

（学習等への支援）
第6条　市は、家庭、育ち学ぶ施設、地域等において、子どもが自分の権利と他人の権利を正しく学び、お互いの権利を尊重し合うことができるよう、必要な支援に努めるものとします。
2　市は、市民が子どもの権利について正しく学び、理解することができるよう、必要な支援に努めるものとします。

第3章　子どもにとって大切な権利

（子どもにとって大切な権利）
第7条　この章に定める権利は、子どもが成長・発達していくために、特に大切なものとして保障されなければなりません。
2　子どもは、自分の権利が尊重されるのと同じように、他人の権利を尊重しなければなりません。

（安心して生きる権利）
第8条　子どもは、安心して生きることができます。そのためには、主に次に掲げる権利が保障されなければなりません。
(1)　命が守られ、平和と安全のもとに暮らすこと。
(2)　愛情を持ってはぐくまれること。
(3)　いじめ、虐待、体罰などから心や体が守られること。
(4)　障がい、民族、国籍、性別その他の子ども又はその家族の状況を理由としたあらゆる差別及び不当な不利益を受けないこと。
(5)　自分を守るために必要な情報や知識を得ること。
(6)　気軽に相談し、適切な支援を受けること。

（自分らしく生きる権利）
第9条　子どもは、自分らしく生きることができます。そのためには、主に次に掲げる権利が保障されなければなりません。
(1)　かけがえのない自分を大切にすること。
(2)　個性や他人との違いを認められ、一人の人間として尊重されること。
(3)　自分が思ったこと、感じたことを自由に表現すること。
(4)　プライバシーが守られること。

（豊かに育つ権利）
第10条　子どもは、様々な経験を通して豊かに育つことができます。そのためには、主に次に掲げる権利が保障されなければなりませ

ん。
(1) 学び、遊び、休息すること。
(2) 健康的な生活を送ること。
(3) 自分に関係することを、年齢や成長に応じて、適切な助言等の支援を受け、自分で決めること。
(4) 夢に向かってチャレンジし、失敗しても新たなチャレンジをすること。
(5) 様々な芸術、文化、スポーツに触れ親しむこと。
(6) 札幌の文化や雪国の暮らしを学び、自然と触れ合うこと。
(7) 地球環境の問題について学び、豊かな環境を保つために行動すること。

(参加する権利)
第11条 子どもは、自分にかかわることに参加することができます。そのためには、主に次に掲げる権利が保障されなければなりません。
(1) 家庭、育ち学ぶ施設、地域、行政等のあらゆる場で、自分の意見を表明すること。
(2) 表明した意見について、年齢や成長に応じてふさわしい配慮がなされること。
(3) 適切な情報提供等の支援を受けること。
(4) 仲間をつくり、集まること。

第4章 生活の場における権利の保障

第1節 家庭における権利の保障

(保護者の役割)
第12条 保護者は、子どもの養育及び発達に関する第一義的な責任者であることを認識し、年齢や成長に応じて適切な指導、助言等の支援を行い、子どもの権利の保障に努めなければなりません。
2 保護者は、子どもの言葉、表情、しぐさなどから思いを受け止め、これにこたえていくよう努めるものとします。

(虐待及び体罰の禁止等)
第13条 保護者は、養育する子どもに対して、虐待及び体罰を行ってはなりません。
2 市は、虐待を受けた子どもの迅速で適切な救済に努めなければなりません。

第2節 育ち学ぶ施設における権利の保障

(施設関係者の役割)
第14条 施設関係者は、育ち学ぶ施設が子どもの健やかな成長・発達にとって重要な役割を果たすことを認識し、子どもの権利の保障に努めなければなりません。
2 施設関係者は、子どもの言葉、表情、しぐさなどから思いを受け止め、相談に応じ、対話などを行うよう努めるものとします。

(開かれた施設づくり)
第15条 育ち学ぶ施設の設置者及び管理者(以下「施設設置管理者」といいます。)は、子ども、保護者及び地域住民に、施設の運営等に関する情報を提供し、意見を聴き、協力を受けるなど、開かれた施設となるよう努めるものとします。

(いじめの防止)
第16条 施設関係者は、いじめの防止に努めなければなりません。
2 施設関係者は、子どもがいじめについて相談しやすいように工夫し、いじめが起きたときは、関係する子どもの最善の利益を考慮し、対応するよう努めなければなりません。

(虐待及び体罰の禁止等)
第17条 施設関係者は、子どもに対して虐待及び体罰を行ってはなりません。
2 施設関係者は、虐待及び体罰を受けた子どもの迅速で適切な救済に努めなければなりません。

(関係機関等との連携と研修)
第18条 施設設置管理者は、虐待、体罰及びいじめについての相談、救済、防止等のために、関係機関等との連携に努めるものとします。
2 施設設置管理者は、職員に対し、虐待、体罰及びいじめについての相談、救済、防止等に関する研修の機会を設けるよう努めるものとします。

(事情等を聴く機会の設定)
第19条 施設設置管理者は、子どもに対して不利益な処分等を行おうとするときは、あらかじめ、子ども本人から事情等を聴く機会を設けるよう努めるものとします。

第3節 地域における権利の保障

(地域における市民及び事業者の役割)
第20条 市民は、地域が子どもにとって多様な人間関係を通して豊かに育つために大切な場であることを認識し、子どもの権利の保障に努めなければなりません。
2 事業者は、雇用する子どもに対し、子どもの権利の保障に努めるとともに、適当な方法により、子どもの権利についての従業員の理解を深めるよう努めるものとします。

(地域における子どもの居場所)

第21条　市民及び市は、地域において、子どもが安心して自分らしく過ごすことができる居場所づくりに努めるものとします。

(地域における自然環境の保全)
第22条　市民及び市は、子どもが育つ環境として自然が大切であることを認識し、地域における自然環境の保全に努めるものとします。

(安全で安心な地域)
第23条　市民及び市は、地域において、子どもを見守り、子どもが安全に、安心して過ごすことができるよう努めるものとします。
2　市民及び市は、地域において、子どもが自分自身を守る力をつけることができるよう、必要な支援に努めるものとします。

　　　第4節　参加・意見表明の機会の保障
(子どもの参加等の促進)
第24条　市は、市政等について、子どもが意見を表明し、参加する機会を設けるよう努めるものとします。
2　施設設置管理者は、施設の行事、運営等について、子どもが意見を表明し、参加する機会を設けるよう努めるものとします。
3　市民は、地域の文化・スポーツ活動等について、子どもが意見を表明し、参加する機会を設けるよう努めるものとします。

(市の施設に関する子どもの意見)
第25条　市は、子どもが利用する市の施設の設置及び運営に関して、子どもの参加について配慮し、適切な方法で子どもの意見を聴くよう努めるものとします。

(審議会等への子どもの参加)
第26条　市は、子どもにかかわる事項を検討する審議会等に関して、子どもの参加について配慮するよう努めるものとします。
2　前項の審議会等は、適切な方法で子どもの意見を聴くよう努めるものとします。

(子どもの視点に立った情報発信等)
第27条　市民及び市は、子どもの参加の促進を図るため、子どもにかかわる施策、取組等について、子どもが理解を深め、自分の意見を形成することができるよう、子どもの視点に立った分かりやすい情報発信等に努めるものとします。

　　　第5節　子どものそれぞれの状況に応じた権利の保障
(お互いの違いを認め尊重する社会の形成)
第28条　市民は、子どもが、障がい、民族、国籍、性別その他の子ども又はその家族の状況を理由としたあらゆる差別及び不当な不利益を受けないように、お互いの違いを認め尊重し合う社会の形成に努めなければなりません。
2　市は、前項の差別及び不当な不利益を生じさせない、又はなくすための取組を行うよう努めなければなりません。
3　市は、前項の取組を行う際には、次のことなどに配慮しなければなりません。
(1)　障がいのある子どもが、尊厳を持って生活し、社会に参加すること。
(2)　子どもが、アイヌ民族の生活、歴史、文化等を学ぶこと。
(3)　外国籍等の子どもが、必要に応じて日本語を学ぶとともに、自分の国、言語、文化等を学び、表現すること。
(4)　子どもが、性別による固定的な役割分担にとらわれないこと及び性的少数者について理解すること。

　　　第6節　子どもの育ちや成長にかかわる大人への支援
(保護者への支援)
第29条　市は、保護者が安心して子育てをすることができるよう、必要な支援に努めるものとします。
2　事業者は、従業員が安心して子育てをすることができるよう、配慮に努めるものとします。

(育ち学ぶ施設の職員への支援)
第30条　施設設置管理者は、職員が心に余裕を持って、子どもと十分にかかわることができるよう、必要な職場環境の整備に努めるものとします。
2　施設設置管理者は、職員に対し、子どもの権利についての理解を深めるための研修の機会を設けるよう努めるものとします。

(市民の地域での活動の支援)
第31条　市は、子どもの権利の保障に関する活動を行う市民と連携するとともに、市民の地域での活動を支援するよう努めるものとします。

　　第5章　子どもの権利の侵害からの救済

(相談及び救済)
第32条　市は、次条第1項に定める救済委員によるもののほか、子どもの権利の侵害に関する相談又は救済について、関係機関等と相

互に協力・連携を図るとともに、子ども及びその権利の侵害の特性に配慮した対応に努めなければなりません。

(救済委員の設置及び職務)
第33条　市は、権利の侵害を受けた子どもに対して、迅速で適切な救済を図るために、札幌市子どもの権利救済委員(以下「救済委員」といいます。)を置きます。
2　救済委員の職務は、次のとおりとします。
　(1)　子どもの権利の侵害に関する相談に応じ、必要な助言及び支援を行うこと。
　(2)　子どもの権利の侵害に関する救済の申立て又は自己の発意に基づき、調査、調整、勧告、是正要請等を行うこと。
　(3)　制度の改善を求めるための意見を表明すること。
　(4)　勧告、意見表明等の内容を公表すること。

(救済委員の責務等)
第34条　救済委員は、子どもの権利の擁護者として、公正かつ適正に職務を遂行するとともに、関係機関等と相互に協力・連携を図るものとします。
2　救済委員は、その地位を政党又は政治的目的のために利用してはなりません。
3　救済委員は、職務上知り得た秘密を漏らしてはなりません。その職を退いた後も同様とします。
4　市の機関は、救済委員の職務の遂行に関し、その独立性を尊重するとともに、積極的な協力援助に努めるものとします。
5　市の機関以外のものは、救済委員の職務の遂行に協力するよう努めるものとします。

(救済委員の定数、任期等)
第35条　救済委員の定数は、2人とします。
2　救済委員のうち1人を代表救済委員とし、代表救済委員は、救済委員に関する庶務を処理するものとします。
3　救済委員は、人格が高潔で、子どもの権利に関し優れた識見を有する者のうちから、市長が議会の同意を得て委嘱します。
4　救済委員は、任期を3年とし、1期に限り再任されることができます。
5　市長は、救済委員が心身の故障のため職務を遂行することができないと認めるとき、又は職務上の義務違反その他救済委員たるにふさわしくない非行があると認めるときは、議会の同意を得て解嘱することができます。

6　救済委員は、衆議院議員、参議院議員、地方公共団体の議会の議員又は長その他市長が別に定める者と兼ねることができません。

(相談及び救済の申立て)
第36条　何人も、次に掲げる子どもの権利の侵害にかかわる事項について、救済委員に対し、相談及び救済の申立てを行うことができます。
　(1)　市内に住所を有する子どもに係るもの
　(2)　市内に通勤し、又は市内に存する育ち学ぶ施設に通学し、通所し、若しくは入所する子ども(前号に定める子どもを除きます。)に係るもの(相談又は救済の申立ての原因となった事実が市内で生じたものに限ります。)
2　救済の申立ては、書面又は口頭で行うことができます。

(調査及び調整)
第37条　救済委員は、救済の申立てにかかわる事実又は自己の発意に基づき取り上げた事案について、調査を行うものとします。
2　救済委員は、救済の申立てが、救済にかかわる子ども又はその保護者以外の者から行われた場合において調査を行うとき、又は自己の発意に基づき取り上げた事案について調査を行うときは、当該子ども又は保護者の同意を得なければなりません。ただし、当該子どもが置かれている状況を考慮し、救済委員が当該同意を得る必要がないと認めるときは、この限りではありません。
3　救済委員は、調査を開始した後においても、その必要がないと認めるときは、調査を中止し、又は打ち切ることができます。
4　救済委員は、調査のため必要があるときは、関係する市の機関に対し説明を求め、その保有する文書その他の記録を閲覧し、若しくはその提出を要求し、又は実地に調査することができます。
5　救済委員は、調査のため必要があるときは、子どもの権利の侵害に関する救済を図るため必要な限度において、市の機関以外のものに対し、資料の提出、説明その他の必要な協力を求めることができます。
6　救済委員は、調査の結果、必要があると認めるときは、子どもの権利の侵害の是正のための調整を行うことができます。

(調査の対象外)
第38条　救済委員は、特別の事情があると認

めるときを除き、救済の申立てが次の各号のいずれかに該当すると認めるときは、調査を行わないものとします。
(1) 判決、裁決等により確定した権利関係に関する事案又は判決、裁決等を求め現に係争中の事案に関するものであるとき。
(2) 議会に請願又は陳情を行っている事案に関するものであるとき。
(3) 札幌市オンブズマンに苦情を申し立てた事案に関するものであるとき。
(4) 救済委員又は札幌市オンブズマンの行為に関するものであるとき。
(5) 救済の申立ての原因となった事実のあった日から3年を経過しているとき。
(6) 前条第2項の同意が得られないとき(同項ただし書に該当するときを除きます。)。
(7) 前各号のほか、調査することが明らかに適当ではないと認められるとき。

(勧告等の実施)
第39条 救済委員は、調査又は調整の結果、必要があると認めるときは、関係する市の機関に対し、是正等の措置を講ずるよう勧告することができます。
2 救済委員は、調査又は調整の結果、必要があると認めるときは、関係する市の機関に対し、制度の改善を求めるための意見を表明することができます。
3 第1項の規定による勧告又は前項の規定による意見表明を受けた市の機関は、これを尊重しなければなりません。

(是正等の要請)
第40条 救済委員は、調査又は調整の結果、必要があると認めるときは、市の機関以外のものに対し、是正等の措置を講ずるよう要請することができます。

(報告及び公表)
第41条 救済委員は、第39条第1項の規定による勧告又は同条第2項の規定による意見表明をしたときは、当該市の機関に対し、その是正又は改善の措置の状況について報告を求めるものとします。
2 前項の規定により報告を求められた市の機関は、当該報告を求められた日の翌日から起算して60日以内に、救済委員に対して、是正等又は改善の措置の状況について報告するものとします。
3 救済委員は、第39条第1項の規定による勧告若しくは同条第2項の規定による意見表明をしたとき、又は前項の規定による報告があったときは、その内容を公表することができます。
4 救済委員は、前項の規定による公表をするに当たっては、個人情報等の保護について十分な配慮をしなければなりません。

(活動状況の報告)
第42条 救済委員は、毎年、その活動状況について、市長及び議会に報告するとともに、これを公表するものとします。

(調査員及び相談員)
第43条 救済委員の職務の遂行を補佐するため、調査員及び相談員(以下「調査員等」といいます。)を置きます。
2 調査員等は、子どもの権利に関し優れた識見を有する者のうちから、市長が委嘱します。
3 第34条第1項から第3項まで及び第35条第6項の規定は、調査員等について準用します。

(規則への委任)
第44条 この章に定めるもののほか、救済委員の組織及び運営に関して必要な事項は、規則で定めます。

第6章 施策の推進

(施策の推進)
第45条 市は、子どもにやさしいまちづくりを推進するため、子どもの権利に配慮した施策を進めるものとします。

(推進計画)
第46条 市は、前条の施策を進めるに当たっては、総合的な推進計画を定めるものとします。
2 市は、前項の推進計画を定めるに当たっては、市民及び次条に定める権利委員会の意見を聴くものとします。

第7章 子どもの権利の保障の検証

(権利委員会の設置等)
第47条 市は、子どもの権利に関する施策の充実を図るとともに、子どもの権利の保障の状況を検証するため、札幌市子どもの権利委員会(以下「権利委員会」といいます。)を置きます。
2 権利委員会は、前条第1項の推進計画について意見を述べるほか、市長その他の執行機関の諮問に応じ、又は必要があるときは自ら

筑前町子どもの権利条例

福岡県築前町

公布：平成20年12月15日
施行：平成21年4月1日

前文

わたしたちの命はかけがえのない、とても大切なものです。

そして、わたしたち子どもは未来をつくる大きな希望でもあります。

でも、夢や自由、命までうばわれ、苦しい思いをしている子どもたちはこの世の中には、たくさんいます。

しかし、"子どもは生まれながらにして権利を持っています。"

それをみんなで守りましょう。

わたしたちの未来のために。

「筑前町子どもの権利宣言」より

「筑前町子どもの権利宣言」は、1994年に批准された「児童の権利に関する条約」(「子どもの権利条約」)の理念に基づき、筑前町の子どもたち自らが、自分たちの権利への「思い」をわかってほしいという願いから作成したものです。

「子どもの権利条約」では、性別、国籍、障害などにかかわらず、すべての子どもには、生きる、育つ、守られる、そして参加する権利があり、「子どもの最善の利益」の確保が大人の義務としてうたわれています。

子どもは、一人ひとりがかけがえのない存在です。一人の人間として尊重され、自らの意思でいきいきと成長していくことができます。

子どもは、あらゆる差別や暴力を受けることなく、また、保護者の愛情と理解をもって育まれ、健やかに成長していくことができます。

子どもは、自分の考えや感じたことを自由に表すことができ、様々な場に参加することができます。

子どもは、自分の権利について学び、気づき、身につけていくなかで、他の人の権利を大切にし、お互いに権利を尊重し合うことができます。

私たちは、子どもの権利を尊重することが、未来を担う子どもの生きる力を育み、そして子

の判断で、子どもに関する施策における子どもの権利の保障の状況について、調査し、審議します。

3　権利委員会は、15人以内の委員で組織します。

4　委員は、人権、福祉、教育等の子どもにかかわる分野において学識経験のある者及び15歳以上の子どもを含む市民のうちから市長が委嘱します。

5　委員の任期は、2年とします。ただし、補欠の委員の任期は、前任者の残任期間とします。

6　委員は、再任されることができます。

7　前各項に定めるもののほか、権利委員会の組織及び運営に関して必要な事項は、規則で定めます。

(答申等及び市の措置)
第48条　権利委員会は、前条第2項の諮問を受けたとき、又は自らの判断で調査し、審議したときは、その結果を諮問した執行機関又は必要と認める執行機関に答申し、又は報告します。

2　権利委員会からの答申又は報告を受けた執行機関は、これを尊重し、必要な措置を講ずるものとします。

第8章　雑則

(委任)
第49条　この条例の施行に関し必要な事項は、市長が定めます。

附則

(施行期日)
1　この条例は、市長が別に定める日〔平成21年4月1日〕から施行します。

(経過措置)
2　第36条から第41条までの規定は、これらの規定の施行の日（以下「施行日」といいます。）の3年前の日から施行日の前日までの間にあった子どもの権利の侵害にかかわる救済の申立てについても適用し、当該3年前の日前にあった子どもの権利の侵害にかかわる救済の申立てについては、適用しません。

(準備行為)
3　第35条第3項の規定による救済委員の委嘱のために必要な行為は、同項の規定の施行前においても行うことができます〔本項の施行は平成21年2月25日〕。

どもと大人が共につくる豊かな地域社会の形成にもつながるという考えの下、この条例を制定します。

第1章　総則

(目的)
第1条　この条例は、町民に幅広く子どもにも権利が保障されることを普及させ、子どもの権利を守り、子どもが健やかに成長できるように支援するしくみなどについて定めることにより、子どもの最善の利益を第一に考えながら、子どもの権利の保障を図ることを目的とします。

(定義)
第2条　この条例において「子ども」とは、18歳未満のすべての人をいいます。
2　この条例において「子ども施設」とは、児童福祉法（昭和22年法律第164号）に規定する児童福祉施設、学校教育法（昭和22年法律第26号）に規定する学校、その他の子どもが利用する町内の施設をいいます。

(責務)
第3条　町は、子どもの権利を尊重し、あらゆる施策を通じてその権利の保障に努めます。
2　親などの保護者（以下「保護者」といいます。）は、その養育する子どもの権利の保障に努める第一義的な責任者であることを認識し、その養育する子どもの権利の保障に努めます。
3　子ども施設の設置者、管理者、職員（以下「子ども施設関係者」といいます。）は、子ども施設において、子どもの権利の保障に努めます。
4　町民は、子どもにかかわる場や機会において、子どもの権利の保障に努めます。
5　町、保護者、子ども施設関係者、町民は、お互いに連携して子どもの権利の保障に努めます。
6　町は、国、他の地方公共団体などと協力し、町の内外において子どもの権利が保障されるよう努めます。
7　町、保護者、子ども施設関係者、町民は、子どもが一人の人間として自分らしく健やかに成長していくことができるよう支援します。

第2章　子どもにとって大切な権利

(安心して生きる権利)
第4条　子どもは、健やかに安心して生きるために、主として次に掲げる権利が保障されます。
(1)　命が守られ、かけがえのない存在として大切にされること。
(2)　あらゆる差別や暴力を受けず、放任されないこと。
(3)　愛情と理解をもって育まれること。
(4)　健康に配慮され、適切な医療が受けられること。
(5)　平和と安全な環境の下で生活できること。

(自分らしく生きる権利)
第5条　子どもは、自分らしく様々な経験を通して豊かな子ども時代を過ごすために、主として次に掲げる権利が保障されます。
(1)　ありのままの自分を大切にすること。
(2)　学び、遊び、疲れたら休むこと。
(3)　ゆとりとやすらぎの時間的・空間的保障がされること。
(4)　自分に関係することを、年齢や成長に応じて自分で決めること。
(5)　様々な芸術、文化、スポーツに触れ親しむこと。
(6)　自然に親しむこと。
(7)　夢に向かって挑戦し、できなかったら再度挑戦すること。
(8)　地球環境の問題について学び、豊かな環境を保つために行動すること。

(自分を守り、守られる権利)
第6条　子どもは、自分を守り、守られるために、主として次に掲げる権利が保障されます。
(1)　あらゆる権利の侵害から逃れられること。
(2)　成長が阻害される状況から保護されること。
(3)　秘密が守られ、誇りを傷つけられないこと。
(4)　子どもであることにより不当な扱いを受けないこと。
(5)　気軽に相談でき、必要な支援を受けること。

(意見表明や参加する権利)
第7条　子どもは、自ら社会に参加するために、主として次に掲げる権利が保障されます。
(1)　自己表現や意見の表明ができ、それが尊重されること。

(2) 仲間をつくり、仲間と集うこと。
(3) 社会に参画し、意見を生かされる機会があること。
(4) 社会参加に際して、適切な支援を受けられること。

第3章 家庭、子ども施設、地域における権利の保障

（家庭における権利の保障）
第8条 保護者は、子どもにとって最もよいことは何かを第一に考えて、家庭が果たす役割を認識し、子どもの権利を保障します。
2 保護者は、子どものことばや表情、しぐさなどから子どもの思いを受け止め、それに応えていくとともに、子どもと十分話し合うよう努めます。
3 保護者は、特に乳幼児期には、最も身近な理解者として子どもの気持ちを受け止め、応えていくよう努めます。
4 保護者は、子どもに過度なストレスを与えたり、虐待や体罰など子どもの権利を侵害することをしてはいけません。
5 保護者は、子どもの発達に有害なことから、子どもを保護します。

（子ども施設における権利の保障）
第9条 子ども施設関係者は、子どもにとって最もよいことは何かを第一に考えて、子どもの心身の発達を助長し、子どもが自ら主体的に考える力などを身につけられるよう支援します。
2 子ども施設の設置者や管理者は、その職員に対し、子どもの権利が保障できるよう支援します。
3 子ども施設関係者は、子どもに過度なストレスを与えたり、虐待や体罰などの子どもの権利を侵害することをしてはいけません。
4 子ども施設関係者は、いじめを防止するとともに、子どもがいじめについて相談しやすい環境を整備しなければなりません。
5 子ども施設関係者は、関係機関や関係者と連携を図りながら、虐待、体罰、いじめ、不登校などについての相談、救済、防止などのために必要な支援をします。
6 子ども施設関係者は、育ちや学びに関する情報の開示に努めるとともに、説明責任を果たします。

（地域における権利の保障）
第10条 町民は、地域の中で、子どもを見守り、子どもが安心して過ごすことができるよう努めます。
2 町民は、子どもを地域社会の一員として認め、地域の活動に子どもの意見を取り入れるよう努めます。
3 町民は、地域において、子どもが安心して休み、遊び、学び、人間関係をつくり合うことなどができるような居場所を確保し、これらの活動を支援するよう努めます。
4 企業などは、子どもが健やかに育つ環境づくりにおいて大切な役割を担っていることを認識し、子どもとのかかわりを深めることができるよう努めます。

第4章 子どもにやさしいまちづくりの推進

（子どもの権利の周知と学習支援）
第11条 町は、子どもの権利について、町民の理解を深めるため広報活動に努めます。
2 町は、家庭、子ども施設、地域などにおいて、子どもが自分の権利と他者の権利を学び、お互いの権利を尊重し合うことができるよう支援します。

（意見表明や参加の促進）
第12条 町、保護者、子ども施設関係者、町民は、子どもが家庭、子ども施設及び地域において意見を表明し、参加することを尊重し、支援します。
2 町は、子どもがまちづくり、町政などに意見を表明し、参加できるような場や機会を提供するよう努め、提出された意見などを尊重します。
3 子ども施設関係者は、施設の行事や運営などについて、子どもが考えや気持ちを表明したり、参加したりする機会を設けるよう努めます。
4 町民は、地域の行事や運営などについて、子どもが考えや気持ちを表明したり、参加したりする機会を設けるよう努めます。

（子どもの居場所づくりの推進）
第13条 子どもには、ありのままの自分でいること、休息して自分を取り戻すこと、自由に遊び若しくは活動すること、安心して人間関係をつくり合うことができる居場所が必要です。町は、居場所についての考え方の普及、居場所の確保と充実に努めます。
2 保護者、子ども施設関係者、町民は、子どもが年齢と発達に応じて安心して過ごすこと

ができる居場所づくりに努めます。
(子育て支援の推進)
第14条 町は、保護者が安心して子育てができるよう、必要な支援に努めます。
(個別に支援が必要である子どもとその家庭)
第15条 町、子ども施設、町民は、個別に支援が必要であると考えられる子どもとその家庭に対し適切な支援を行い、子どもが安心し、安定した養育が可能となるよう努めます。
(子どもの虐待防止の促進)
第16条 町は、子ども施設関係者、町民と連携をとりながら、子どもに対する虐待の予防と早期発見に取組みます。
2 子どもは、暴力から身を守り、安心安全な環境で過ごすための方法を身に付けることができます。
3 子ども施設関係者は、子どもに、暴力から身を守り、安心安全な環境で過ごすための方法を学習する機会を与えなければなりません。
4 子どもは、自らが虐待を受けたときや虐待を受けていると思われる子どもを発見したときは、町や関係機関に相談することができます。
5 子ども施設関係者や町民は、虐待を受けていると思われる子どもを発見したときは、直ちに町や関係機関に通報しなければなりません。
6 町は、虐待を受けた子どもを迅速かつ適切に救済するために、関係機関と協力し必要な支援をしなければなりません。
(施策の推進)
第17条 町は、この条例に定める子どもの権利に関する施策を総合的かつ計画的に実施するために行動計画を作成し、推進します。
2 町は、前項の行動計画の進捗状況を第26条に定める子どもの権利委員会に報告します。

第5章 子どもの権利に関する救済

(子どもの権利に関する相談及び救済)
第18条 町は、子どもの権利の侵害に関する相談機関及び救済機関を設置します。
2 子ども、保護者、子ども施設関係者及び町民は、町に対して、子どもの権利の侵害について相談し、権利の侵害からの救済を求めることができます。
(子どもの権利相談機関)
第19条 子どもの権利の侵害に関する相談員をこども未来センターに置きます。
2 相談員は、子どもの権利の侵害に関する相談や救済に応じ、その子どもの救済や回復のために、助言や支援をします。
(子どもの権利救済委員会)
第20条 子どもの権利侵害に対して、その子どもの速やかで適切な救済を図り、回復を支援するために、筑前町子どもの権利救済委員会(以下「救済委員会」といいます。)を設けます。
2 救済委員は、子どもの権利に理解や豊かな経験がある人のうちから、町長が選任します。
(救済委員会の職務)
第21条 救済委員会は、子どもの権利侵害にかかわる救済の申立てを受けて、また、必要があるときには自らの判断で、その子どもの救済や回復に向けて調査、調整、勧告、是正要請をします。
2 前項の勧告、是正要請を受けてとられた措置の報告を求めることができます。
3 救済委員会は、必要に応じ、前2項の勧告、是正要請及び措置の報告を公表することができます。
4 前項の規定により公表をするにあたっては、救済委員会は合議をしなければなりません。
5 救済委員会は、職務上知ることができた秘密を漏らしてはなりません。その職を退いた後も同様とします。
(勧告などの尊重)
第22条 前条第1項の勧告、是正要請を受けたものは、これを尊重し、必要な措置をとるよう努めます。
(救済や回復のための連携)
第23条 子どもの権利の侵害に関する相談機関及び救済委員会は、子どもの権利侵害について、子どもの救済や回復のために関係機関や関係者と連携を図ります。
(救済委員会に対する支援や協力)
第24条 町は、救済委員会の独自性を尊重し、その活動を支援します。
2 保護者、子ども施設関係者、町民は、救済委員会の活動に対して協力します。
(報告)
第25条 子どもの権利の侵害に関する相談機関及び救済委員会は、その活動状況などを町

長に報告します。

第6章　検証

(子どもの権利委員会)
第26条　この条例に基づく施策の実施状況を検証し、子どもの権利を保障するために、筑前町子どもの権利委員会(以下「権利委員会」といいます。)を設けます。
2　権利委員会は、10人以内の委員で組織します。
3　委員は、人権、福祉、教育などの子どもの権利にかかわる分野において識見を有する者や町民のうちから町長が委嘱します。
4　委員の任期は2年とし、再任を妨げるものではありません。ただし、補欠委員の任期は前任者の残任期間とします。

(権利委員会の職務)
第27条　権利委員会は、町長の諮問を受けて、または、必要があるときは自らの判断で、子どもの権利の状況について調査や審議をします。
2　権利委員会は、前項の審議にあたっては、町民から意見を求めることができます。

(提言と措置)
第28条　権利委員会は、調査や審議の結果を町に報告し、提言します。
2　町は、権利委員会からの提言を尊重し、必要な措置をとります。

第7章　雑則

(委任)
第29条　この条例の施行に関し必要な事項は、町長その他の執行機関が定めます。

附則
　この条例は、平成21年4月1日から施行します。

遠野市わらすっこ条例

岩手県遠野市

公布：平成21年3月23日
施行：平成21年4月1日

前文
　わらすっこ(以下「子ども」といいます。)の皆さん
　子どもは、生まれながらにして一人ひとりがさまざまな個性や能力や夢をもったかけがえのない存在です。一人の人として権利が尊重され、責任ある社会の一員として周りの人に大切にされ、愛され、信頼される存在です。子どもは、さまざまな人、自然、そして文化との適切な関わりの中で、その権利が保障され、安心して健やかに成長していくことができます。
　その一方で子どもは、自分の権利について学び、気づき、身につけていく中で、他の人の権利を大切にし、お互いに権利を尊重し合える力をつけていき、自分や他の人の命の尊さを知ることができるように支援されます
　おとなの皆さん
　おとなは、真に子どもの視点を大切にするとともに、子どもにとって最善の方法は何かを常に考え、育ちを見守り、寄り添い、支えていく責務を負っています。おとなは、そのような責務とそれぞれの役割を認識し、子どもから信頼される存在であるように、お互いに連携し、協働することが求められます。
　市民の皆さん
　子どもは遠野の宝であり、希望です。市はこの認識のもと、子どもの権利が尊重され、健やかな育ちを支援するまちであることを明らかにし、この「遠野市わらすっこ条例」を制定します。

第1章　総則

(目的)
第1条　この条例は、児童の権利に関する条約を基にして、子どもの権利を守り、子どもの成長を支援するしくみなどについて定めます。これにより、市が、子どもの最善の利益を第一に考えながら、子どもの権利を保障することを目的とします。

(定義)

第2条　この条例において「子ども」とは、18歳未満の人をいいます。ただし、これらの人と同じように子どもの権利を持つことがふさわしいと認められる人も含みます。

第2章　子どもの権利

(子どもの権利の保障)
第3条　この章に定める権利は、子どもにとって特に大切な権利として保障されます。

(安全に安心して生きる権利)
第4条　子どもは、安全に安心して生きるために、主として次に掲げる権利が保障されます。
(1) 命が守られ、安全な環境で安心して生きること。
(2) かけがえのない存在として愛情と理解をもって育まれること。
(3) 健康な生活が守られ、適切な医療が受けられること。
(4) 虐待、暴力、いじめなどを受けないこと。
(5) あらゆる差別を受けないこと。
(6) 性的に不当なあつかいを受けないこと。
(7) 年齢及び発達にふさわしい生活ができること。

(豊かに育つ権利)
第5条　子どもは、豊かに育つために、主として次に掲げる権利が保障されます。
(1) 遊んだり、休んだり、のびのび育つこと。
(2) 個性が認められ、人格が尊重されること。
(3) 年齢及び発達に応じて学ぶこと。
(4) さまざまな人、自然とのふれあい及び多彩な文化の中で、共に生きること。
(5) 社会との関わりの中で他の人と共に生き、自立していくこと。
(6) 基本的生活習慣及び社会性を身につけること。

(自分が守られる権利)
第6条　子どもは、自分が守られるために、主として次に掲げる権利が保障されます。
(1) プライバシー及び名誉が守られること。
(2) 信頼され、自分の意思や考えが尊重されること。
(3) 自分の夢や希望を自由に持ち、表明し、行動できること。
(4) 自分の持っている力を発揮できること。

(参加する権利)
第7条　子どもは、自分たちに関わることについて参加するため、その年齢及び発達に応じ、主として次に掲げる権利が保障されます。
(1) 自分の意見を表すことができ、その意見が尊重されること。
(2) 自分たちに関わることを決めることについて、自分たちの意見が反映されること。
(3) 意見を表すために、必要な情報の提供及び支援が受けられること。
(4) 仲間をつくり、仲間と集うこと。

第3章　子どもの権利を保障する責務

(共通の責務)
第8条　保護者、地域住民等、学校等関係者、事業者及び市は、子どもの権利を保障するため、相互に連携し、及び協働するとともに、次に掲げる支援を行うよう努めなければなりません。
(1) 子どもが他の人の権利を尊重し、責任ある社会の一員として育つために必要な支援
(2) 保護者が子どもの養育及び発達に関する第一義的な責任を果たすために必要な支援
(3) 子どものよさを見つけてほめることで、子どもが自信及び誇りを持ち、自分を見つめ、生きる力を養うために必要な支援

(保護者の責務)
第9条　保護者は、子どもの健やかな成長及び権利の保障にとって家庭が果たす役割を認識するとともに、その第一義的な責任を有することを自覚し、子どもを守り育てなければなりません。

2　保護者は、子どもに愛情を持って接し、子どもを虐待せず、子どもが基本的な生活習慣、社会規範及び道徳観を身に付けることができるよう努めなければなりません。

3　保護者は、子どもにとっての最善の方法を考え、子どもの年齢及び発達に応じた養育に努めなければなりません。

(地域住民等の責務)
第10条　地域住民等は、地域のさまざまな人、自然及び文化との関わりの中で、子どもの豊かな人間性が育まれることを認識し、子どもが健やかに育つよう子どもの支援に努めなければなりません。

2　地域住民等は、虐待、暴力、犯罪などから子どもを守るため、安全で安心な地域づくりに努めなければなりません。

3　地域住民等は、子どもが地域社会の一員で

あることを認識し、子どもとともに地域活動を行うよう努めなければなりません。

(学校等関係者の責務)
第11条　学校等関係者は、子どもが主体的に育ち、及び学ぶ環境づくりに努めなければなりません。
2　学校等関係者は、子どもの身近にいるおとなであることを自覚し、虐待、体罰、いじめなどから子どもを守るため、関係者及び関係機関と連携し解決にあたるよう努めなければなりません。
3　学校等関係者は、関係者及び関係機関と連携を図りながら、不登校などについて適切な対応に努めなければなりません。
4　学校等関係者は、子どもの育ち及び学びに関する情報の提供に努めるとともに、説明責任を果たすよう努めなければなりません。
5　学校等関係者は、子どもが子どもの権利について理解し、意見を表明する機会を設け、又は支援に努めなければなりません。

(事業者の責務)
第12条　事業者は、子どもの育ちに与える影響の大きさを認識した事業活動を行うとともに、若年層の就労支援、従業員に対する人材育成及び社会人としての教育に努めなければなりません。
2　事業者は、子育て期の従業員が仕事と子育てを両立できるよう職場環境づくりに努めなければなりません。
3　事業者は、子育て期の従業員が、その子どもと十分触れ合うことができる環境づくりに配慮するとともに、学校等が行う職場体験学習など、子どもの育成に関する活動に協力するよう努めなければなりません。

(市の責務)
第13条　市は、子どもの権利を保障するため、子どもにとっての最善の方法を考え、子どもに関する取組を推進しなければなりません。
2　市は、子どもの権利を保障し、子どもを支援するため、保護者、地域住民等、学校等関係者及び事業者がそれぞれの責務を全うするよう、保健、福祉、医療、教育その他のあらゆる分野において、必要な支援及び総合調整を図らなければなりません。
3　市は、国、県及び子どもに関わる関係機関と相互に連携し、及び協働しなければなりません。
4　市は、子どもに関する取組を実施するため、財政上の措置その他必要な措置を講じなければなりません。

第4章　子どもに関する基本的な市の取組

(子どもの権利の普及)
第14条　市は、この条例及び子どもの権利について、市民の関心及び理解を深めるため、分かりやすく広めるなど、広報活動を行います。

(虐待、体罰、いじめなどの防止及び救済)
第15条　市は、保護者、地域住民等、学校等関係者及び関係機関と連携し、及び協働し、虐待、体罰、いじめなどの防止、相談及び救済のために必要な措置を講じます。

(子どもの育ちの支援)
第16条　市は、子どもの健やかな育ちを支援するため、保護者、地域住民等、学校等関係者及び事業者と連携し、及び協働し、次に掲げる取組を行うよう努めます。
(1)　子どもが安全に安心して過ごすことができるための居場所づくりを進めること。
(2)　子どもが自然及び地域社会とのふれあいの中で豊かに育つことができるための遊び及び体験の場づくりを進めること。
(3)　子どもが社会に認められ、他の人と共生し、責任ある社会の一員として自立できるよう支援すること。

(子どもの参画活動の促進)
第17条　市は、子どもの主体性を大切にしながら、社会参加などの促進が図られるよう必要な支援を行います。

(子育て家庭の支援)
第18条　市は、保護者が子どもを育てるにあたり、必要に応じて経済的、社会的支援を行うとともに、保護者、地域住民等、学校等関係者及び事業者と連携し、及び協働し、支援体制の充実に努めます。
2　市は、子育てに関して困難を抱えている家庭の把握に努めるとともに、その状況に配慮した支援を行います。

第5章　推進体制の整備

(推進計画の策定)
第19条　市は、子どもに関する取組を総合的かつ計画的に実施するための基本となる計画(以下「推進計画」といいます。)を策定します。

石巻市子どもの権利に関する条例

宮城県石巻市

公布：平成21年3月26日
施行：平成21年4月1日

前文

私たち大人は、子ども一人ひとりが生まれながらに持っている権利が、侵害されることなく、健やかに育つことを一番に願っています。

そのために、大人は、子どもの権利を尊重するとともに、全力を持ってその権利を保障しなければなりません。

子どもの皆さん。

大人は、あなたたち子どもの権利を最大限に尊重し、保障します。

子どもの皆さんも、生まれたときから持っている権利を大切にしてください。もし、持っている権利が侵害されそうになったときは、大人に相談してください。

自分にだけ権利があるわけではありません。すべての子どもには、平等に権利があることを分かってください。お互いを思いやる気持ちが大切です。

そして、権利と同じように義務や責任の大切さについても分かってください。お互いに義務や責任を果たすことにより、お互いの権利を守ることができます。

石巻市は、国際連合総会において全会一致で採択された「児童の権利に関する条約」の精神に基づき、子どもの権利が尊重され、そして保障されるまちであることを明らかにし、ここに「石巻市子どもの権利に関する条例」を制定します。

第1章　総則

(目的)
第1条　この条例は、すべての子どもを一人の人間として認め、生まれながらに持っている子どもの権利を尊重するとともに、保障し、もって子どもの幸せと健やかな成長に寄与することを目的とします。

(定義)
第2条　この条例において「子ども」とは、18歳未満の人及びこれと同等の権利を持つと認

2　市は、推進計画を策定するときは、この条例の趣旨に基づき、子どもを含めた市民から意見等を求め、その反映に努めます。
3　市は、推進計画を策定したときは、分かりやすく公表します。

(評価)
第20条　市は、推進計画に基づいて実施した取組の結果について評価します。
2　市は、前項の評価について、分かりやすく、速やかに公表します。

(推進体制)
第21条　市は、子どもに関する取組を総合的かつ計画的に実施するため、総合的な推進体制を整備します。

第6章　雑則

(委任)
第22条　この条例の施行に必要なことがらは、市長その他の執行機関が定めます。

附則
この条例は、平成21年4月1日から施行します。

められる人をいいます。

（基本理念）
第3条 子どもは、子ども本人、子どもの保護者等の人種、性別、国籍、言語、宗教、障害の有無その他の理由によりいかなる差別も受けることがあってはなりません。
2　子どもは、次の世代を担う大切な地域の宝であり、地域で守り、育てていかなければなりません。
3　子どもを、虐待及びいじめによる危険から守らなければなりません。
4　子どもの意見は、最大限に尊重されなければなりません。
5　子どもが自らの権利を自覚するとともに、その権利を行使するに当たっては、他の人を思いやり、尊重することができるようにしなければなりません。

第2章　子どもにとっての大切な権利

（安全に安心して生きる権利）
第4条 子どもは、安全に安心して生きるために、次に掲げる権利が保障されます。
(1)　命が守られ、大切にされること。
(2)　あらゆる差別を受けないこと。
(3)　虐待（身体的・心理的・性的・育児放棄）、暴力、いじめ等を受けないこと。
(4)　放置されないこと。

（自分らしく育つ権利）
第5条 子どもは、自分らしく育つために、年齢や成長に応じて、次に掲げる権利が保障されます。
(1)　個人の考え、個性が認められること。
(2)　信じることが侵害されないこと。

（自分を守り、守られる権利）
第6条 子どもは、自分を守り、守られるために、次に掲げる権利が保障されます。
(1)　あらゆる権利の侵害から逃れられること。
(2)　成長が阻害される状況から保護されること。
(3)　秘密が守られ、誇りを傷つけられないこと。
(4)　子どもであることをもって不当な扱いを受けないこと。

（社会へ参加する権利）
第7条 子どもは、自ら社会に参加するために、次に掲げる権利が保障されます。
(1)　自己表現や意見の表明ができるとともに、尊重されること。
(2)　仲間をつくり、仲間と集うこと。
(3)　社会に参加し、意見を生かされる機会があること。
(4)　社会参加に際して、適切な支援を受けられること。

（適切な支援を受ける権利）
第8条 子どもは、国籍の違い、障害のあることその他子どもの置かれた状況に応じて、必要な支援を受けることができます。

第3章　施策の推進等

（市の責務）
第9条 市は、あらゆる施策を通じて、子どもの権利が保障されるように努めなければなりません。
2　市は、子どもに関する施策の実施に当たっては、子どもの権利に関係する機関と連携しなければなりません。
3　市は、子どもに関する施策、事業及び地域におけるさまざまな取組について、子どもの意見が反映され、参加することができるように努めなければなりません。
4　市は、子どもが悩みや困りごとを相談することができ、保護者が子どもを育てることに関して相談し、支援を受けることができる環境の整備に努めなければなりません。
5　市は、子どもの権利に関係する機関と連携し、子どもを権利の侵害から救済しなければなりません。

（保護者の責務）
第10条 保護者は、養育する子どもについて、第一に責任を負うべき存在であることを自覚し、子どもの権利を尊重しなければなりません。

（市民の責務）
第11条 市民は、あらゆる生活の場面において、子どもに関心を持って見守り、子どもの権利の保障に努めなければなりません。
2　市民は、市が実施する子どもの権利に関する施策に協力しなければなりません。

（事業者の責務）
第12条 事業者は、その事業活動において子どもの権利を尊重するとともに、その事業所で働く従業者が、保護者や市民として、子どもの権利を尊重し、保障できるように努めなければなりません。

第4章　石巻市子どもの権利推進委員会

(推進委員会の設置等)
第13条　子どもの権利に関する施策の充実を図り、もって子どもの権利の保障を推進するため、石巻市子どもの権利推進委員会(以下「推進委員会」といいます。)を設置します。
2　推進委員会は、子どもの権利に関する事項について審議し、必要に応じて市に報告を求めることができます。
3　推進委員会は、子どもの権利に関する事項について必要があると認めた場合は、市に対して提言することができます。

(組織)
第14条　推進委員会は、委員12人以内をもって組織します。
2　委員は、次に掲げる者のうちから、市長が委嘱します。
(1)　人権擁護に関する団体に所属する者
(2)　福祉に関する団体に所属する者
(3)　教育に関する団体に所属する者
(4)　学識経験を有する者
(5)　前各号に掲げる者のほか、市長が適当と認める者
3　委員の任期は、2年とし、補欠の委員の任期は、前任者の残任期間とします。
4　委員は、再任されることができます。

(会長及び副会長)
第15条　推進委員会に、会長及び副会長を置き、委員の互選により定めます。
2　会長は、推進委員会を代表し、会務を総理します。
3　副会長は、会長を補佐し、会長に事故があるとき、又は会長が欠けたときは、その職務を代理します。

(会議)
第16条　推進委員会の会議は、会長が招集し、会長がその議長となります。
2　推進委員会の会議は、委員の過半数の出席がなければ開くことができません。
3　推進委員会の議事は、出席委員の過半数をもって決し、可否同数のときは、議長の決するところによります。

(推進委員会の運営に関する委任)
第17条　この条例に定めるもののほか、推進委員会の運営に関し必要な事項は、会長が推進委員会に諮って定めます。

第5章　雑則

(委任)
第18条　この条例の施行に関し必要な事項は、市長が別に定めます。

附則
(施行期日)
1　この条例は、平成21年4月1日から施行する。

日進市未来をつくる子ども条例

愛知県日進市

公布：平成21年9月29日
施行：平成22年4月1日
〔一部につき附則参照〕

前文

　子どもは、社会の一員として仲間や大人とともに、よりよい未来をつくっていくことができる大切な存在です。
　子どもたちは、次のように語ります。
　「私たちは、いろいろなことを知り、学び、選び、目標に向かいチャレンジすることができます。
　そのために必要な力を借りることもできます。
　そして、夢をかなえることができます。
　私たちは、大人のために利用されることはなく、気持ちや考えを言うことができます。
　私たちには、助けてくれる人たち、支えてくれる人たちがいます。
　私たちは、大切にされ、安全で、安心なまちに住むことができます。
　私たちは、みんな仲間です。
　お互いに受けとめ合い、協力することができます。
　悩みを相談したり、助けを求めたりもできます。
　生きていることが楽しいと思えることは、あたり前ではなく、とてもすばらしいことです。
　私たちは、お互いの自由と権利を大切にして、ともに生きていたいと願います。
　私たちは知ってほしい。守られていない権利があることを。
　だから、この条例を知ってほしい。」
　日進市にともに暮らす私たち市民は、子どもの権利や参加の機会を保障することが、子どもにとってやさしいまちづくりにつながると考え、この条例を定めます。

第1章　総則

（目的）
第1条　この条例は、児童の権利に関する条約の理念に基づいて、子どもの基本的人権としての子どもの権利を保障し、子どもがいきいきと育つことを地域社会全体で支え合う仕組みを定めることにより、子どもとともに、子どもにやさしいまちづくりを進めることを目的とします。

（定義）
第2条　この条例における用語の定義は、次のとおりとします。
　(1)　子ども　市内に住んだり、市内で学んだり、活動したり、働いたりする18歳未満の人その他これらの人と等しく権利を認めることがふさわしい人をいいます。
　(2)　保護者　親又は親に代わって子どもを養育する立場にある人をいいます。
　(3)　育ち学ぶ施設　市内にある学校、児童福祉施設など子どもが育ち、学ぶために通学し、通園し、通所し、又は入所する施設をいいます。
　(4)　施設関係者　育ち学ぶ施設の設置者、管理者、教員及び職員をいいます。
　(5)　地域住民など　地域の住民、地域で活動を行う団体、市内の事業者などをいいます。

（基本的考え方）
第3条　この条例により子どもの権利を保障し、子どもにやさしいまちづくりを進めることは、次の考え方に基づきます。
　(1)　子どもの幸せや子どもにとって一番よいことを第一に考えます。
　(2)　子どもの年齢や成長に配慮します。
　(3)　子どもと大人の信頼関係を基本に、地域全体で取り組みます。
　(4)　子ども自身の意思や力を大切にします。

第2章　子どもの大切な権利

（権利の保障と尊重）
第4条　この章に定めるそれぞれの子どもの権利は、あらゆる機会において、子どもが、ひとりの人間として育ち、学び、生活していく上で大切な権利として、保障されます。
2　子どもは、自分の権利を学び、大切にし、他の人の権利を認め、尊重するよう努めます。
3　特別に支援が必要な子どもは、必要に応じて配慮されます。

（愛される権利）
第5条　子どもには、次のとおり、ひとりの人

間として尊重され、愛される権利があります。
(1) ありのままの自分を受け入れてもらうこと。
(2) 自分の気持ちや考え、個性や能力が認められ、大切にされること。

(守られる権利)
第6条 子どもには、次のとおり、心や体を傷つけるものから、自分を守り、守られる権利があります。
(1) あらゆる暴力、危害、差別から守られること。
(2) 自分を守る情報が得られ、安心して気持ちや考えを伝え、相談できること。

(自分らしく生きる権利)
第7条 子どもには、次のとおり、自分を大切にし、自分らしく生きる権利があります。
(1) ありのままの自分に自信をもって生きること。
(2) 自分で自分のことを決めること。
(3) 目標に向かってチャレンジできること。

(気持ちや考えを伝える権利)
第8条 子どもには、次のとおり、自分の気持ちや考えを伝える権利があります。
(1) さまざまなことに関して感じ、考えたことを伝えたり、表現したりできること。
(2) 相手の気持ちも自分の気持ちも大切にするコミュニケーションの力を伸ばす機会が得られること。

(学ぶ権利)
第9条 子どもには、次のとおり、さまざまなことを知り、さまざまなことから学ぶ権利があります。
(1) 必要な知識や情報が得られること。
(2) 必要な教育を受けたり、自ら学びたい内容を学んだりする機会が得られること。
(3) 文化や芸術、スポーツ、社会体験など豊かな自己を育む経験ができること。

(遊ぶ権利)
第10条 子どもには、次のとおり、遊びをとおして成長する権利があります。
(1) 遊びが大切にされ、十分に遊ぶこと。
(2) 遊びに触れる場と仲間が得られること。

(心や体を休める権利)
第11条 子どもには、次のとおり、心や体を休める権利があります。
(1) 安心できる場所で休み、十分に眠ることができること。
(2) 余暇を楽しみ、自由な時間を過ごせること。

(自然とふれ合う権利)
第12条 子どもには、次のとおり、自然とのふれ合いをとおして成長する権利があります。
(1) 身近な自然を受け継ぐこと。
(2) 自然とふれ合い、ともに生きる知恵が得られること。

(参加する権利)
第13条 子どもには、次のとおり、自分に関わる場に参加する権利があります。
(1) 参加に必要な情報が得られること。
(2) 意見を発表したり、意思決定に関わったりすることができること。
(3) 仲間をつくり、集まり、自治的な活動を行うことができること。

(ともに生きる権利)
第14条 子どもには、次のとおり、他の人とともに生きる権利があります。
(1) 性別、年齢、国籍、文化などが異なる人たちと、ふれ合い、受けとめ合い、育ち合い、仲間になる機会が得られること。
(2) 子ども同士又は子どもと大人の支え合い助け合う関係が大切にされること。

第3章 大人による子どもの権利保障

(共通の責務)
第15条 大人は、子どもの権利について理解し、その保障のために、第3条に定める基本的考え方に基づき、子どもに必要な支援を行わなければなりません。
2 大人は、子どもが、自らの権利を理解し、自己肯定感を育み、仲間をつくり、他の人や社会と関わる力を身につけることで、自らの力を発揮できるように支援しなければなりません。
3 大人は、いかなる場合も、暴力、危害、差別などにより、子どもの心や体を傷つけてはなりません。

(保護者の責務)
第16条 保護者は、子育てに第一の責任を持つものとして、次のことに取り組まなければなりません。
(1) 子どもが安心して過ごせる環境を確保すること。
(2) 子どもの気持ちや考えを受けとめ、十分に話し合うこと。

(3) 子どもとともにいる時間を大切にし、子どもが豊かに育つための機会をつくり出すよう努めること。

(施設関係者の責務)
第17条　施設関係者は、子どもの教育や福祉にたずさわるものとして、次のことに取り組まなければなりません。
(1) 子どもが豊かに育つ環境や教育を充実させること。
(2) 子どもの気持ちや考えを受けとめ、子どもが自分に関わることに参加する機会を設けること。
(3) 虐待やいじめを予防し、その早期発見に努めること。
(4) 子どもの権利を理解し、保障するために、研修など職場環境を充実させること。

(地域住民などの責務)
第18条　地域住民などは、子どもとともに暮らす地域社会の一員として、次のことに取り組まなければなりません。
(1) 子どもをあたたかく見守ること。
(2) 地域において、子どもが豊かに育つための機会をつくり出すよう努めること。
(3) 子どもの気持ちや考えを大切にし、地域の行事や活動に参加する機会を設けること。
(4) 子どもの権利を理解し、保障するために、職場や地域の環境の充実に努めること。

(市の責務)
第19条　市は、保護者、施設関係者、地域住民などと連携し、及び協働し、子どもの権利を保障するために、必要な施策を実施しなければなりません。
2　市は、保護者、施設関係者、地域住民などが、それぞれの責務を果たすことができるよう、必要な支援を行わなければなりません。

第4章　子どもにやさしいまちづくりの推進

(権利の周知と学習支援)
第20条　市は、子どもの権利月間を設け、この条例と子どもの権利について、周知を図るとともに、必要な取組を実施します。
2　市は、家庭、育ち学ぶ施設及び地域で、子どもと大人が、子どもの権利について学ぶことができるよう必要な支援を行います。

(暴力に対する取組)
第21条　市は、子どもへの虐待の早期発見に取り組みます。
2　市は、虐待を受けた子どもを適切かつ速やかに救済するために、関係機関と協力して必要な支援を行います。
3　市は、虐待や体罰を予防するため、必要な取組を実施します。

(危害に対する取組)
第22条　市は、子どもが薬物や犯罪などの危害を受けないよう、必要な取組を実施します。
2　市は、子どもが安全で、安心に暮らすことができるよう、公共施設などの整備や必要な支援を行います。

(子育て家庭への支援)
第23条　市は、保護者が、子育ての喜びを実感し、安心して子育ての責任を果たせるよう必要な支援を行います。
2　市は、特別に支援が必要な家庭及び子どもに対し、安心して暮らすことのできるよう支援を行います。

(育ちの支援)
第24条　市は、子どもが、さまざまなことを体験したり、仲間と交流したりする場づくりを行うなど、豊かな自己を育むことを支援します。
2　市は、子どもが、仲間と集い、自治的な活動ができる居場所づくりを進めます。
3　市は、子どもが、いつでも安心して相談できる場の充実を図ります。

(施策への参加の充実)
第25条　市は、子どもに関係する施策の計画及び実施にあたっては、子どもが主体的に参加できる環境の整備や機会の充実を進めます。

(子どもに関する行動計画)
第26条　市は、子どもにやさしいまちづくりを総合的かつ計画的に進めるため、子どもに関する行動計画(以下「行動計画」という。)を策定し、必要に応じて、その内容を見直します。

(子ども施策推進委員会)
第27条　市は、行動計画の策定及び円滑な推進を図るため、子ども施策推進委員会(以下「推進委員会」という。)を置きます。
2　推進委員会は、行動計画の推進に関し、調査、検証などを行い、その結果を市長に報告します。

3　市長は、推進委員会の報告に基づき、必要な措置を行います。
4　前各項に定めるもののほか、推進委員会の組織及び運営に関し必要な事項は、規則で定めます。

第5章　子どもの権利侵害からの救済及び回復

（子どもの権利擁護委員の設置）
第28条　市は、子どもの権利侵害について、救済の申立てを適切かつ速やかに処理するため、日進市子どもの権利擁護委員（以下「擁護委員」という。）を設置します。
2　擁護委員は、3人以内とし、人格に優れ、子どもの人権や教育などに関して知識や経験のあるもののうちから、市長が委嘱します。
3　擁護委員の任期は3年とし、再任を妨げません。ただし、補欠の委員の任期は、前任者の残任期間とします。

（擁護委員の所掌）
第29条　擁護委員は、子どもの権利侵害についての相談や救済の申立てを受けた場合は、必要に応じて事実の調査及び関係者間の調整を行うとともに、その解決に向けての助言や支援を行います。
2　擁護委員は、子どもの成長や人格形成に影響を及ぼすと認めるときに、子どもの権利を侵害したものに対して、勧告又は改善の要請を行うことができます。
3　擁護委員は、前項の規定による勧告又は改善の要請が速やかに実施されるよう、市に対し必要な取組を実施するよう要請することができます。
4　擁護委員は、毎年その活動状況などを市長に報告し、公表するとともに、市に対し施策を提言することができます。
5　擁護委員は、保護者、施設関係者、地域住民などに協力を求めることができます。

（擁護委員に対する支援や協力）
第30条　市は、擁護委員の独立性を尊重し、その活動を支援します。
2　保護者、施設関係者、地域住民などは、擁護委員の仕事に協力するよう努めなければなりません。

第6章　雑則

（委任）
第31条　この条例の施行に関し必要な事項は、規則で定めます。

附則

（施行期日）
1　この条例は、平成22年4月1日から施行します。ただし、第5章の規定は、公布の日から起算して1年を超えない範囲内において規則で定める日〔平成22年9月1日〕から施行します。

（経過措置）
2　この条例の施行の際現に次世代育成支援対策推進法（平成15年法律第120号）第8条第1項の規定により策定されている計画は、第26条の規定により策定された行動計画とみなします。

筑紫野市子ども条例

福岡県筑紫野市

公布：平成22年3月30日
施行：平成23年4月1日

前文

　子どもは、今を生きる一人の人間として、かけがえのない存在です。

　子どもには、人間として健やかに生きていくための当然の権利があります。

　また、子どもたちは、筑紫野市を引き継ぎ、未来へとつないでいく役割を担う存在でもあります。

　自立し、互いを尊重しあい、責任ある社会の一員となることができるように、子どもが成長・発達をしていくためには、子どもの最善の利益が保障されることによって、未来を切り開いていく生きる力を高めることが保障されなければなりません。

　子どもは、子どもが持つ権利を学び、感じたこと、考えたことを自由に表明し、自分に関わることに参加することができるように支援されることで、自分が大切にされていることを実感し、自分と同じように他の人も大切にしなければならないことを学びます。そのことは、子どもが自分の育った市や地域に親しみを持つことになり、持続するまちづくりにもつながります。

　大人は、子どもの気持ちを十分に受け止め、子どもの最善の利益のために子どもが直面することについて一緒に考え、適切な指導や助言を行う等子どもの個々の状況に応じた支援をしていかなければなりません。

　虐待、いじめ、不登校等子どもを取り巻く多くの問題は、個人や家族の努力のみで解決することは非常に難しくなっています。子どもを支援する大人への支援も必要です。家庭や施設での子育てを支援する仕組み、子どもの権利が侵害されたときの相談及び救済の仕組み、状況の変化に対応することができるように具体的な施策と実践を検証し、修正する仕組みも必要です。

　筑紫野市は人権と平和を尊重するまちであり、児童の権利に関する条約に示された子どもの権利も尊重されるまちでなければなりません。

　私たちは、子どもの権利を尊重することが、未来を担う子どもの生きる力を育み、子どもと大人が共につくる豊かで平和な地域社会の形成につながるという考えを基に、この条例を制定します。

第1章　総則

（目的）
第1条　この条例は、児童の権利に関する条約（平成6年条約第2号）の理念に基づき、子どもが自らの意志で成長・発達をすること（以下「子育ち」という。）の大切さを明確にするとともに、子どもの権利を保障するために子育ち及び子育てを支援する仕組みと取組を明らかにすることにより、子どもが自分も他人も大切にし、いきいきと過ごすことができるまちの実現を目的とする。

（定義）
第2条　この条例において、次の各号に掲げる用語の意義は、当該各号に定めるところによる。
(1)　市民　市内に居住する者、通勤する者、通学する者その他市内で活動する個人をいう。
(2)　子ども　18歳未満の市民をいう。
(3)　親　子どもの父母又は法定の保護者をいう。
(4)　育ち学ぶ施設　児童福祉法（昭和22年法律第164号）に規定する児童福祉施設、学校教育法（昭和22年法律第26号）に規定する学校その他子どもが使用する施設をいう。
(5)　事業者　市内において営利又は非営利を問わず事業を行うものをいう。
(6)　権利　児童の権利に関する条約において認められる権利をいう。

（基本理念）
第3条　子どもの権利を尊重し、並びに子育ち及び子育てを支えるまちづくりは、次に掲げる基本理念にのっとり進められなければならない。
(1)　子どもの最善の利益が第一に考えられること。
(2)　子ども一人ひとりが権利の主体として尊重されること。
(3)　子どもの自尊感情が育まれるよう配慮されること。
(4)　子どもの成長・発達に応じた支援がなされること。
(5)　子どもと大人との信頼関係を基に地域社会全体で推進されること。

(親等の責務及び役割)
第4条 親は、子どもの養育及び発達についての第一義的な責任を有する者として子どもの権利を尊重し、並びに子どもの個々の状況に応じた支援及び指導に努めなければならない。
2 市は、子どもの権利の保障及び子育て支援のための計画を策定し、及び推進するとともに、国及び他の地方公共団体、育ち学ぶ施設等と連携することにより、子どもの権利が保障されるように努めるものとする。
3 育ち学ぶ施設の設置者若しくは管理者又は職員(以下「育ち学ぶ施設の関係者」という。)においては、子どもの権利を尊重し、家庭及び地域と協力するとともに、子どもが自ら進んで学ぶことにより、成長・発達をしていくことができるよう支援及び指導に努めるものとする。
4 市民及び市内で活動を行う団体又は事業者は、子どもの権利を尊重し、地域活動等を通して子育ち及び子育ての支援に努めるものとする。

第2章 人間として大切な子どもの権利

(子どもの大切な権利)
第5条 この章に規定する権利は、子どもにとってとりわけ大切なものとして特に保障されなければならない。
2 権利は、すべての子どもが有するものであり、権利の行使に当たっては、子どもの状況に応じて、必要な支援がなされなければならない。

(生きる権利)
第6条 子どもは、生きる権利を有しており、その権利を保障するため、主として次に掲げることが守られなければならない。
(1) 生命が守られること。
(2) 愛情及び理解をもって育まれること。
(3) 健康に配慮され、休息及び適切な医療が保障され、及び成長にふさわしい生活ができること。
(4) 平和及び安全な環境の中で生活ができること。

(育つ権利)
第7条 子どもは、育つ権利を有しており、その権利を保障するため、主として次に掲げることが守られなければならない。
(1) 自分にとってふさわしいやり方で学ぶこと。
(2) 自分に役立つ情報を知ること。
(3) さまざまな文化、芸術及びスポーツに触れ楽しむこと。
(4) 年齢及び活動意欲に応じて安心して遊ぶこと。
(5) プライバシーが尊重されること。
(6) 自分の考えを持つこと。
(7) 個性及び他者との違いが認められ、人格が尊重されること。
(8) 適切な指導及び助言を受けること。

(参加する権利)
第8条 子どもは、参加する権利を有しており、その権利を保障するため、主として次に掲げることが守られなければならない。
(1) 自己表現又は自分に関することの意見が尊重されること。
(2) 子どもに関わる施設の運営に子どもの意見が生かされる機会があること。
(3) 子どもであることにより、不当な扱いを受けないこと。
(4) 仲間を作り、仲間と集うこと。
(5) 社会に参加し、又は参画する機会があること。

(守られる権利)
第9条 子どもは、守られる権利を有しており、その権利を保障するため、主として次に掲げることが守られなければならない。
(1) 身体的、精神的又は性的暴力を受け、又は放置されないこと。
(2) あらゆる形態の差別を受けないこと。
(3) 自分に関する情報が不当に収集され、又は利用されないこと。
(4) あらゆる搾取から守られること。

第3章 子どもにやさしいまちづくりの推進

(子ども施策の行動計画と推進)
第10条 市は、子どもの権利の保障及び子育て支援等の子どもに関する施策(以下「子ども施策」という。)の推進に当たって、必要な対策を講じるよう努めるものとする。
2 市は、子どもの権利の保障に関わる市民の活動を支援し、及び連携を図るよう努めるものとする。
3 市は、子ども施策の推進に当たって総合的かつ計画的に図られるための行動計画を策定しなければならない。

4　市は、行動計画を策定し、又は変更しようとするときは、市民及び第23条に規定する筑紫野市次世代育成支援対策地域協議会の意見を聴くよう努めるものとする。
5　市は、行動計画を推進するため、必要な体制の整備を図らなければならない。
(子どもの権利に関する広報、学習及び研修)
第11条　市は、子どもの権利について市民の理解を深めるため、適切な手段によりその広報に努めるものとする。
2　市は、家庭教育、学校教育及び社会教育の中で、子どもの権利についての学習及び研修が推進されるよう必要な教育環境の整備に努めるものとする。
3　市は、人権施策及び人権教育の中に子どもの権利の内容を位置づけるものとする。
4　市は、育ち学ぶ施設の関係者、医師又は保健師等の子どもの権利の保障に職務上関係のある者に対し、子どもの権利についての理解がより深まるよう研修の機会を提供するよう努めるものとする。
5　市は、子ども自身による子どもの権利についての自主的な学習を支援するよう努めるものとする。
(子どもの参加)
第12条　市は、子どもがまちづくり等に意見を表明し、又は参加する機会を提供するよう努めるものとする。
2　市は、子どもが地域における活動に参加する機会を促進するよう、その方策の普及に努めるものとする。
3　育ち学ぶ施設の設置者又は管理者は、子ども、親、職員その他の関係者が参加し、意見を述べあう機会を提供するよう努めるものとする。
4　育ち学ぶ施設の関係者は、子どもの自治的な活動を奨励し、及び支援するよう努めるものとする。
(居場所づくり及び地域の支援)
第13条　市及び市民は、子どもが安全で安心することができる環境の中で、子ども自身が受け入れられ、主体性が育まれる居場所づくりに努めるものとする。
2　市は、居場所についての考え方の普及及び居場所の充実に努めるものとする。
3　市は、居場所の提供等の自主的な活動を行う市民及び関係団体との連携を図り、その支援に努めるものとする。

4　市及び市民は、子ども同士の交流及び居場所づくりに当たって、障害がある場合等の特別な事情がある子どもに対して必要な情報が得られるよう配慮に努めるものとする。
(子育て支援)
第14条　育ち学ぶ施設の関係者及び保健、医療、児童福祉等の関係者は、子どもの親に対し、子どもの養育に必要な説明を行うことができる。この場合において、関係者は、子どもの最善の利益を損なわないよう努めなければならない。
2　市は、子どもの養育に関し、その家庭の状況に応じて必要と認められる支援を行うよう努めるものとする。
3　市は、乳幼児を育てる親同士の交流の機会を十分に保障し、及び子育てに関する情報の提供に努めるものとする。
4　市は、子育て支援を行う団体又は自主的な親同士の交流を行う団体等の活動について支援を行うよう努めるものとする。
5　事業者は、市民が安心してその子どもを養育することができるよう配慮に努めるものとする。
(育ち学ぶ施設の職員への支援)
第15条　育ち学ぶ施設の設置者及び管理者は、その子どもの権利の保障が図られるよう環境の整備に努めるとともに、当該施設の職員に対して子どもの権利についての研修の機会を与えるよう努めなければならない。
2　前項の環境の整備に当たっては、親その他地域の住民との連携を図るとともに、育ち学ぶ施設の職員の主体的な取組を通して行われるよう努めなければならない。
3　育ち学ぶ施設の設置者及び管理者は、当該施設の職員と子ども又は親との間に問題が起きたときは、お互いの信頼が回復されるよう努めるものとする。
(虐待からの救済)
第16条　市は、虐待を受けた子どもに対する迅速かつ適切な救済及び当該子どもの心身の回復に努めるものとする。
2　市は、子どもの虐待の早期発見並びに虐待を受けた子どもの迅速かつ適切な救済及び当該子どもの心身の回復のために関係機関、関係団体等との連携に努めるものとする。

第4章　子どもの権利侵害に関する相

談、救済及び回復支援

(子どもの権利救済委員の設置)
第17条　市長は、子どもの権利の侵害に対して迅速かつ適切な救済を図るとともに、当該子どもの心身の回復を支援するために、地方自治法(昭和22年法律第67号)第138条の4第3項に規定する附属機関として筑紫野市子どもの権利救済委員(以下「救済委員」という。)を設置する。
2　子ども、親、育ち学ぶ施設の関係者及び市民は、救済委員に対して、子どもの権利の侵害について相談し、又は救済を求めることができる。
3　救済委員の定数は、3人以内とする。
4　救済委員は、子どもの権利に関して識見を有する者のうちから市長が委嘱する。
5　救済委員の任期は、2年とし、再任を妨げない。

(救済委員の職務)
第18条　救済委員は、子どもの権利侵害について相談に応じ、当該子どもの救済及び回復のために助言を行うものとする。
2　救済委員は、救済を求められたとき、又は自らの発意により、必要に応じて調査、助言、調整又は勧告をすることができる。
3　救済委員は、救済の処理の概要を適切な方法によって救済を求めた者に通知するものとする。
4　救済委員は、勧告によってなされた対応の報告を求めることができる。
5　救済委員は、必要に応じ、勧告内容の公表をすることができる。
6　前項の勧告の公表に当たっては、救済委員全員が賛同しなければ行うことができない。

(救済委員の責務)
第19条　救済委員は、公平かつ公正にその職務を遂行しなければならない。
2　救済委員は、その職務の執行に当たっては、市、県及び国の関係機関若しくは民間の関係団体と連携を図るよう努めなければならない。
3　救済委員は、救済の処理の状況を、直ちに、市長に報告しなければならない。
4　救済委員は、その職務上の地位を政治的、営利的又は宗教的な目的に利用してはならない。
5　救済委員は、職務上知り得た秘密を漏らしてはならない。職を退いた後も同様とする。

(救済委員の解嘱)
第20条　市長は、救済委員の心身の故障によりその活動ができないと判断したとき、又は救済委員としてふさわしくない行為があると判断したときは、その職を解くものとする。

(救済委員に関する広報)
第21条　市長は、子ども、市民及び育ち学ぶ施設の関係者にこの条例の主旨及び内容を広く知らせるとともに、子どもが救済委員への相談及び救済の求めを容易に行うことができるよう必要な施策の推進に努めるものとする。

(救済委員への協力)
第22条　市民及び育ち学ぶ施設の関係者は、救済委員の職務の遂行について協力するよう努めるものとする。
2　第18条第2項の規定による勧告を受けたものは、これを尊重し、必要な対応をするよう努めなければならない。

第5章　子どもの権利の保障状況の検証

(子どもの権利の保障状況の検証)
第23条　市長は、この条例による施策、行動計画の実施の結果及び子どもの権利の保障の状況について毎年度検証を行わなければならない。
2　前項の規定による検証は、筑紫野市次世代育成支援対策地域協議会設置条例(平成16年筑紫野市条例第19号)に規定する筑紫野市次世代育成支援対策地域協議会に対して諮問し、答申を受けることにより行うものとする。

第6章　雑則

(委任)
第24条　この条例に定めるもののほか必要な事項は、規則で定める。

附則
(施行期日)
1　この条例は、平成23年4月1日から施行する。
(経過措置)
2　この条例の施行前に次世代育成支援対策推進法(平成15年法律第120号)第8条第1項の規定により策定した筑紫野市次世代育成支援行動計画(後期計画)は、第10条第3項の規定により策定した行動計画とみなす。

幕別町子どもの権利に関する条例

北海道幕別町

公布：平成22年4月1日
施行：平成22年7月1日

前文

　子どもは、生まれながらにして一人ひとりがかけがえのない存在です。

　子どもは、生まれたときから学び育つ力を持ち、未来への可能性が開かれています。

　子どもは、周りの人に大切にされ、愛され、信頼されることによって、自分に自信を持ち、安心して健やかに育つことができます。

　子どもは、子どもの持つ権利が保障される中で、その権利を正しく学び、自分の意思を自由に表明し、自分にかかわることに参加することができます。

　子どもは、自分の意思が誠実に受け止められることで、自分が大切にされていることを実感するとともに、自分と同じように他の者を大切にすることを学び、互いの権利を尊重し合う心を身につけることができます。

　子どもは、こうした経験を通して規範意識を育み、社会の一員として、様々な責任を果たすことができる大人へと成長していきます。

　すべての子どもが、その持てる力を発揮し、次代を担う存在になっていくことがすべての町民の願いであり、このため、すべての大人は、子どもの成長する力を認め、子どもと向き合いながら子どもの意思を誠実に受け止め、子どもの未来の視点に立ってともに考え、子どもの育ちを支えていく責任があります。

　また、大人は互いに連携し、それぞれの役割を認識し、子どもが健やかに育つための環境を整えるとともに、大人は子どもの模範であることを自覚し、行動し、子どもから信頼される存在にならなければなりません。

　こうした考えのもと、私たちは、児童の権利に関する条約（平成6年条約第2号）の理念に基づき、子どもにとって大切な権利を保障し、子どもの最善の利益を考慮しながら子どもの健やかな育ちを支援し、未来をつくる子どものしあわせなまちの実現を図るため、この条例を制定します。

第1章　総則

（目的）
第1条　この条例は、子どもにとって大切な権利を明らかにするとともに、子どもを取り巻くすべての人及び団体の責務等を定めることにより、子どもの権利を保障し、子どもの心身の健やかな育ちを社会全体で支援するまちの実現を目指すことを目的とします。

（定義）
第2条　この条例において、次の各号に掲げる用語の意義は、それぞれ次の各号に定めるとおりとします。
(1) 子ども　町民をはじめとする町に関係のある18歳未満の者その他これらの者と等しく権利を認めることが適当である者をいいます。
(2) 保護者　親及び児童福祉法（昭和22年法律第164号）に定める里親その他親に代わり子どもを養育する者をいいます。
(3) 育ち・学ぶ施設　児童福祉法に定める児童福祉施設、学校教育法（昭和22年法律第26号）に定める学校その他子どもが育ち、学ぶために通学し、通園し、通所し、又は入所する施設をいいます。
(4) 地域住民等　地域の住民及び団体をいいます。
(5) 事業者　町内に事務所又は事業所を有し、事業活動を行う個人、法人その他の団体をいいます。

（責務）
第3条　保護者、育ち・学ぶ施設の設置者、管理者及び職員（以下「施設関係者」という。）、地域住民等、事業者並びに町は、子どもにとって最善の利益を考慮し、子どもの権利の保障に努めるとともに、互いに協力して子どもの育ちを支え合わなければなりません。

第2章　子どもにとって大切な権利

（子どもにとって大切な権利）
第4条　この章に定める権利は、子どもが健やかに育つために、特に大切なものとして保障されなければなりません。
2　子どもは、その年齢及び発達に応じ、社会の責任ある一員であることを自覚するとともに、自分の権利が尊重されることと同様に他の者の権利を尊重しなければなりません。

（安心して生きる権利）
第5条 子どもは、安心して生きるため、次に掲げる権利が保障されなければなりません。
(1) 命が守られ、安全な環境のもとで暮らせること。
(2) かけがえのない存在として、愛情及び理解をもって育まれること。
(3) 健康に配慮されるとともに、適切な医療が受けられること。
(4) あらゆる虐待、暴力及び犯罪から守られること。
(5) あらゆる差別及び不当な扱いを受けないこと。

（自分らしく生きる権利）
第6条 子どもは、自分らしく生きるため、次に掲げる権利が保障されなければなりません。
(1) かけがえのない自分を大切にすること。
(2) 個性や他の者との違いが認められ、人格が尊重されること。
(3) 自分の考えを持ち、表現することができること。
(4) プライバシー及び名誉が守られること。

（豊かに育つ権利）
第7条 子どもは、様々な経験を通して豊かに育つため、次に掲げる権利が保障されなければなりません。
(1) 学び、遊び、及び休息することにより、のびのびと育つこと。
(2) 様々な自然、文化、芸術、スポーツ等に触れ親しむこと。
(3) 成長に必要な情報の提供が受けられること。
(4) 年齢及び発達に応じて、適切な支援、助言等が受けられること。

（主体的に参加する権利）
第8条 子どもは、自分にかかわることに主体的に参加するため、次に掲げる権利が保障されなければなりません。
(1) 自分の意見を表明する機会が与えられること。
(2) 表明した意見が、年齢及び発達に応じて、その真意をくまれ、適切な配慮がなされること。
(3) 参加に必要な情報の提供その他必要な支援が受けられること。
(4) 仲間をつくり、仲間と集い、社会に参加すること。

第3章　子どもの権利を保障する大人の責務

（保護者の責務）
第9条 保護者は、子どもの養育及び発達に関する第一義的な責任者であることを認識し、その養育する子どもの年齢及び発達に応じた適切な指導、助言等の支援を行わなければなりません。
2 保護者は、子どもの気持ちを受け止め、それに応えていくとともに、子どもと十分に話し合わなければなりません。
3 保護者は、その養育する子どもに対して、虐待及び体罰を行ってはなりません。

（育ち・学ぶ施設の役割）
第10条 施設関係者は、育ち・学ぶ施設が子どもの豊かな人間性と多様な能力を育むために重要な役割を果たすことを認識し、子どもの年齢及び発達に応じ、子どもが主体的に育ち、学ぶことができるよう、必要な支援に努めなければなりません。
2 施設関係者は、虐待、体罰、いじめ等から子どもを守るため、関係機関と連携し、その防止、相談、救済及び回復に努めなければなりません。
3 育ち・学ぶ施設の設置者及び管理者は、その職員に対し、研修の機会を設けるなど必要な支援に努めなければなりません。

（地域住民等の役割）
第11条 地域住民等は、子どもの豊かな人間性が地域の人、自然、社会及び文化とのかかわりの中で育まれることを認識し、子どもの健やかな育ちを支援するよう努めなければなりません。
2 地域住民等は、あらゆる虐待、暴力及び犯罪から子どもを守るため、安全で安心な地域づくりに努めなければなりません。
3 地域住民等は、子どもが地域社会の一員であることを認識し、子どもの年齢及び発達に応じ、地域活動に主体的に参画できるよう努めなければなりません。

（事業者の役割）
第12条 事業者は、その事業活動を行う中で、子どもの健やかな育ちを支援するため、子どもの社会的自立に向けた就労支援、キャリア教育等に配慮するよう努めなければなりません。
2 事業者は、ワーク・ライフ・バランス（仕

事と生活の調和)の視点から、子どもを養育する従業員が仕事と子育てを両立することができるよう、職場の環境づくりに努めなければなりません。
3 事業者は、仕事と子育てを両立できる働き方に関して、従業員の意識の向上を図るとともに、従業員に対して、子ども及び子どもを養育する家庭(以下「子育て家庭」という。)を支援する取組みへの参加又は協力を促すよう努めなければなりません。

(町の責務)
第13条 町は、子どもの権利を保障するため、国、他の地方公共団体及び関係機関と連携し、及び協働するとともに、子どもに関する施策を実施しなければなりません。
2 町は、保護者、施設関係者、地域住民等及び事業者がそれぞれの責務等を果たすことができるよう、必要な支援に努めなければなりません。
3 町は、子どもに関する施策を実施するため、必要な財政上の措置その他の措置を講じなければなりません。

第4章　子どもに関する施策の推進

(施策の推進)
第14条 町は、子どもの権利の保障に資するため、次に掲げる事項に配慮し、子どもに関する施策を推進しなければなりません。
 (1) 子どもの最善の利益に基づくものであること。
 (2) 福祉、保健、教育その他の分野において、連携及び調整が図られた総合的かつ計画的なものであること。
 (3) 保護者、施設関係者、地域住民等及び事業者との連携を通して、一人ひとりの子どもを支援するものであること。

(子どもの育ちの支援)
第15条 町は、子どもの健やかな育ちを支援するため、保護者、施設関係者、地域住民等及び事業者と連携し、及び協働し、次に掲げる施策を実施します。
 (1) 子どもが安全に安心して過ごすことができるための環境づくり
 (2) 子どもが自然及び地域社会とのかかわりの中で豊かに育つことができるための遊び及び体験の場づくり
 (3) 子どもが社会とのかかわりの中で、他の者と共生し、社会の責任ある一員として自立していくために必要な支援

(子育て家庭の支援)
第16条 町は、保護者が子どもの養育及び発達に関する第一義的な責任を果たすことにより子どもが安心して生活することができるよう、保護者、施設関係者、地域住民等及び事業者と連携し、及び協働し、子育て家庭を支援するネットワークづくりを進めるなど、子育て家庭の支援を行います。

(子どもの参画の促進)
第17条 町は、町政について、主体的に子どもが意見を表明し、参加する機会を設けるよう努めるものとします。
2 育ち・学ぶ施設の設置者及び管理者は、施設の行事、運営等について、主体的に子どもが意見を表明し、参加する機会を設けるよう努めるものとします。
3 地域住民等及び事業者は、地域の文化、スポーツ活動等行事の運営等について、主体的に子どもが意見を表明し、参加する機会を設けるよう努めるものとします。

(子どもの権利の普及)
第18条 町は、子どもの権利に関する町民の理解を深め、関心を高めるための広報活動を行います。
2 町は、家庭、育ち・学ぶ施設、地域等において、子どもの権利に関する教育、学習等が行われるよう、必要な支援に努めるものとします。

(虐待、体罰、いじめ等からの救済等)
第19条 町は、関係機関と連携し、子どもの虐待、体罰、いじめ等の防止、相談、救済及び回復のために必要な措置を講じなければなりません。

(調査研究)
第20条 町は、子どもの権利の保障及び子どもに関する施策の推進に関し、必要に応じて、調査及び研究を行います。

第5章　雑則

(委任)
第21条 この条例の施行に関し必要な事項は、町長その他の執行機関が定めます。

附則
　この条例は、公布の日から起算して3月を経過した日から施行します。

川西市子どもの人権オンブズパーソン条例

兵庫県川西市

公布：平成10年12月22日
施行：平成11年3月23日
〔一部につき附則参照〕

第1章　総則

(目的)
第1条　この条例は、すべての子どもが人間として尊ばれる社会を実現することが子どもに対するおとなの責務であるとの自覚にたち、かつ、次代を担う子どもの人権の尊重は社会の発展に不可欠な要件であることを深く認識し、本市における児童の権利に関する条約（以下「子どもの権利条約」という。）の積極的な普及に努めるとともに、川西市子どもの人権オンブズパーソン（以下「オンブズパーソン」という。）を設置し、もって一人一人の子どもの人権を尊重し、及び確保することを目的とする。

(子どもの人権の尊重)
第2条　すべての子どもは、権利行使の主体者として尊重され、いかなる差別もなく子どもの権利条約に基づく権利及び自由を保障される。
2　本市及び市民は、子どもの権利条約に基づき、子どもに係るすべての活動において子どもの最善の利益を主として考慮し、子どもの人権が正当に擁護されるよう不断に努めなければならない。
3　本市は、子どもの権利条約に基づき、子どもの教育についての権利及び教育の目的を深く認識し、すべての人の基本的人権と自由を尊重して自己の権利を正当に行使することができる子どもの育成を促進するとともに、子どもの人権の侵害に対しては、適切かつ具体的な救済に努めるものとする。

(定義)
第3条　この条例において「子ども」とは、子どもの権利条約第1条本文に規定する18歳未満のすべての者及び規則で定める者をいう。
2　この条例において「子どもの人権案件」とは、本市内に在住、在学又は在勤する子どもの人権に係る事項（以下「本市内の子どもの人権に係る事項」という。）のうち、本市内に在住、在学又は在勤する子ども又はおとな（以下「本市内の子ども又はおとな」という。）から擁護及び救済の申立てを受けてオンブズパーソンが調査し、処理する案件並びにオンブズパーソンが自己の発意により擁護及び救済が必要と判断して調査し、処理する案件をいう。
3　この条例において「市の機関」とは、市長その他の執行機関その他法律の規定に基づき本市に置かれる機関（議会を除く。）若しくはこれらに置かれる機関又はこれらの機関の職員であって法令により独立に権限を行使することを認められたものをいう。

第2章　オンブズパーソンの設置等

(オンブズパーソンの設置)
第4条　地方自治法（昭和22年法律第67号）第138条の4第3項の規定に基づく市長の付属機関として、オンブズパーソンを置く。

(オンブズパーソンの組織等)
第5条　オンブズパーソンの定数は、3人以上5人以下とする。
2　オンブズパーソンのうち1人を代表オンブズパーソンとし、オンブズパーソンの互選によりこれを定める。
3　オンブズパーソンは、人格が高潔で、社会的信望が厚く、子どもの人権問題に関し優れた識見を有する者で、次条に規定するオンブズパーソンの職務の遂行について利害関係を有しないもののうちから、市長が委嘱する。
4　オンブズパーソンの任期は、2年とする。
5　オンブズパーソンは、再任されることができる。ただし、連続して6年を超えて再任されることはできない。
6　市長は、オンブズパーソンが心身の故障のため職務の遂行ができないと認められる場合又は職務上の義務違反その他オンブズパーソンとして明らかにふさわしくない行為があると認められる場合を除いては、そのオンブズパーソンを解職することができない。

(オンブズパーソンの職務)
第6条　オンブズパーソンは、次に掲げる事項を所掌し、子どもの人権案件の解決に当たる。
(1)　子どもの人権侵害の救済に関すること。

(2) 子どもの人権の擁護及び人権侵害の防止に関すること。
(3) 前2号に掲げるもののほか、子どもの人権の擁護のため必要な制度の改善等の提言に関すること。

（オンブズパーソンの責務）
第7条　オンブズパーソンは、子どもの利益の擁護者及び代弁者として、並びに公的良心の喚起者として、本市内の子どもの人権に係る事項についての相談に応じ、又は子どもの人権案件を調査し、公平かつ適切にその職務を遂行しなければならない。
2　オンブズパーソンは、その職務の遂行に当たっては、関係する市の機関との連携を図り、相互の職務の円滑な遂行に努めなければならない。
3　オンブズパーソンは、その地位を政党又は政治的目的のために利用してはならない。
4　オンブズパーソンは、職務上知り得た秘密を漏らしてはならない。その職を退いた後も、また、同様とする。

（市の機関の責務）
第8条　市の機関は、オンブズパーソンの職務の遂行に関し、その独立性を尊重し、積極的に協力、援助しなければならない。

（兼職等の禁止）
第9条　オンブズパーソンは、衆議院議員若しくは参議院議員、地方公共団体の議会の議員若しくは長又は政党その他の政治団体の役員と兼ねることができない。
2　オンブズパーソンは、本市に対し請負をする企業その他これに準ずる団体の役員又はオンブズパーソンの職務の遂行について利害関係を有する職業等と兼ねることができない。

第3章　救済の申立て及び処理等

（救済の申立て等）
第10条　子ども及びおとなは、何人も本市内の子どもの人権に係る事項についてオンブズパーソンに相談することができる。
2　本市内の子ども又はおとなは、個人の資格において、本市内の子どもの人権に係る事項について、オンブズパーソンに擁護及び救済を申し立てることができる。
3　前項の申立ては、口頭又は文書ですることができる。
4　第2項の申立ては、代理人によってすることができる。

（調査等）
第11条　オンブズパーソンは、前条第2項の申立てを審査し、当該申立てが本市内の子ども又はおとなから行われ、その内容が本市内の子どもの人権に係る事項であって、かつ、第6条各号のいずれかに該当すると認める場合は、当該申立てに係る調査を実施することができる。
2　オンブズパーソンは、前条第2項の申立てが擁護及び救済に係る子ども又はその保護者以外の者から行われた場合においては、当該子ども又は保護者の同意を得て調査しなければならない。ただし、当該子どもが置かれている状況等を考慮し、オンブズパーソンが特別の必要があると認めるときは、この限りでない。
3　オンブズパーソンは、本市内の子どもの人権に係る事項についての相談又は匿名の擁護及び救済の申立てその他の独自に入手した情報等が第6条各号のいずれかに関するものであると認める場合は、当該情報等に係る調査を自己の発意により実施することができる。
4　オンブズパーソンは、前条第2項の申立て又は独自に入手した情報等の内容が次の各号のいずれかに該当すると認める場合は、当該申立てに係る調査又は当該情報等に係る調査を実施することができない。
(1) 重大な虚偽があることが明らかである場合
(2) オンブズパーソンの身分に関する事項である場合
(3) 議会の権限に属する事項である場合
(4) 前3号に掲げるもののほか、調査の実施が相当でないことが明らかである場合
5　オンブズパーソンは、第1項又は第3項の調査を開始した後においても、その必要がないと認めるときは、当該調査を中止し、又は打ち切ることができる。

（調査の方法）
第12条　オンブズパーソンは、必要があると認めるときは、関係する市の機関に説明を求め、その保有する関係書類その他の記録を閲覧し、又はその写しの提出を求めることができる。
2　オンブズパーソンは、必要があると認めるときは、市民等に対し、資料の提出、説明その他の必要な協力を求めることができる。
3　オンブズパーソンは、必要があると認める

ときは、専門的又は技術的な事項について、専門的機関に対し調査、鑑定、分析等の依頼をすることができる。この場合において、オンブズパーソンは、依頼した事項の秘密の保持に必要な措置を講じなければならない。

(申立人への通知)
第13条　オンブズパーソンは、第11条第1項に規定する審査の結果について、これを速やかに第10条第2項の申立てをした者(以下「申立人」という。)に通知しなければならない。

2　オンブズパーソンは、第10条第2項の申立てについて、第11条第1項の規定により実施した調査を中止し、又は打ち切るときは、その旨を申立人に通知しなければならない。

3　オンブズパーソンは、第10条第2項の申立てを受け、第11条第1項の規定により調査を実施した子どもの人権案件について、これを第15条から第18条までの規定により処理したときは、その概要を申立人に通知しなければならない。

4　前3項に規定する通知は、申立人にとって最も適切な方法により行うものとする。

(市の機関への通知)
第14条　オンブズパーソンは、子どもの人権案件の調査を開始するときは、関係する市の機関に対し、その旨を通知するものとする。

2　オンブズパーソンは、第11条第5項の規定により、子どもの人権案件の調査を中止し、又は打ち切ったときは、前項の規定により通知した関係する市の機関に対し、その旨を通知するものとする。

3　オンブズパーソンは、次条から第18条までの規定による子どもの人権案件の処理を行ったときは、その概要を必要と認める市の機関に通知するものとする。

(勧告、意見表明等)
第15条　オンブズパーソンは、子どもの人権案件の調査の結果、擁護及び救済の必要があると認めるときは、関係する市の機関に対し、是正等の措置を講ずるよう勧告し、又は是正等申入書を提出することができる。

2　オンブズパーソンは、子どもの人権案件の調査の結果、制度の見直しの必要があると認めるときは、関係する市の機関に対し、当該制度の見直し等を図るよう意見表明し、又は改善等申入書を提出することができる。

3　前2項の規定により勧告、意見表明等を受けた市の機関は、これを尊重しなければならない。

(是正等の要望及び結果通知)
第16条　オンブズパーソンは、子どもの人権案件の調査の結果、必要があると認めるときは、市民等に対し、是正等の要望を行うことができる。

2　オンブズパーソンは、子どもの人権案件の調査の結果、前条に規定する勧告、意見表明等又は前項に規定する是正等の要望の必要がないと認める場合においても、第13条の規定による申立人への通知のほかに、関係機関及び関係人に対し、判断所見を付した調査結果を文書で通知することができる。

(報告)
第17条　オンブズパーソンは、第15条に規定する勧告、意見表明等を行ったときは、当該勧告、意見表明等を行った市の機関に対し、是正等の措置等について報告を求めることができる。

2　前項の規定により報告を求められた市の機関は、第15条第1項に規定する勧告等に係る報告については当該報告を求められた日から40日以内に、同条第2項に規定する意見表明等に係る報告については当該報告を求められた日から60日以内に、オンブズパーソンに対し是正等の措置等について報告するものとする。

3　市の機関は、前項に規定する報告を行う場合において、是正等の措置等を講ずることができないときは、オンブズパーソンに対し、理由を示さなければならない。

(公表)
第18条　オンブズパーソンは、その総意において必要があると認めるときは、第15条に規定する勧告、意見表明等の内容を公表することができるものとする。

2　オンブズパーソンは、その総意において必要があると認めるときは、前条第2項の報告及び同条第3項の理由を公表することができるものとする。

3　オンブズパーソンは、前2項に規定する公表を行う場合においては、個人情報の保護について最大限の配慮をしなければならない。

第4章　補則

(事務局等)
第19条　オンブズパーソンに関する事務を処

理するため、事務局を置く。
2 オンブズパーソンの命を受け、その職務の遂行を補助するため、調査相談専門員を置く。

(運営状況等の報告及び公表)
第20条 オンブズパーソンは、毎年、この条例の運営状況等について、市長に文書で報告するとともに、これを公表するものとする。

(子ども及び市民への広報等)
第21条 市の機関は、子ども及び市民にこの条例の趣旨及び内容を広く知らせるとともに、子どもがオンブズパーソンへの相談並びに擁護及び救済の申立てを容易に行うことができるため必要な施策の推進に努めるものとする。

(委任)
第22条 この条例の施行に関し必要な事項は、市長が定める。

付則
この条例は、規則で定める日〔平成11年3月23日。ただし、第3章は平成11年6月1日〕から施行する。

埼玉県子どもの権利擁護委員会条例

埼玉県

公布:平成14年3月29日
施行:平成14年11月1日
〔一部につき附則参照〕

(目的)
第1条 この条例は、子どもに対する身体的又は精神的な暴力等子どもの権利の侵害に関して簡易迅速な救済を行うため、埼玉県子どもの権利擁護委員会に関し必要な事項を定め、もって子どもの権利の侵害を防止し、心身の健全な成長を図ることを 目的とする。

(定義)
第2条 この条例において「子ども」とは、18歳未満の者及びこれに準ずる者として規則に定める者をいう。
2 この条例において「県の機関」とは、県の執行機関、公営企業管理者、病院事業管理者、下水道事業管理者、警察本部(警察署を含む。)又はこれらに置かれる機関をいう。

(埼玉県子どもの権利擁護委員会の設置等)
第3条 県は、子どもの権利の侵害(県内に住所を有し、又は在勤し、若しくは在学する子どもに係るものに限る。以下同じ。)に関する救済を行う機関として、埼玉県子どもの権利擁護委員会(以下「委員会」という。)を置く。
2 委員会は、地方自治法(昭和22年法律第67号)第138条の4第3項の規定に基づく知事の附属機関とする。
3 県は、委員会との連携を図り、児童の権利に関する条約及びこの条例の趣旨の啓発を図るとともに、子どもの権利の擁護に必要な施策を推進するものとする。
4 県民は、家庭、学校、地域社会等において、子どもの心身の成長及び人格形成に重大な影響を与える暴力等子どもの権利の侵害を防止するとともに、委員会の職務の遂行に協力するよう努めなければならない。

(委員会の組織等)
第4条 委員会は、委員3人をもって組織する。
2 委員会に、委員長を置き、委員の互選によってこれを定める。

3　委員長は、会務を総理し、委員会を代表する。
4　委員は、人格が高潔で、子どもの権利に関し優れた識見を有する者のうちから知事が委嘱する。
5　委員の任期は、2年とする。
6　委員は、再任されることができる。ただし、任期を通算して6年を超えることはできない。
7　知事は、委員が心身の故障のため職務の遂行に堪えないと認めるとき又は委員に職務上の義務違反その他委員たるに適しない非行があると認めるときは、これを解嘱することができる。

（委員会の職務）
第5条　委員会は、次に掲げる職務を行う。
(1)　子どもの権利の侵害に関する相談に関して、必要な助言及び支援を行うこと。
(2)　子どもの権利の侵害に関する救済の申立て等に関して、調査、勧告、意見表明、要請等を行うこと。
(3)　勧告、意見表明等の内容を公表すること。
(4)　その他子どもの権利の擁護に関する普及啓発を行うこと。

（委員の責務）
第6条　委員は、公平かつ適切にその職務を遂行しなければならない。
2　委員は、関係する県の機関との連携を図り、職務の円滑な遂行に努めなければならない。
3　委員は、相談又は救済の申立てを行った者に不利益が生じないように、その職務を遂行しなければならない。
4　委員は、その地位を政党又は政治的目的のために利用してはならない。
5　委員は、職務上知り得た秘密を漏らしてはならない。その職を退いた後も、同様とする。

（兼職の禁止）
第7条　委員は、地方公共団体の議会の議員若しくは長又は政党その他の政治団体の役員と兼ねることができない。
2　委員は、県と特別な利害関係にある法人その他の団体の役員と兼ねることができない。

（救済の申立て）
第8条　何人も、知事に対し、子どもの権利の侵害に係る事項について、文書又は口頭により、救済を申し立てることができる。

2　知事は、前項の規定による申立てに係る事項についての調査等を委員会に速やかに付託するものとする。

（調査）
第9条　委員会は、前条第2項の規定により付託があった場合には、当該申立てに係る事項について調査をするものとする。ただし、当該申立てが次の各号のいずれかに該当すると認められる場合は、この限りでない。
(1)　判決、裁決等により確定した権利関係に関する事案であるとき。
(2)　裁判所において係争中の事案及び行政庁において不服申立ての審理中の権利関係に関する事案であるとき。
(3)　議会に請願又は陳情を行っている事案であるとき。
(4)　申立ての原因となった事実のあった日から3年を経過している事案であるとき。ただし、正当な理由があるときを除く。
(5)　前各号に掲げるもののほか、調査することが適当でないと認められる事案として規則で定めるものであるとき。
2　委員会は、前項に定めるもののほか、子どもが現に権利の侵害を受けており、その救済のため緊急の必要性があると認めるときは、当該権利の侵害の事実について調査することができる。
3　委員会は、前条の規定による申立てが救済に係る子ども又はその保護者以外の者からなされた場合及び前項の規定による調査をする場合においては、当該子ども又は保護者の同意を得て調査しなければならない。ただし、当該子どもが置かれている状況等を考慮し、委員会がその必要がないと認めるときは、この限りでない。
4　委員会は、第1項ただし書きの規定により調査しない場合は、その旨を理由を付して、申立てを行った者（以下「申立人」という。）に速やかに通知しなければならない。

（調査の中止等）
第10条　委員会は、調査を開始した後においても、前条第1項各号のいずれかに該当することとなったときその他その必要がないと認めるときは、調査を一時中止し、又は打ち切ることができる。
2　委員会は、調査を一時中止し、又は打ち切ったときは、その旨を理由を付して、申立人又は前条第3項の同意を得た者（以下「申

立人等」という。）に速やかに通知しなければならない。

（県の機関に対する調査等）
第11条　委員会は、県の機関に対し調査を開始するときは、当該機関に対し、その旨を通知するものとする。
2　委員会は、調査のため必要があると認めるときは、子どもの権利の侵害に関する救済を図るため必要な限度において、県の機関に対し、資料の提出及び説明を求めることができる。
3　委員会は、調査の結果必要があると認めるときは、権利の侵害の是正のための調整（以下単に「調整」という。）を行うことができる。
4　委員会は、調査及び調整の結果について、申立人等に速やかに通知するものとする。ただし、第13条第4項の規定により通知する場合は、この限りでない。
5　県の機関は、委員会の職務の遂行に関して、その独立性を尊重するとともに、積極的に協力し、及び援助しなければならない。

（県の機関以外のものに対する調査等）
第12条　委員会は、調査のため必要があると認めるときは、子どもの権利の侵害に関する救済を図るため必要な限度において、県の機関以外のものに対し、資料の提出及び説明について協力を求めることができる。
2　委員会は、調査の結果必要があると認めるときは、調整について協力を求めることができる。
3　委員会は、調査及び調整の結果について、申立人等に速やかに通知するものとする。

（県の機関に対する勧告等）
第13条　委員会は、必要があると認めるときは、関係する県の機関に対し、次に掲げる事項について勧告又は意見表明をすることができる。
　(1)　当該県の機関が自ら是正その他必要な措置を講ずるよう求めること。
　(2)　当該県の機関が県の機関以外のもの（当該県の機関が法令に基づく監督の権限を有するものに限る。）に対し是正その他必要な措置を講ずるよう求めること。
2　県の機関は、前項の規定による勧告又は意見表明を受けたときは、当該勧告又は意見表明を尊重しなければならない。
3　委員会は、第1項の規定により勧告又は意見表明をしたときは、県の機関に対し、是正その他必要な措置の状況について、相当の期間を付して報告を求めるものとする。
4　委員会は、第1項の規定により勧告又は意見表明をしたとき及び前項の規定による報告があったときは、その内容を申立人等に速やかに通知しなければならない。
5　委員会は、第1項の規定による勧告又は意見表明及び第3項の規定による報告の内容を公表することができる。

（県の機関以外のものに対する要請）
第14条　委員会は、県の機関以外のものが、重大な子どもの権利の侵害を行っていると認められる場合において、第12条第1項の資料の提出及び説明の求めに応じないとき又は同条第2項の調整にもかかわらず是正のための取組を行っていないと認められるときは、当該県の機関以外のものに対し、これらの求めに応じ、又は是正その他必要な措置を講ずるよう要請することができる。

（申立ての処理の状況等の報告及び公表）
第15条　委員会は、救済の申立ての処理の状況等について、知事に報告するとともに、毎年度1回、当該処理の状況等に係る報告書を作成し、公表するものとする。

（委任）
第16条　この条例の施行に関し必要な事項は、規則で定める。

附則
　この条例は、公布の日から起算して9月を超えない範囲内において規則で定める日〔平成14年11月1日〕から施行する。ただし、第1条から第4条まで、第5条第4号、第6条、第7条及び第16条の規定は、平成14年8月1日から施行する。

箕面市子ども条例

大阪府箕面市

公布：平成11年9月30日
施行：平成11年10月1日

前文

　子どもは、さまざまな人々と関わりを持って日々成長しています。また、個人として尊重され、健やかに遊び、学ぶことができる社会で育つことが望まれます。

　子どもが生まれて初めて出会う人は家族であり、家庭における教育が、子どもの成長に重要な役割を果たしています。

　箕面市のすべての子どもが、幸福に暮らせるまちづくりを進めるためには、家庭と学校と地域が相互に緊密に連携するとともに、大人と子どもがそれぞれの役割と責任を自覚し、公徳心を持って社会規範を守り、互いに学び共に育ち、協働することが必要です。

　大人は、子ども自らが創造的な子ども文化をはぐくみ、次代を担う人として成長するよう、愛情と理解と、ときには厳しさを持って接することが大切です。

　箕面市は市民と協働し、子育てに夢を持ち、子どもが幸福に暮らすことができるまちづくりを進めることをここに決意し、この条例を制定します。

（目的）
第1条　この条例は、箕面市の子どもを育てるにあたり、子どもの最善の利益を尊重するとともに、子どもの自己形成を支援するための基本理念を定め、市と市民の役割を明らかにすることにより、すべての子どもが幸福に暮らせるまちづくりを進めることを目的とする。

（定義）
第2条　この条例において「子ども」とは、18歳未満の者をいう。

（基本理念）
第3条　市と市民は、箕面市の子どもを育てるにあたり、子どもの幸福を追求する権利を保障する。
2　子どもは、主体的に判断し、行動し、他人を思いやる心や感動する心など豊かな人間性を養い、自らを律しつつ義務を果たし、たくましく生きることができるよう支援される。
3　大人は、すべての子どもが幸福に暮らせるまちづくりをめざし、子どもと協働する。
4　市民は、安心して子どもを育てることができるよう支援される。

（市の役割）
第4条　市は、基本理念に基づき、子どもに関する総合的な施策を策定し、実施するものとする。

（市民の役割）
第5条　市民は、自らの日常生活が子どもの生育環境をつくりだしていることを理解し、子どもが幸福に暮らせるまちづくりに努めるものとする。
2　保護者は、家庭が子どもの人格形成に大きな役割を果たしていることを理解し、子どもを育てることに最善を尽くすよう努めるものとする。

（子どもの健康）
第6条　市と市民は、子どもの健康の保持と増進に努めるものとする。

（子ども文化）
第7条　市と市民は、子どもの多様で自主的な活動から生まれる子ども文化を尊重するものとする。
2　市と市民は、子ども自らの文化的活動、社会的活動その他の活動に対し積極的な支援に努めるものとする。
3　市と市民は、子どもにゆとりと安らぎを与える居場所の確保に努めるものとする。

（子どもの意見表明）
第8条　市と市民は、子どもの成長に応じて、表現の自由と意見を表明する権利を尊重するものとする。
2　市は、まちづくりに関し子どもの意見が反映される機会の確保に努めるものとする。

（子どもの社会参加）
第9条　市と市民は、子どもの社会参加の機会の確保に努めるものとする。

（子どもと環境）
第10条　市は、子どもの活動の場の確保と自然環境の保全に努めるものとする。
2　市は、子どもの生育環境を良好に維持するため、必要に応じ市民その他の関係機関と調整を行うものとする。

（学校・幼稚園・保育所）
第11条　学校・幼稚園・保育所の機関は、子

世田谷区子ども条例

東京都世田谷区

公布：平成13年12月10日
施行：平成14年4月1日

前文

子どもは、未来への「希望」です。将来へ向けて社会を築いていく役割を持っています。

子どもは、それぞれ一人の人間として、いかなる差別もなくその尊厳と権利が尊重されます。そして、心も身体も健康で過ごし、個性と豊かな人間性がはぐくまれる中で、社会の一員として成長に応じた責任を果たしていくことが求められています。

平成6年、国は、「児童の権利に関する条約」を結びました。そして、世田谷区も平成11年に「子どもを取り巻く環境整備プラン」を定め、子どもがすこやかに育つことのできる環境をつくるよう努めてきました。

子どもは、自分の考えで判断し、行動していくことができるよう、社会における役割や責任を自覚し、自ら学んでいく姿勢を持つことが大切です。大人は、子どもが能力を発揮することができるよう、学ぶ機会を確保し、理解を示すとともに、愛情と厳しさをもって接することが必要です。

このことは、私たち世田谷区民が果たさなければならない役割であると考え、子どもが育つことに喜びを感じることができる社会を実現するため、世田谷区は、すべての世田谷区民と力を合わせ、子どもがすこやかに育つことのできるまちをつくることを宣言して、この条例を定めます。

第1章　総則〈そうそく〉

（条例制定の理由）
第1条　この条例は、子どもがすこやかに育つことができるよう基本となることがらを定めるものです。

（言葉の意味）
第2条　この条例で「子ども」とは、まだ18歳になっていないすべての人のことをいいます。

（条例の目標）
第3条　この条例が目指す目標は、次のとおり

どもの豊かな人間性と多様な能力をはぐくむための重要な場であることを認識し、子どもの学習する権利や保育を受ける権利が侵されないよう自らその役割を点検し、評価するよう努めるものとする。

2　学校・幼稚園・保育所の機関は、保護者や地域の市民に積極的に情報を提供し、その運営について意見を聴き、協力を受けるなど開かれた学校・幼稚園・保育所づくりの推進に努めるものとする。

3　市は、学校・幼稚園・保育所の施設を市民の身近な生涯学習の場や市民活動の場として活用するよう努めるものとする。

（子育て支援）
第12条　市は、保護者が子どもを育てるに当たり、必要に応じて経済的又は社会的な支援を行うことができる。

2　市は、子ども自身の抱える問題や子どもに関する相談に対し、速やかに対応するよう努めるものとする。

（市民活動支援）
第13条　市は、子どもの自主的な活動や市民の子どもに関する活動を奨励し、支援することができる。

（相互連携）
第14条　市は、すべての子どもが幸福に暮らせるまちづくりを進めるため、市民その他の関係機関との相互連携を積極的に支援するものとする。

（救済）
第15条　市は、子どもが人権侵害その他の不利益を受けた場合、これを救済する制度の整備に努めるものとする。

（推進体制）
第16条　市は、子どもが幸福に暮らせるまちづくりを進めるため、総合的な推進体制を整備するものとする。

附則
　この条例は、平成11年10月1日から施行する。

とします。
(1) 子ども一人ひとりが持っている力を思い切り輝かせるようにする。
(2) 子どもがすこやかに育つことを手助けし、子どものすばらしさを発見し、理解して、子育ての喜びや育つ喜びを分かち合う。
(3) 子どもが育っていく中で、子どもと一緒に地域の社会をつくる。

(保護者の務め)
第4条　保護者は、子どもの養育と成長について責任があることを自覚し、ふれあいの機会を大切にして、子どもがすこやかに育つよう全力で努めなければなりません。

(学校の務め)
第5条　学校は、子どもが人間性を豊かにし、将来への可能性を開いていくため、地域の社会と一体となって、活動をしていくよう努めなければなりません。

(区民の務め)
第6条　区民は、地域の中で、子どもがすこやかに育つことができ、また、子育てをしやすい環境をつくっていくため、積極的に役割を果たすよう努めなければなりません。

(事業者の務め)
第7条　事業者は、その活動を行う中で、子どもがすこやかに育つことができ、また、子育てをしやすい環境をつくっていくため、配慮〈はいりょ〉するよう努めなければなりません。

(区の務め)
第8条　区は、子どもについての政策を総合的に実施します。
2　区は、子どもについての政策を実施するときは、保護者、学校、区民、事業者などと連絡をとり、協力しながら行います。

第2章　基本となる政策

(健康と環境づくり)
第9条　区は、子どもの健康を保持し、増進していくとともに、子どもがすこやかに育つための安全で良好な環境をつくっていくよう努めていきます。

(場の確保など)
第10条　区は、子どもが遊び、自分を表現し、安らぐための場を自分で見つけることができるよう必要な支援〈しえん〉に努めていきます。
2　区は、子どもが個性をのばし、人間性を豊かにするための体験や活動について必要な支援〈しえん〉に努めていきます。

(子どもの参加)
第11条　区は、子どもが参加する会議をつくるなどしていろいろな意見をきき、子どもが自主的に地域の社会に参加することができる仕組みをつくるよう努めていきます。

(虐待〈ぎゃくたい〉の禁止など)
第12条　だれであっても、子どもを虐待〈ぎゃくたい〉してはなりません。
2　区は、虐待〈ぎゃくたい〉を防止するため、地域の人たちと連絡をとり、協力しながら、子育てをしている家庭に対し、必要なことを行うよう努めていきます。
3　区は、虐待〈ぎゃくたい〉を早期に発見し、子どもを保護するため、すべての区民に必要な理解が広まるよう努めていくとともに、児童相談所や自主活動をしている団体と連絡をとり、協力しながら、虐待〈ぎゃくたい〉の防止のための仕組みをつくるよう努めていきます。

(いじめへの対応)
第13条　だれであっても、いじめをしてはなりません。
2　区は、いじめを防止するため、すべての区民に必要な理解が広まるよう努めていくとともに、いじめがあったときに、すみやかに解決するため、保護者や地域の人たちと連絡をとり、協力するなど必要な仕組みをつくるよう努めていきます。

(子育てへの支援〈しえん〉)
第14条　区は、地域の中での助け合いや連絡を強め、子育てをしている人たちのために必要なことを行うよう努めていきます。

(相談と擁護〈ようご〉)
第15条　区は、子ども自身からの相談や子どもについての相談に対し、すみやかに対応するとともに、必要なときは、擁護〈ようご〉するよう努めていきます。

第3章　推進計画と評価

(推進計画)
第16条　区長は、子どもについての政策を進めていくための基本となる計画（以下「推進計画」といいます。）をつくります。
2　区長は、推進計画をつくるときは、区民の意見が生かされるよう努めなければなりません。
3　区長は、推進計画をつくったときは、すみやかに公表します。

調布市子ども条例

東京都調布市

公布：平成17年3月23日
施行：平成17年4月1日

前文

子どもは、個性が認められ、自分らしく生きる権利をはじめ、個人の尊厳を持ったかけがえのない存在である。

子どもは、調布の「宝」、「未来への希望」であり、喜びや悲しみを共有する家族、友人及び地域の深い愛情に包まれて、社会の一員として大人と共に今を生き、次代を担っている。

私たちの願いは、子どもが、家庭や地域のぬくもりと恵まれた自然の中で、安全かつ快適にのびのびと遊び、学び、夢と希望を持ちながらいきいきと育つことができるまちをつくることである。

そのために、私たちは、日本国憲法をはじめとして、世界人権宣言、児童の権利に関する条約等が定める人が生まれながらにして持っている基本的人権の保障の精神と理念を尊重する。そのうえで、未来の調布をつくり、平和への願いと国際社会の発展の一翼を担う子どもの健やかな成長を図るため、家庭、学校等、地域、事業主及び市は、協働して子どもへの支援に取り組んでいかなければならない。

私たちは、子どもが幸福に過ごすことで自立した大人に成長することができることを自覚し、子どもの育ちや子育てを楽しむことができ、子どもが幸福に暮らすことができるまちづくりを進めることをここに決意する。

緑と水に恵まれた自然や、家庭、学校等及び地域のつながりの中で、子どもが夢を持って健やかに育ち、安心して子どもを産み、育てることができるまちを目指すことを宣言し、この条例を制定する。

第1章　総則

(目的)
第1条　この条例は、子どもとその家庭への支援の基本理念並びに家庭、学校等、地域、事業主及び市の役割を明らかにするとともに、施策の基本となる事項を定めることにより、子どもが夢を持ちながら、いきいきと育ち、

(評価)
第17条　区長は、子どもについての政策を有効に進めていくため、推進計画に沿って行った結果について評価をします。
2　区長は、推進計画に沿って行った結果について評価をするときは、区民の意見が生かされるよう努めなければなりません。
3　区長は、推進計画に沿って行った結果について評価をしたときは、すみやかにその評価の内容を公表します。

第4章　推進体制など

(推進体制)
第18条　区長は、子どもについての政策を計画的に進めていくため、推進体制を整備します。

(国、東京都などとの協力)
第19条　区は、子どもがすこやかに育つための環境をつくっていくため、国、東京都などに協力を求めていきます。

(雇〈やと〉い主の協力)
第20条　雇〈やと〉い主は、職場が従業員の子育てに配慮〈はいりょ〉したものであるよう努めていくものとします。
2　雇〈やと〉い主は、子どもがすこやかに育つことに関わる活動や子育てを支える活動へ従業員が参加することについて配慮〈はいりょ〉するよう努めていくものとします。

(地域の中での助け合い)
第21条　区は、子どもがすこやかに育つことのできるまちをつくっていくため、地域の中での助け合いに必要なことを行うとともに、自発的な活動がなされるよう必要な取組を行います。

(啓発〈けいはつ〉)
第22条　区は、この条例の意味や内容について、すべての区民に理解してもらうよう努めなければなりません。

第5章　雑則〈ざっそく〉

(委任)
第23条　この条例を施行〈しこう〉するために必要なことは、区長が定めます。

附則〈ふそく〉
　この条例は、平成14年4月1日から施行〈しこう〉します。

自立することができるまちづくりを推進し、子どもが健やかに育つことを目的とする。

(子どもの定義)
第2条　この条例において「子ども」とは、18歳未満の市民をいう。

(基本理念)
第3条　子どもが健やかに育ち、安心して子どもを産み、育てることができるまちの実現に向け、家庭、学校等、地域、事業主及び市は、協働して取り組むものとする。

第2章　人権の尊重

(人権の尊重)
第4条　大人及び子どもは、日本国憲法が保障する基本的人権を尊重し、命をいつくしむとともに、人を思いやる心を持つことに努めなければならない。

第3章　子どもとその家庭への支援

(子どもの健康の保持増進)
第5条　市は、子どもの心身の健康の保持増進を図るため、健康診断及び健康教育の充実を図るものとする。
2　市は、母子保健に関する総合的な施策を推進するものとする。
3　市は、前2項に規定する施策の実施に当たっては、関係機関との連携を図り、協力体制を構築するものとする。

(保護を要する子ども等への支援)
第6条　市は、子どもに対する虐待の予防及び早期発見並びに虐待を受けている子どもの援助その他の支援のための体制を整備するものとする。
2　市は、すべての人が、虐待を受けていると思われる子どもを発見したときに、通告をしやすい環境を整備するものとする。
3　市は、ひとり親家庭等の支援について、総合的な施策を推進するものとする。
4　市は、障害児の支援について、総合的な施策を推進するものとする。
5　市は、前各項に規定する施策の実施に当たっては、関係機関との連携を図り、協力体制を構築するものとする。

(子どもの生活の安全確保)
第7条　市は、子どもが犯罪の被害に遭うことを防止するための対策を講ずるよう努めるものとする。
2　市は、飲酒、喫煙、薬物乱用等の危険性を子どもに啓発し、その飲用又は使用を防止するための対策を講ずるよう努めるものとする。
3　市は、子どもの交通事故を防止するための対策を講ずるよう努めるものとする。
4　市は、子どもがいじめに遭うことを防止するとともに、いじめをしないことの教育について、総合的な施策を推進するものとする。
5　市は、犯罪又は災害の被害に遭った子どもとその家庭の救済について、総合的な施策を推進するものとする。
6　市は、子どもが犯罪の加害者になることを防止するとともに、加害者となってしまった子どもとその家庭の支援について、総合的な施策を推進するものとする。
7　市は、前各項に規定する施策の実施に当たっては、関係機関との連携を図り、協力体制を構築するものとする。

(子どもにやさしいまちづくりの推進)
第8条　市は、子どもが緑あふれる恵まれた自然に囲まれ、安全に安心して過ごすことができ、子どもとその家庭が孤立することのない環境の整備に努め、ぬくもりのあるまちづくりを推進するものとする。
2　市は、子どもとその家庭の住環境の整備、子どもが安全に安心して通行することができる道路の整備、施設のバリアフリー化等の子どもとその家庭にやさしいまちづくりを推進するものとする。

(子育て家庭への支援)
第9条　市は、保護者の多様な就労形態に対応するとともに、積極的な社会参加を支援するため、仕事と子育ての両立を図るための総合的な施策を推進するものとする。
2　市は、在宅で子育てをしている家庭に対する支援の充実を図るものとする。
3　市は、保育所、学童クラブ等の子どもの施設への入所等を待機する子どもが生ずることのないよう、積極的にその対策を講ずるものとする。
4　市は、保育の需要を的確に把握し、多様な保育サービスの提供を推進するものとする。

(子どもの相談体制の充実)
第10条　市は、子どもに関する相談を行う機関及び市民団体等と密接な連携を図り、子どもの健やかな成長及び子育てに関する総合的な相談の体制を構築することにより、子どもとその家庭の救済及び回復並びに特別な教育

調布市子ども条例

的配慮を必要とする子どもの支援の充実を図るものとする。

(地域の資源の活用)
第11条　市及び大人は、地域が子どもの育ち及び人とのふれあいの場であり、人間関係を豊かにする場であることに配慮し、子どもが安心して遊び、活動することができる環境づくりに努めるものとする。

2　市は、地域の社会資源を十分かつ効果的に活用することができるよう整備することにより、地域における子どもとその家庭への支援の充実を図るものとする。

(子どもの社会参加の促進)
第12条　市は、子どもが、社会の一員であることを自覚することができるよう社会参加をする機会を拡充し、子どもの意見がまちづくりに反映されるよう努めるものとする。

2　市及び大人は、個性を伸ばし、人間性を豊かにする文化的・社会的活動に対し、積極的な支援を行うとともに、子どもがその活動に参加し、体験することができる場を確保するよう努めるものとする。

第4章　協働の取組

(家庭の役割)
第13条　家庭は、子どもが育ち、人格を形成するうえで最も大きな役割を担っていることを自覚し、子どもとのふれあいを大切にするよう努めなければならない。

2　家庭は、子どもが、基本的な生活習慣、社会の規範を守る意識及び善悪の判断を身に付けることができるよう自らが範を示すとともに、豊かな人間性をはぐくむことができるよう努めなければならない。

(学校等の役割)
第14条　学校等は、集団生活をとおして、社会性、基礎学力、考える力、創造力等を子どもの心身の発達に応じて身に付けることができるようにするとともに、子どもが自ら学び、遊び、夢を持って将来への可能性を開いていくために、家庭、地域及び市と協働して教育を推進するものとする。

2　学校等は、積極的に教育活動等の内容を公表し、地域に開かれた体制及び子どもが相談しやすい環境を整えるとともに、人権教育及びいじめの防止に関する教育を推進するものとする。

3　学校等は、子どもに対し、家庭を築くこと、子どもを育てること等に関する教育、啓発、情報提供等の取組を推進するものとする。

(地域の役割)
第15条　大人は、子育てを地域全体で取り組まなければならない課題ととらえ、子どもの支援に積極的にかかわり、地域の中で子どもが健やかに育つ環境づくりに努めなければならない。

2　大人は、その言動が子どもに大きな影響を与えることを認識し、子どもから信頼されるよう自らを省み、子どもの模範となるよう努めなければならない。

3　大人及び子どもは、体罰を加え、又は暴力を振るってはならない。

4　大人は、虐待を受けていると思われる子どもを発見したときは、児童虐待の防止等に関する法律(平成12年法律第82号)の定めるところにより、速やかに通告しなければならない。

(事業主の役割)
第16条　事業主は、子どもが健やかに育つ環境づくりにおいて大切な役割を担っていることを認識し、その雇用する労働者が子どもとのかかわりを深めることができるよう配慮するとともに、学校等又は地域が行う職場体験活動その他の子どもの育成に関する活動に協力するよう努めなければならない。

2　子どもを雇用している事業主は、その健康の保持及び成長等に十分に配慮しなければならない。

(市の役割)
第17条　市は、常に子どもの最善の利益に配慮し、一人一人の子どもの人権及び個性を尊重するとともに、差別、暴力その他の人権侵害から守られるよう、子どもとその家庭への支援に関する施策を推進するものとする。

2　市は、家庭、学校等、地域及び事業主における子どもとその家庭への支援について、相互の連携を図り、総合的な調整を行うことにより、協力体制を構築するものとする。

3　市は、前項の規定による調整に当たっては、必要に応じて国及び東京都に協力を求めるものとする。

第5章　計画の推進

(行動計画の策定等)
第18条　市は、子どもとその家庭への支援を推進するため、その施策に関する計画(以下

「行動計画」という。）を策定し、これを実施するものとする。
2　市は、行動計画の策定に当たっては、市民の意見を十分に反映するよう努めるとともに、その実施に当たっては、市民の理解及び協力を得られるよう努めるものとする。
3　市は、行動計画を効果的に推進するため、その評価を行い、必要に応じて改定を行うものとする。

（ネットワークの構築）
第19条　市は、行動計画を総合的に推進するため、関係機関との連絡調整を図り、子どもとその家庭への支援のためのネットワークを構築するものとする。

第6章　雑則

（広報）
第20条　市は、この条例の定める理念及び内容について、市民の理解を深めるよう、広報活動により広く周知を図るものとする。

（意見の反映）
第21条　市は、子どもとその家庭への支援のあり方について広く意見を聴取し、市民の意見を施策に反映するよう努めるものとする。

（委任）
第22条　この条例の施行について必要な事項は、別に定める。

附則
この条例は、平成17年4月1日から施行する。

三重県子ども条例

三重県

公布：平成23年3月23日
施行：平成23年4月1日

前文
　子どもは、一人ひとりかけがえのない存在である。そして、子どもには生まれながらに豊かに育つための権利がある。それは、安心して生きること、虐待やいじめそしてあらゆる暴力や差別から守られること、自らの力を発揮して成長すること、そして、思いや意見が尊重されることである。子ども一人ひとりが人として大切にされ、豊かに育つことができるよう子どもの権利が守られなければならない。
　全ての子どもには自ら育つ力と多くの可能性があり、子どもは自分が受け止められ、認められていると実感することで自己肯定感を高めることができる。また、子どもは、家庭や学校を始めとする地域社会での経験を通して、人との様々な関わりや多様な価値観に触れることで、人を思いやる心や自らの課題を乗り越える力を身に付けることができる。そして、次の世代を大切に育てることのできる大人へと育っていく。そのために、人と人とが強い絆で結ばれた地域社会を形成し、子ども一人ひとりが力を発揮して育つことができる社会へと向かうことが求められている。
　私たちは、児童の権利に関する条約の理念にのっとり、子どもの権利が尊重される社会の実現を目指すこととする。そのため、私たちは相互に連携し、協働して、子どもが豊かに育つことができる地域社会づくりに取り組むことを決意し、この条例を制定する。

（目的）
第1条　この条例は、子どもが豊かに育つことができる地域社会づくりについて、基本理念を定め、並びに県の責務並びに保護者、学校関係者等、事業者、県民等及び市町の役割を明らかにするとともに、施策の基本となる事項を定めることにより、これを総合的に推進し、もって子どもの権利が尊重される社会の実現に資することを目的とする。

（定義）

第2条　この条例において、次の各号に掲げる用語の意義は、それぞれ当該各号の定めるところによる。
(1)　子ども　18歳未満の者をいう。
(2)　保護者　親権を行う者、未成年後見人その他の者で子どもを現に監護するものをいう。
(3)　学校関係者等　教育、福祉その他の子もの育成に関連する分野の事務に従事する者をいう。

(基本理念)
第3条　子どもが豊かに育つことができる地域社会づくりは、次に掲げる事項を基本理念として行われなければならない。
(1)　子どもを権利の主体として尊重すること。
(2)　子どもの最善の利益を尊重すること。
(3)　子どもの力を信頼すること。

(県の責務)
第4条　県は、前条に規定する基本理念(以下「基本理念」という。)にのっとり、子どもが豊かに育つことができる地域社会づくりに関する施策を策定し、及び実施する責務を有する。
2　県は、前項の施策を策定し、及び実施するに当たっては、次条から第9条までに規定する役割に配慮するものとする。
3　県は、第10条の規定により、連携し、及び協働して行われる取組を支援するものとする。

(保護者の役割)
第5条　保護者は、基本理念にのっとり、子どもを大切に育てる責務を有することを認識するとともに、子どもが力を発揮して育つことができるよう努めるものとする。

(学校関係者等の役割)
第6条　学校関係者等は、基本理念にのっとり、子どもの安全の確保並びに子どもが安心して学び、及び育つことができる環境づくりに努めるものとする。

(事業者の役割)
第7条　事業者は、基本理念にのっとり、保護者が子どもを豊かに育てるために必要な雇用環境の整備に努めるとともに、地域において子どもの育ちを見守り、及び支える取組の推進に努めるものとする。

(県民等の役割)
第8条　県民及び子どもに関わる団体は、基本理念にのっとり、子どもが豊かに育つことができる地域社会づくりに関心を持ち、理解を深めることによって、子どもの育ちを見守り、及び支えるよう努めるものとする。

(市町の役割)
第9条　市町は、基本理念にのっとり、子どもの育ちを見守り、及び支える施策の推進に努めるものとする。

(連携及び協働)
第10条　保護者、学校関係者等、事業者、県民及び子どもに関わる団体並びに市町は、前5条に規定する役割を果たすに当たっては、相互に連携し、及び協働するよう努めるものとする。

(施策の基本となる事項)
第11条　県は、子どもが豊かに育つことができる地域社会づくりに関する施策の策定及び実施に当たっては、次に掲げる事項の確保を旨とするものとする。
(1)　子どもの権利について、子ども自身が知り、及び学ぶ機会並びに県民が学ぶ機会を提供すること。
(2)　子どもに係る施策に関して、子どもが意見を表明する機会を設け、参加を促すとともに、子どもの意見を尊重すること。
(3)　子どもが、自らの力を発揮して育つことができるよう、主体的に取り組む様々な活動を支援すること。
(4)　子どもの育ちを見守り、及び支えるための人材の育成を行うとともに、保護者、学校関係者等、事業者、県民及び子どもに関わる団体並びに市町が行う活動の促進が図られるよう、環境の整備を行うこと。

(相談への対応)
第12条　県は、子どもからの相談に対応する窓口を設置し、国その他の関係機関と連携した適切な対応を行うものとする。

(広報及び啓発)
第13条　県は、子どもの育ちについての県民の関心及び理解を深めるとともに、県民が行う子どもの育ちを見守り、及び支える活動を促進するため、必要な広報及び啓発を行うものとする。

(調査)
第14条　知事は、子どもの生活に関する意識、実態その他のこの条例に基づき県が行う施策の推進に必要な事項を調査し、その結果を公表するものとする。

(年次報告)
第15条　知事は、毎年、この条例に基づき県が行う施策の実施状況を評価し、これを年次報告として取りまとめ、公表するとともに、施策への反映に努めるものとする。

附則
　この条例は、平成23年4月1日から施行する。

秋田県子ども・子育て支援条例

秋田県

公布：平成18年9月29日
施行：平成18年9月29日

前文
　誰もが安心して子どもを生み、育てることができ、次代を担う子どもが健やかに成長することは、県民すべての願いである。
　今日、結婚や子どもを持つことに関する意識が多様化するとともに、子どもに対する虐待やいじめに関する社会的関心の高まり、仕事と子育てとの両立を図ることができる雇用環境を整備する必要性の増大、家庭や地域における子育てを担い、支える機能の低下など子どもや子育てを取り巻く環境は大きく変化し、これらにより急速な少子化の進行を招き、経済活動の衰退、地域社会の活力の低下、子どもの社会性の減退などが懸念されている。
　このような状況に対処するためには、子どもの権利が保障され、仕事と子育てとの両立が図られ、地域が一体となって子どもと子育てを支える体制が整備される等の必要がある。
　ここに、家庭や子育てに夢を持ち、子どもを生み、育てる者が誇りと喜びを実感し、次代を担う子どもが健やかに成長することができる活力にあふれた地域社会の実現に寄与するため、この条例を制定する。

第1章　総則

(目的)
第1条　この条例は、子ども・子育て支援について、基本理念を定め、並びに県、事業者等、子ども・子育て支援活動団体及び県民の責務を明らかにするとともに、子ども・子育て支援に関する施策の基本的な事項を定めることにより、子ども・子育て支援を総合的かつ計画的に推進し、もって子どもが健やかに生まれ、かつ、育成される社会の実現に寄与することを目的とする。

(定義)
第2条　この条例において、次の各号に掲げる用語の意義は、当該各号に定めるところによ

る。
(1) 子ども・子育て支援　子ども及び子どもを育成し、又は育成しようとする家庭に対する支援、県民の職業生活と家庭生活との両立が図られるようにするための雇用環境の整備、子どもの権利が保障されるための措置その他の子どもが健やかに生まれ、かつ、育成される環境の整備のための県、事業者等、子ども・子育て支援活動団体及び県民が行う取組をいう。
(2) 事業者等　事業者、その団体及びその連合団体をいう。
(3) 子ども・子育て支援活動団体　子ども・子育て支援に関する活動を行う団体（営利を目的とする団体を除く。）をいう。

（基本理念）
第3条　子ども・子育て支援は、次に掲げる事項を基本理念として行われなければならない。
(1) 父母その他の保護者が子育てについて最も重要な責任を有するという認識の下に、子育ての意義についての理解と子育てに伴う誇りと喜びをより深められるよう配慮すること。
(2) 子どもが権利の主体であるという認識の下に、子どもがその福祉を害する行為から保護され、差別及び暴力を受けることがなく、その意見を尊重され、調和のとれた人格の形成及び個性の伸長を図ることができる等の子どもの権利が保障され、並びに子どもの利益が最大限に尊重されるよう配慮すること。
(3) 子どもが次代の社会を担う主体であり、有為な人材となるようその育成を図ることが重要であるという認識の下に、県、事業者等、子ども・子育て支援活動団体及び県民が相互に連携し、及び協力して取り組むこと。
(4) 結婚及び出産に関する個人の意思並びに家庭及び子育ての価値に関する多様な意識が尊重されるよう配慮すること。

（県の責務）
第4条　県は、前条に定める基本理念（以下「基本理念」という。）にのっとり、市町村と連携し、事業者等、子ども・子育て支援活動団体及び県民の協力を得て、子ども・子育て支援に関する総合的な施策を策定し、及び実施するものとする。

（事業者等の責務）
第5条　事業者は、基本理念にのっとり、男女が協力しながら子育てに取り組むことができる労働条件の整備その他の当該事業者が雇用する労働者の職業生活と家庭生活との両立が図られるようにするために必要な雇用環境の整備を行うとともに、県が実施する子ども・子育て支援に関する施策に協力するよう努めなければならない。
2　事業者の団体及びその連合団体（以下「事業者団体」という。）は、基本理念にのっとり、当該事業者団体を構成する事業者又はその団体に対し、前項に規定する雇用環境の整備に関する情報の提供、相談等を行うとともに、県が実施する子ども・子育て支援に関する施策に協力するよう努めなければならない。

（子ども・子育て支援活動団体の責務）
第6条　子ども・子育て支援活動団体は、基本理念にのっとり、子ども・子育て支援に関する活動を積極的に行うとともに、県が実施する子ども・子育て支援に関する施策に協力するよう努めなければならない。

（県民の責務）
第7条　県民は、子ども・子育て支援の重要性に対する関心と理解を深めるとともに、基本理念にのっとり、子ども・子育て支援に積極的に取り組み、及び県が実施する子ども・子育て支援に関する施策に協力するよう努めなければならない。

第2章　基本的施策

（基本計画）
第8条　知事は、子ども・子育て支援に関する施策の総合的かつ計画的な推進を図るため、子ども・子育て支援に関する基本的な計画（以下「基本計画」という。）を定めなければならない。
2　基本計画は、次に掲げる事項について定めるものとする。
(1) 子ども・子育て支援に関する目標及び施策の方向
(2) 前号に掲げるもののほか、子ども・子育て支援に関する施策を総合的かつ計画的に推進するための重要事項
3　知事は、基本計画を定めようとするときは、あらかじめ、秋田県社会福祉審議会の意見を聴くほか、県民の意見を反映させるために必要な措置を講じなければならない。
4　知事は、基本計画を定めたときは、遅滞な

く、これを公表しなければならない。
5 前2項の規定は、基本計画の変更について準用する。

(県民等に対する支援)
第9条 県は、事業者等、子ども・子育て支援活動団体及び県民が行う子ども・子育て支援を促進するため、情報の提供、助言、交流の機会の提供その他の必要な支援を行うものとする。
2 県は、父母その他の保護者の子育てに係る経済的負担の軽減を図るための施策を推進するものとする。

(職業生活と家庭生活との両立のための措置)
第10条 県は、県民の職業生活と家庭生活との両立が図られるよう事業者が行う雇用環境の整備について必要な措置を講ずるものとする。

(子どもの意見の尊重)
第11条 県は、子どもが意見を表明する権利を行使することができ、かつ、その意見が適切に反映される環境の整備に努めるものとする。

(子どもの権利の救済)
第12条 県は、子ども(18歳未満の者に限る。以下この条及び第21条において同じ。)の権利の侵害に関する相談に応ずるとともに、その権利の侵害から子どもを救済するために必要な調査等を行うものとする。

(教育の充実)
第13条 県は、生命の尊厳、子育ての意義及び子どもの権利が保障されることの重要性についての子どもの関心と理解を深めるよう教育の充実に努めるものとする。

(推進体制の整備)
第14条 県は、子ども・子育て支援に関する施策を総合的に推進するため、事業者等、子ども・子育て支援活動団体及び県民が連携することができるようにするための体制の整備について、必要な措置を講ずるものとする。

(啓発活動)
第15条 県は、子ども・子育て支援についての事業者等、子ども・子育て支援活動団体及び県民の関心と理解を深めるとともに、子ども・子育て支援への積極的な参加を促進するため、子ども・子育て支援月間を設けるほか、必要な広報その他の啓発活動を行うものとする。
2 子ども・子育て支援月間は、毎年8月とする。

(年次報告)
第16条 知事は、毎年、子ども・子育て支援に関し県が講じた施策を明らかにする報告書を作成し、公表するものとする。

(市町村に対する協力)
第17条 県は、市町村が子ども・子育て支援に関する施策を策定し、及び実施しようとするときは、情報の提供、助言その他の必要な協力を行うものとする。

第3章 子ども・子育て支援活動計画

(活動計画策定指針)
第18条 知事は、子ども・子育て支援の総合的な推進を図るため、次条第1項の子ども・子育て支援活動計画の策定に関する指針(以下「活動計画策定指針」という。)を定めなければならない。
2 活動計画策定指針は、次に掲げる事項について定めるものとする。
 (1) 子ども・子育て支援の実施に関する基本的事項
 (2) 子ども・子育て支援の内容に関する事項
 (3) その他子ども・子育て支援の実施に関する重要事項
3 知事は、活動計画策定指針を定め、又はこれを変更したときは、遅滞なく、これを公表しなければならない。

(子ども・子育て支援活動計画)
第19条 事業者団体及び子ども・子育て支援活動団体は、活動計画策定指針に基づき、子ども・子育て支援に関する計画(以下「子ども・子育て支援活動計画」という。)を策定し、知事に提出することができる。
2 子ども・子育て支援活動計画は、実施しようとする子ども・子育て支援の内容及びその実施時期について定めるものとする。この場合において、事業者団体が策定する子ども・子育て支援活動計画については、次世代育成支援対策推進法(平成15年法律第120号)第12条第1項の一般事業主行動計画の策定の支援等に関することをその内容に含むものとする。

(表彰)
第20条 知事は、前条第1項の規定により子ども・子育て支援活動計画を提出したもの又は次世代育成支援対策推進法第12条第1項若しくは第4項の規定により一般事業主行動計画を策定した旨の届出をしたもので子ども・子育て支援に関し積極的な活動を行っていると認められるものを公表し、又は表彰することができる。

第4章　秋田県子どもの権利擁護委員会

（設置及び所掌事務）
第21条　知事の諮問に応じ、第12条の規定による子どもの権利の救済に関する調査をさせるため、秋田県子どもの権利擁護委員会（以下「委員会」という。）を置く。
2　委員会は、前項に規定する調査をするほか、知事の諮問に応じ、子どもの権利の擁護に関する重要事項を調査審議するとともに、その事項に関して知事に意見を述べることができる。

（組織及び委員の任期）
第22条　委員会は、委員3人以内で組織する。
2　委員は、学識経験のある者のうちから、知事が任命する。
3　委員の任期は、2年とする。ただし、補欠の委員の任期は、前任者の残任期間とする。
4　委員は、再任されることができる。

（委員長）
第23条　委員会に、委員長を置く。
2　委員長は、委員の互選によって定める。
3　委員長は、委員会を代表し、会務を総理する。
4　委員長に事故があるときは、委員のうちから委員長があらかじめ指名する者が、その職務を代理する。

（会議）
第24条　委員会は、委員長が招集する。
2　委員長は、委員会の議長となる。
3　委員会は、委員の過半数が出席しなければ、会議を開くことができない。
4　委員会の議事は、出席した委員の過半数で決する。

（委任規定）
第25条　この章に定めるもののほか、委員会の運営に関し必要な事項は、委員長が委員会に諮って定める。

附則
（施行期日）
1　この条例は、公布の日から施行する。
（経過措置）
2　この条例の施行の際現に次世代育成支援対策推進法第9条第1項の規定により策定された計画は、第8条第1項の規定により定められた基本計画とみなす。
3　この条例の施行後最初に任命される委員の任期は、第22条第3項本文の規定にかかわらず、平成20年3月31日までとする。

尼崎市子どもの育ち支援条例

兵庫県尼崎市

公布：平成21年12月18日
施行：平成21年12月18日
〔一部につき附則参照〕

前文
　子どもは、未来への希望であり、私たちのまちの宝です。
　すべての子どもの健やかな育ちは、すべての市民の幸せな暮らしへとつながります。
　子どもは、生まれたときから、学びながら育つ力を持ち、将来への可能性が開かれています。
　子どもは、その成長の過程において、生きる、育つ、守られる、参加する権利といった子どもの人権が尊重されるとともに、多様な人々とかかわりを持ち、また、多様な経験を重ねることにより、自分を大切にする心、他者を尊重する心、規範意識等がはぐくまれ、社会の一員として様々な責任を果たすことができる大人へと成長していきます。
　人々が共に暮らす社会では、年齢、性別、国籍、障害の有無等にかかわらず、一人一人の人権が尊重されなければならず、互いに他者の人権を尊重し合うとともに、社会の決まりを守り、協力して心豊かな社会をつくることが求められます。そして、子どもには、これらのことを学ぶ機会が与えられなければなりません。
　大人が子どもにかかわるときは、子ども一人一人が尊厳のあるかけがえのない存在であることを深く認識し、また、子どもの声を聴き、子どもとしっかりと向き合って、信頼関係を築くことが大切です。そして、大人には、子どもの模範となるべきことを自覚して行動するとともに、子どもが将来大人として様々な責任を果たすことができるように育てる責任があります。
　私たちのまちのすべての子どもが個性豊かに伸びやかに育ち、また、その笑顔が輝き続けることは、すべての市民の願いです。
　そのために、すべての大人は、互いにつながりを深め、それぞれの役割を自覚し、子どもを育てる力を高め合いながら、子どもが健やかに育つことができるための環境を整えるととも

に、次代の地域社会の担い手として子どもが社会的に自立していくように支えなければなりません。

ここに、私たちは、子どもの人権を尊重することを基本として子どもの育ちを地域社会全体で支えることにより、すべての子どもが健やかに育つ社会の実現を目指すことを決意し、この条例を制定します。

第1章　総則

(この条例の目的)
第1条　この条例は、子どもの人権を尊重することを基本とした子どもの育成に関し、基本理念を定め、保護者、地域住民、子ども施設、事業者の役割及び市の責務を明らかにするとともに、子どもに関する施策についての基本的事項及び子どもの育ちを支える仕組みを定めることにより、すべての子どもが健やかに育つ社会の実現に寄与することを目的とする。

(定義)
第2条　この条例において、次の各号に掲げる用語の意義は、当該各号に定めるところによる。
(1)　子ども　市内に居住する者、子ども施設に在籍する者又は市内に勤務場所を有する者で、その出生の日から18歳に達する日以後の最初の3月31日までの間にあるものをいう。
(2)　子どもの人権　児童の権利に関する条約において児童の権利として定めるものをいう。
(3)　保護者　親権を行う者、未成年後見人その他の者で、子どもを現に監護するものをいう。
(4)　地域住民　市内に居住する者若しくは勤務場所を有する者(子どもを除く。)又はこれらの者を構成員とする法人その他の団体(以下「法人等」という。)をいう。
(5)　子ども施設　保育所、幼稚園、学校その他の子どもが入所し、通所し、通園し、又は通学することにより集団生活を通じて学び、育つ場としての施設で、市が設置し、又は市内に存するものをいう。
(6)　事業者　市内に事務所又は事業所を有する個人又は法人等で、事業活動を行うものをいう。
(7)　関係機関　子どもの育ちに関する行政機関、医療機関等で、市及び子ども施設以外のものをいう。
(8)　要支援の状態　虐待若しくはいじめを受けている状態、不登校の状態若しくは非行その他の問題行動を行っている状態又はこれらの状態に至る可能性が高い状態をいう。

(基本理念)
第3条　子どもの育成に関する基本理念は、次のとおりとする。
(1)　子どもの年齢及び成長に応じ、その意見が尊重され、子どもにとっての最善の利益が考慮されること。
(2)　子どもが様々な責任を果たすことができる大人に成長することができるように、その学び、育つ力が伸ばされるとともに、子どもが他者とのかかわりを大切にして主体的に考え、行動していく力がはぐくまれること。
(3)　保護者、地域住民、子ども施設、事業者及び市により、それぞれの役割又は責務に応じ、主体的な取組がなされるとともに、これらの者の相互の連携により、子どもが健やかに育つことができるための環境が整えられること。
(4)　福祉、保健、教育その他の関連分野において、子どもの育成に関して総合的な取組がなされること。

第2章　大人の役割等

(保護者の役割)
第4条　保護者は、前条に定める基本理念(以下「基本理念」という。)にのっとり、子どもの育ちを支える第一義的な責任があること及び家庭が子どもの人格形成に大きな役割を果たしていることを自覚して、家族とともに次の各号に掲げる役割を果たすよう努めなければならない。
(1)　子どもが心身ともに安らぐことができるような家庭環境づくりを行うこと。
(2)　乳幼児期から、子どもの人格を尊重し、子どもと向き合うこと。
(3)　子どもが基本的な生活習慣、他者を尊重する心、規範意識、豊かな人間性、社会性等を身に付けることができるように、年齢及び成長に応じ、その育ちを支えること。

(地域住民の役割)
第5条　地域住民は、基本理念にのっとり、地

域社会が子どもの社会性及び豊かな人間性をはぐくむ場であること並びに地域社会に家庭における子育てを補完する機能があることを認識して、相互につながりを深めるとともに、次の各号に掲げる役割を果たすよう努めなければならない。
(1) 地域社会での子どもの生活上の安全に配慮するなどの子どもが安心して生活することができるための地域環境づくりを行うこと。
(2) 子どもが他者を尊重する心、規範意識、豊かな人間性、社会性等を身に付けることができるように、年齢及び成長に応じ、その育ちを支えること。
(3) 必要に応じ、子どもの育成に関して、保護者に対する知識の提供、交流の機会づくり等の支援を行うこと。

(子ども施設の役割)
第6条 子ども施設は、基本理念にのっとり、次の各号に掲げる役割を果たすよう努めなければならない。
(1) 子どもが考える力、創造力等を身に付けることができるように、年齢及び成長に応じ、その育ちを支えること。
(2) 子どもが、集団生活における他者とのかかわりを通じて他者を尊重する心、規範意識、豊かな人間性、社会性等を身に付けることができるように、年齢及び成長に応じ、その育ちを支えること。
(3) 要支援の状態にある子ども(以下「要支援の子ども」という。)の早期発見及びその支援を行うこと。

(事業者の役割)
第7条 事業者は、基本理念にのっとり、事業活動を行うに当たり、地域社会における社会貢献等の社会的な責任を認識して、次の各号に掲げる役割を果たすよう努めなければならない。
(1) 子どもの育成に関して保護者、地域住民又は子ども施設が行う活動及び市が行う事業並びに第10条に規定する子どもの主体的活動に協力すること。
(2) 地域住民が第5条第1号に掲げる役割を果たすことに協力すること。
(3) 自己の従業員が保護者であるときは、第4条各号に掲げる保護者の役割を認識し、当該従業員がその子どもとのかかわりを深めることができるように配慮すること。

(市の責務)
第8条 市は、基本理念にのっとり、次の各号に掲げる責務を有する。
(1) 子どもに関する施策を策定し、その推進に当たっては、福祉、保健、教育その他の関連分野において総合的に取り組むとともに、保護者、地域住民、子ども施設、事業者及び関係機関と連携すること。
(2) 保護者、地域住民、子ども施設及び事業者がそれぞれ第4条各号、第5条各号、第6条各号及び前条各号に掲げる役割を果たすことができるように働き掛けを行うこと。
(3) 保護者、地域住民、子ども施設、事業者及び関係機関がそれぞれ又は相互に連携を図ることができるように支援を行うこと。
(4) この条例の趣旨について市民等の理解を深めるため、広報活動その他必要な措置を講ずること。

第3章 子どもの主体性のはぐくみ

(子どもの主体性のはぐくみ)
第9条 子どもは、様々な責任を果たすことができる大人へと成長するように、次の各号に掲げる事項について、その年齢及び成長に応じ、学ぶこと及び主体的に考え、行動することに努めなければならない。
(1) 他者を大切にし、他者への思いやりの心を持つこと。
(2) 社会生活上の決まりを守ること。
(3) 他者とのかかわりを大切にする中で、主体的に生きていく力を高めること。
2 大人は、子どもの人格を尊重し、その年齢及び成長に応じた意見等を聴くとともに、子どもが社会的な自立に向けて学ぶこと及び主体的に考え、行動することを支えなければならない。

(子どもの主体的活動への支援)
第10条 保護者、地域住民、子ども施設、事業者及び市は、子どもの社会的な自立に資するため、他者とかかわり合える機会をつくるよう努めるとともに、子どもの社会参加並びにスポーツ活動、文化活動等に関する子どもの自主的な企画及び運営による活動(以下これらを「子どもの主体的活動」という。)への支援に努めなければならない。

第4章　子どもに関する施策の策定及び推進

（子どもに関する施策の策定及び推進）
第11条　市は、次の各号に掲げる事項に係る子どもに関する施策を策定し、これを推進するものとする。
（1）　子どもの健康の保持及び増進に関すること。
（2）　子どもが育つための、安全かつ良好な生活環境づくり及び子どもの豊かな心をはぐくむ教育環境づくりに関すること。
（3）　子ども同士のかかわり合い及び子どもの多様な体験の機会づくりに関すること。
（4）　子どもの主体的活動の機会づくりに関すること。
（5）　子育て家庭に対する子育てに係る負担の必要に応じた軽減に関すること。
（6）　前各号に掲げるもののほか、子どもが健やかに育つための環境づくりに関すること。

（推進計画等）
第12条　市長は、前条の子どもに関する施策を総合的かつ計画的に推進するための計画（以下「推進計画」という。）を策定するものとする。
2　市長は、推進計画を策定しようとするときは、市民等の意見を反映させるために必要な措置を講じるほか、あらかじめ、尼崎市社会保障審議会の意見を聴かなければならない。
3　市長は、推進計画を策定したときは、速やかにこれを公表するものとする。
4　前2項の規定は、推進計画の変更について準用する。
5　市は、推進計画に基づく子どもに関する施策を総合的に推進するための体制を整備するものとする。
6　市は、推進計画に基づく施策の実施状況等について、必要に応じて子どもの意見を聴く機会を設けること等により調査を行い、当該施策の実施状況等の検証を行わなければならない。

第5章　子どもの育ちを支える仕組み

（地域社会の子育て機能の向上）
第13条　保護者、地域住民、子ども施設、事業者、関係機関及び市は、基本理念にのっとり、それぞれ又は相互のつながりを深めて、地域社会の子育て機能が向上するよう努めなければならない。
2　市は、地域社会の子育て機能の向上に資するため、次に掲げる事項に関し、必要な措置を講ずるものとする。
（1）　保護者及び地域住民が子どもの育ちを支えるための主体的な取組並びに自主的な企画及び運営による活動を行うことの奨励及び促進に関すること。
（2）　子ども、保護者、地域住民、子ども施設、事業者及び関係機関による子どもの育ちを支えるための主体的なつながりの形成及び拡充並びにその継続への支援に関すること。
3　保護者、地域住民、子ども施設、事業者及び関係機関は、前項第2号に掲げる事項について市が講ずる措置に協力するよう努めなければならない。

（要支援の子どもへの支援等）
第14条　市は、保護者、地域住民、子ども施設、事業者及び関係機関と連携し、要支援の子どもの早期発見に努めるとともに、要支援の子どもを認知したときは、当該要支援の子どもが置かれている家庭生活、集団生活等における環境をその最善の利益となるように改善するため、保護者、地域住民、子ども施設、事業者、関係機関及び要支援の子どもの支援について識見を有する者のうちから市長が指定する者（以下「支援関係者」という。）と連携したうえで、様々な社会資源を活用して、当該要支援の子どもに対し、必要な支援を行うものとする。ただし、児童福祉法（昭和22年法律第164号）その他の法令に要支援の子どもの支援に関する規定がある場合は、当該法令の定めるところによる。
2　市は、前項本文の規定による支援の実施に当たっては、当該支援による要支援の子ども及び支援関係者の意見等から福祉、保健、教育その他の関連分野に係る総合的な視点に立って当該要支援の状態となった要因を把握したうえで、支援関係者及び市による当該要支援の子どもに対する支援に係る方針（以下「支援方針」という。）を決定するものとする。
3　支援関係者（子ども施設のうち市が設置するものを除く。）は、支援方針に基づき、要支援の子どもに対する支援を行うよう努めなければならない。
4　市は、第1項本文の規定による支援を適切

に行うため、支援方針の決定、当該支援方針に基づく市及び各支援関係者の役割の分担その他当該支援方針に基づく支援の実施に関し、支援関係者と必要な調整を行うことができる。

(支援関係者に対する協力要請等)
第15条　市は、前条第1項本文の規定による支援の実施に当たり、支援関係者に対して、当該支援に必要な情報の提供その他の協力を求めることができる。
2　支援関係者のうち、子ども施設及び関係機関は、前項の規定による協力の求めがあったときは、これに応じなければならない。
3　支援関係者のうち、保護者、地域住民及び事業者は、第1項の規定による協力の求めがあったときは、これに応じるよう努めなければならない。

(支援に係る協議等)
第16条　市及び支援関係者は、第14条第1項本文の規定による支援の実施に当たり、必要があると認めるときは、相互に当該支援を行うために必要な協議(以下「支援に係る協議」という。)を求め、当該支援に必要な情報の交換を行うことができる。
2　市の職員若しくは支援関係者(法人等にあっては役員又は職員、子ども施設にあってはその職員)又はこれらの職若しくは地位にあった者は、正当な理由なく、支援に係る協議において知り得た情報を第三者に提供してはならない。

(体制の整備等)
第17条　市は、第13条第2項の規定により講ずる措置及び第14条第1項本文の規定による支援を効果的に実施するための体制を整備するものとする。
2　市は、第13条から前条まで(第14条第1項ただし書を除く。)の規定に基づく子どもの育ちを支える仕組み(以下「この条例による子どもの育ちを支える仕組み」という。)及び同項ただし書の規定に基づく子どもの育ちを支える仕組みの一体的な運用に努めるものとする。

第6章　雑則

(調査研究)
第18条　市は、第11条の規定による子どもに関する施策の策定及び推進並びにこの条例による子どもの育ちを支える仕組みの運用等に必要な調査研究を行うものとする。

(財政上の措置)
第19条　市は、第11条の規定により子どもに関する施策を策定し、及び推進し、並びにこの条例による子どもの育ちを支える仕組みを運用するために、必要な財政上の措置を講ずるよう努めるものとする。

(委任)
第20条　この条例に定めるもののほか、この条例の施行について必要な事項は、市長が定める。

付則
　この条例は、公布の日から施行する。ただし、第5章の規定は、平成22年4月1日から施行する。

京畿道＜キョンギド＞児童・生徒人権条例

韓国

制定：2010年9月17日
　　（京畿道議会第253回定例会第3次本会議採択）
公布：2010年10月5日
施行：2010年10月5日

第1章　総則

（目的）
第1条　この条例は「大韓民国憲法」第31条、「国連・子どもの権利に関する条約」、「教育基本法」第12条及び13条、「初等中等教育法」第18条の4に基づいて、児童・生徒の人権が学校教育において実現され、人間としての尊厳及び価値並びに自由及び権利の保障を目的とする。

（定義）
第2条　この条例において用いられている用語の意味は以下のとおり。
(1)　「学校」とは、京畿道内にある「初・中等教育法」第2条の学校とする。
(2)　「児童・生徒」とは、第1号の学校に在学している者とする。
(3)　「教職員」とは、「初等中等教育法」第19条第1項の教職員及び同条第2項の職員とする。
(4)　「児童・生徒の人権」とは、憲法と法律によって保障されている権利、「国連・子どもの権利に関する条約」など大韓民国が加入・批准している国際人権条約及び国際慣習法において認められている人間としての尊厳及び価値並びに自由及び権利のうち、児童・生徒に当てはまるすべての権利をいう。

（児童・生徒の人権保障の原則）
第3条　この条例で定められている児童・生徒の人権は、児童・生徒が人間としての尊厳を維持し、幸せを追求するために必ず保障されなければならない最小限の権利であり、児童・生徒の人権はこの条例において定められていないことを理由として軽視されてはならない。
2　児童・生徒の人権に対する制限は、人権の本質的な内容を損わない最小限の範囲内において、教育の目的上必要な場合に限られ、児童・生徒が制定または改正に参加した校則などの学校規定によらなければならない。

（責務）
第4条　教育監は、教育・学芸に関する政策を策定する際には、児童・生徒の人権実現のために努めなければならない。
2　学校の設置者及び経営者、学校長、教職員、児童・生徒の保護者などは、児童・生徒の人権を尊重し、児童・生徒の人権侵害を防止するよう努めなければならない。
3　児童・生徒は人権を学習し、自己の人権を自ら守り、教職員など他者の人権を尊重するよう努めなければならない。
4　教育監、学校の設置者及び経営者は、児童・生徒の教育活動にふさわしい教育施設及び環境の整備に努めなければならない。

第2章　児童・生徒の人権

第1節　差別を受けない権利

（差別を受けない権利）
第5条　児童・生徒は、性別、宗教、年齢、社会的身分、出身地域、出身民族、言語、障がい、容ぼうなど身体条件、妊娠及び出産、家族形態及び家族状況、人種、皮膚の色、思想及び政治的意見、性的志向、病歴、懲戒、成績など、正当な理由なしに差別を受けない権利を有する。
2　学校は、第1項において例示した理由で困難な状況にある児童・生徒の人権保障のために積極的に努力しなければならない。

第2節　暴力及び危険からの自由

（暴力から自由になる権利）
第6条　児童・生徒は、いじめ、性暴力などいかなる身体的暴力及び言葉の暴力からも自由になる権利を有する。
2　学校における体罰は禁止する。
3　学校及び教育監は、いじめ、性暴力などの暴力及び体罰の防止のために最善の努力をしなければならない。

（危険からの安全）
第7条　学校は、児童・生徒の安全を確保するために安全管理体制を整備し、この維持に努めなければならない。
2　学校において事故が発生した場合に学校長は、迅速に被害者を救済するとともに、被害

防止のために関係機関及び地域住民と協力しなければならない。

第3節　教育に関する権利

（学習の権利）

第8条　児童・生徒は、法令と校則に基づいた正当な理由なく、学習の権利を侵害されない。

2　学校は、教育課程を恣意的に運営したり児童・生徒に任意の校内外の行事への出席を強要したりしてはならない。

3　専門系高等学校は、現場実習課程において児童・生徒の安全と学習の権利が保障されるよう努めなければならない。

4　学校及び教育監は、一時的な障がいを含む障がいのある児童・生徒、多文化家庭の児童・生徒、芸術及び体育系の児童・生徒など、学習に困難を抱えている児童・生徒の学習の権利を保障するために最大限に努力しなければならない。

（正規教科以外の教育活動の自由）

第9条　児童・生徒は、夜間の自律学習、補充授業など正規教科以外の教育活動に関して自由に選択し、学習する権利を有する。

2　学校は、児童・生徒の夜間の自律学習、補充授業などを強要してはならない。

3　学校は、放課後学校など正規教科以外の教育活動においては児童・生徒の意見を尊重し、多様なプログラムを開発・運営し、教育の多様性及び児童・生徒の実質的な選択権を保障するよう努めなければならない。

（休息の権利）

第10条　児童・生徒は、元気で、個性ある自我の形成・発達のために過度な学習負担からまぬがれ、適切な休息をとる権利を有する。

2　学校は、正規教科以外の教育活動を強要して児童・生徒の休息をとる権利を侵害しないようにしなければならない。

3　教育監は、児童・生徒の休息をとる権利を保障するために正規教科以外の教育活動を制限することができる。

第4節　プライバシーの秘密及び自由並びに情報に関する権利

（個性を実現する権利）

第11条　児童・生徒は、服装、頭髪など容ぼうにおいて自分の個性を実現する権利を有する。

2　学校は、頭髪の長さを規制してはならない。

3　学校は、正当な理由及び第18条の手続によらない学校の規定によっては、第1項の権利を制限することはできない。

（プライバシーの秘密及び自由）

第12条　児童・生徒は、不当な干渉なく、自己の所持品を所持・管理するなどプライバシーの秘密及び自由を有する。

2　教職員は、児童・生徒及び教職員の安全などのために、緊急に必要な場合を除き、児童・生徒の同意なく所持品の検査を行ってはならない。教職員が教育目的のために必要な場合、やむを得ず児童・生徒の所持品を検査する際には、その検査は、必要最小限の範囲内に止めなくてはならず、児童・生徒全体を対象とするいっせい検査を行ってはならない。

3　教職員は、日記帳及び個人の手帳など児童・生徒の個人的な記録物を見ないことを原則とし、教育目的のために必要な場合においても慎重に行わなければならない。

4　学校は、児童・生徒の携帯電話の所持を禁止してはならない。ただし、学校は、授業時間中など正当な事由及び第18条の手続によって児童・生徒の携帯電話の使用及び所持を規制することができる。

5　学校は、他の方法では安全などの目的を達成することが困難な場合においてのみ、監視カメラを設置することができ、設置の可否及び場所に関しては児童・生徒の意見を尊重し、設置の場所は誰でもすぐわかるように印をつけなければならない。

（プライバシーが保護される権利）

第13条　児童・生徒は、家族、友だち関係、成績、懲戒記録など個人情報が保護される権利を有する。

2　学校は、児童・生徒に校外における名札付けを強要してはならない。

3　学校は、児童・生徒に関する情報の収集・処理・管理するに当たって適法かつ適正な手法及び手続に従わなければならない。

4　学校は、教育費の未納事実など児童・生徒に関する個人情報を本人及び保護者の同意なく公開したり、他人に提供したりしてはならない。

5　何人も児童・生徒に不利な個人情報を得た際には、むやみに漏らしてはならない。

（情報に関する権利）

第14条　児童・生徒及び保護者は、児童・生徒本人に関する学校記録をいつでも閲覧する権利を有する。

2　児童・生徒は、学校に対して自己に影響を及ぼす情報の公開を請求する権利を有する。

3　児童・生徒及び保護者は、児童・生徒本人に関する記録のなかで不正確な内容、教育活動と直接的に関連がない内容、児童・生徒の権利を不当に侵害する内容などに対して訂正及び削除を要求する権利を有する。
4　学校は、予算・決算など学校財政に関する情報を児童・生徒が容易にわかるような内容及び方法で公開しなければならない。

第5節　良心・宗教の自由及び表現の自由
（良心の自由）
第15条　児童・生徒は、世界観・人生観または価値的・倫理的判断などの良心の自由及び宗教の自由を有する。
2　学校は、児童・生徒に良心に反する内容の反省、誓約などの陳述を強要してはならない。
3　学校は、児童・生徒に特定の宗教行事の参加及び代案科目のない宗教科目の受講を強要してはならない。

（意思表現の自由）
第16条　児童・生徒は、自分に影響を及ぼす問題に関して自由に意思を表明する権利を有する。
2　学校は、児童・生徒が表現の自由を行使する際には、不当で、恣意的な干渉及び制限をしてはならない。
3　学校は、校内誌など児童・生徒の言論活動、インターネット運営などにおいて、表現の自由を最大限に保障し、必要な施設及び行政・財政的な支援に努めなければならない。

第6節　自治及び参加の権利
（自治活動の権利）
第17条　部活動など児童・生徒の自治活動は保障される。
2　学校は、児童・生徒の自治組織の構成並びに会議及び運営などの活動における自律及び独立性を保障し、成績などを理由に構成員の資格を制限してはならない。

（校則など学校規則の制定・改正に参加する権利）
第18条　児童・生徒は、校則など学校規則の制定及び改正に参加する権利を有する。
2　学校は、児童・生徒の人権を尊重し、校則など学校規則を制定または改正した場合には、これを学校のホームページに掲載しなければならない。
3　学校は、校則など学校規則の制定及び改正過程において児童・生徒の意見を聴かなければならず、児童・生徒会など児童・生徒自治組織の意見提出権を保障しなければならない。

（政策決定に参加する権利）
第19条　児童・生徒は、学校運営及び教育庁の教育政策決定過程に参加する権利を有する。
2　児童・生徒会など児童・生徒自治機構及び児童・生徒の自発的な結社（団体及び組織）は、児童・生徒の権利に関する事柄に対する意見を表明する権利を有する。
3　学校長と教職員は、児童・生徒代表との面談などを通して定期的に意見を聴くよう努めなければならない。
4　児童・生徒代表は、学校運営委員会に参加して、児童・生徒に影響を及ぼす事柄に関して発言することができる。
5　学校長と教育監は、児童・生徒に影響を及ぼす事柄を決定する際には、児童・生徒の参加を保障しなければならない。

第7節　福祉に関する権利
（学校福祉に関する権利）
第20条　児童・生徒は、学習不振、暴力被害、家庭的な危機、非行逸脱など様々な危機状況の克服及び適性発見、進路選択などアイデンティティの獲得のため、学校における相談など適切な支援を受ける権利を有する。
2　学校及び教育監は、貧困な児童・生徒、障がいのある児童・生徒、多文化家庭の児童・生徒など経済的・社会的・文化的な理由で権利実現が困難な児童・生徒に対して配慮し、優先的に予算などを通して支援しなければならない。
3　学校及び教育監は、児童・生徒が社会福祉に関する権利を享有するために必要な相談及びそれに従って具体的で、実質的な支援が受けられるよう関連制度を策定及び整備しなければならない。
4　学校及び教育監は、特別な相談及び保護を要する児童・生徒のために、児童福祉及び人権と関連した地域社会の機関と協力体制を整え、特に保護者を教育し、保護者の参加と協力が得られるようにプログラムを開発し、運用しなければならない。

（教育環境に関する権利）
第21条　児童・生徒は、明るく、快適な環境のもとで教育を受ける権利を有する。
2　学校は、適切な量と質をもつ図書及び図書館の空間確保、清潔な環境の維持、トイレと適切な更衣室及び休憩空間の確保、適切な冷暖房の管理、緑地空間の拡大など最適な教育

環境の整備に努めなければならない。
（文化活動を享受する権利）
第22条　児童・生徒は、多様な文化活動を享受する権利を有する。
2　学校は、児童・生徒の多様な文化活動を支援するために児童・生徒の意見を尊重し、教育、公演、展示などの文化プログラムを開発し、運用しなければならない。
3　教育監は、第2項の円滑な運営のために学校及び地域の協力体制を整えなければならない。

（給食に関する権利）
第23条　児童・生徒は安全な食べ物で給食が提供される権利を有する。
2　学校は、給食材料、給食会社など給食関連情報を児童・生徒に提供し、定期的に給食に関する意見調査を実施し、その結果を反映しなければならない。
3　学校及び教育監は、環境にやさしい、地元の農産物による給食を提供するよう努めなければならない。
4　教育監は、直営給食と義務教育課程における無償給食を実施するよう努めなければならない。

（健康に関する権利）
第24条　児童・生徒は、最適な健康状態を維持し、病気の際には適切な治療を受け、保健施設を容易に利用できる健康権を有する。
2　女子児童・生徒は、生理による苦痛のため授業を欠席したり参加できなかったりする場合に不利益を受けない権利を有し、学校は生理中の女子児童・生徒に対して不利益にならないように適切な配慮措置をとらなければならない。
3　学校は、児童・生徒が病気の際に利用できる保健室を十分に確保するよう努めなければならない。

第8節　懲戒などの手続に関する権利
（懲戒などの手続に関する権利）
第25条　児童・生徒の懲戒は、懲戒理由についての事前告知、公正な審査機関の処置、意見表明の機会保障、代理人の選任権保障、再審査要請権の保障など適正手続によって行わなければならない。
2　学校は、懲戒及びその前後の手続において、懲戒対象の児童・生徒の回復及び復帰を目的としなければならず、そのために、地域社会や保護者などと協力しなければならない。
3　学校は、懲戒の内容を公表してはならず、賞罰点制を含む児童・生徒に対する指導方法及び手続においては児童・生徒の人権を侵害してはならない。

第9節　権利侵害から保護される権利
（相談及び調査などの請求権）
第26条　児童・生徒を含め誰でも、児童・生徒の人権侵害に対しては、児童・生徒人権擁護官に相談及び調査などを求める権利を有する。
2　児童・生徒を含め誰でも、すべての児童・生徒の人権関連事項に対して関係機関に文書などで請願する権利を有する。
3　児童・生徒を含め誰でも、第1項及び第2項の請求権及び請願権の行使に関して秘密が守られ、その行使によって不利益な処遇を受けない。
4　児童・生徒人権擁護官並びに学校長及び教育監は、請求及び請願に対して審査する義務を有し、その処理結果を請求及び請願した者に通知しなければならない。

第10節　マイノリティの児童・生徒の権利保障
（マイノリティの児童・生徒の権利保障）
第27条　学校及び教育監は、貧困、障がい、一人親家庭、多文化家庭の児童・生徒、運動選手などの少数児童・生徒の特別なニーズへの権利を保障するために最大限の努力をしなければならない。
2　学校及び教育監は、マイノリティの児童・生徒に対する偏見及び差別意識をなくすために必要な人権教育プログラム並びに少数児童・生徒のために進路及び就業プログラムを別途に設けなければならない。
3　学校及び教育監は、障がいのある児童・生徒に対し校内外の教育活動において正当な便宜を提供し、参加を保障し、適切な教育及び評価方法を提供するなどの努力をしなければならない。
4　学校及び教育監は、貧困の児童・生徒が家庭状況によって、修学旅行など教育活動から疎外されないように方法を講じなければならない。
5　学校及び教育監は、多文化家庭の児童・生徒に対し教育活動において言語・文化的な差異などによって差別を受けずに学校生活ができるように方法を講じなければならず、多文化家庭の児童・生徒の転入学の機会が不当に侵害されないように努力しなければならない。

第3章　児童・生徒人権の振興

第1節　人権教育

(京畿道児童・生徒人権の日)
第28条　教育監は、児童・生徒の人権に対する関心及び参加を拡大するために、京畿道児童・生徒人権の日を指定することができる。
2　教育監は、児童・生徒人権の日にふさわしい事業を実施し、児童・生徒、教職員及び道民の参加を促さなければならない。

(広報)
第29条　教育監は、国連・子どもの権利に関する条約の内容及びこの条例において保障されている内容など児童・生徒の人権に対する説明書及び教育用の教材を一般人用、中・高校生用、小学生用として制作・配布するなど広報のために努力しなければならない。

(校内人権教育・研修)
第30条　学校は、児童・生徒向けに人権に関する教育を学期当たり2時間以上実施しなければならず、専門系高等学校の現場実習、児童・生徒のアルバイトの増加などを考慮して、労働権に関する内容を含めなければならない。
2　学校は、教職員に対して児童・生徒の人権に関する教職員研修を年2回以上実施しなければならない。
3　学校は、児童・生徒自らが行う自律的な人権学習活動を保障し、これを支援しなければならない。

(教職員に対する人権研修及び支援)
第31条　教育監は、教職員に対する各種の研修に児童・生徒の人権に関する内容を編成しなければならない。
2　教育監は、学校の人権教育及び教職員研修のための教育資料及び教育プログラムを開発し、普及しなければならない。

(保護者の人権教育)
第32条　学校は、保護者に対する児童・生徒の人権教育講習または懇談会を年2回以上行わなければならない。
2　教育監は、保護者に対する人権教育資料を開発及び普及しなければならない。

第2節　人権実施計画など

(人権実態調査)
第33条　教育監は、毎年、京畿道内の児童・生徒の人権実態に関する調査を実施しなければならない。
2　教育監は、第1項の調査結果が確定した場合、これを公表し、京畿道議会に報告しなければならない。

(実施計画の作成)
第34条　教育監は、児童・生徒の人権実現に必要な教育活動と適切な水準の教育・福祉・休息施設を設けるよう努めなければならない。
2　教育監は、第1項の目標を達成するために児童・生徒の人権などの向上に向けた実施計画を3年おきに策定しなければならない。
3　第2項の計画を策定する際には、児童・生徒人権審議委員会での審議に付さなければならず、公聴会、討論会、地域巡回懇談会などを通して児童・生徒、教職員、保護者、住民の意見を聴かなければならない。

(京畿道児童・生徒人権審議委員会)
第35条　児童・生徒の人権に関する京畿道教育庁の政策策定及び評価に関する事項を審議するために京畿道児童・生徒人権審議委員会を置く。
2　京畿道児童・生徒人権審議委員会は、20人以内で構成し、児童・生徒人権擁護官は審議委員会の委員とする。
3　審議委員会の委員は、次の各号の者の中から教育監が委嘱する。
　(1)　教育、児童福祉、青少年、医療、法律の専門分野及び人権専門家として関連非営利民間団体から推薦された者あるいは公募手続により申請した者
　(2)　児童・生徒参加委員会の委員
　(3)　道民の中で児童・生徒人権問題に関心が高く、参加意思がある者で、公募手続きにより申請した者
　(4)　京畿道教育庁の児童・生徒人権関連の担当公務員
4　京畿道児童・生徒人権審議委員会は、委員長1人と副委員長1人を置き、委員長及び副委員長は、委員の中から互選する。
5　京畿道児童・生徒人権審議委員会は、次の各号の事項を審議する。
　(1)　児童・生徒の人権実施計画の策定
　(2)　児童・生徒の人権に関する制度改善
　(3)　その他、児童・生徒の人権実現のために教育監が提案した事項
6　委員会は、効率的な活動のために小委員会を置くことができ、委員会の議決によって第5項の各号の事項のうち一部を小委員会に委任することができる。

7　この条例で定められているものの他に委員会の運営に必要な事項は教育規則において定める。

(児童・生徒参加委員会)
第36条　教育監は、児童・生徒と関連した政策について児童・生徒の意見を聴くために、京畿道児童・生徒参加委員会を設置しなければならない。
2　京畿道児童・生徒参加委員会は、100人以内で構成する。
3　京畿道児童・生徒参加委員会は、公募を通して集まった児童・生徒のうちから抽選によって選考する。ただし、委員会の構成を多様にし、少数者の意見を反映させるために、20人以内の範囲で別途の手続に従って教育監が委嘱することができる。
4　京畿道児童・生徒参加委員会は、次の各号の事項に関して教育監及び児童・生徒人権擁護官に意見を提出することができる。
　(1)　京畿道児童・生徒人権条例の改正に関する事項
　(2)　児童・生徒の人権実態調査に関する事項
　(3)　児童・生徒の人権実施計画に関する事項
　(4)　その他、児童・生徒の人権実現及び児童・生徒参加を促すために必要な事項
5　教育監は、地域教育庁別に児童・生徒参加委員会を置くことができる。

(学校評価及び指針の提示)
第37条　教育監は、2年ごとに学校における児童・生徒人権の実現状況を調査し、その改善のために適切な措置をとらなければならない。
2　教育監は、第2章において定められた権利の実現のために、必要に応じて具体的な指針を設け、各学校に提示することができ、学校はこれを履行し、その結果を教育監に報告しなければならない。

(市民活動の支援)
第38条　教育監は、児童・生徒の人権保障のために努力している市民活動との協力体制を整え、その市民活動の支援に努めなければならない。

第4章　児童・生徒の人権侵害に対する救済

(児童・生徒人権擁護官の設置)
第39条　児童・生徒の人権侵害に対する相談及び救済のために児童・生徒人権擁護官を置く。

2　児童・生徒人権擁護官は、京畿道児童・生徒人権審議委員会の同意を得て、児童・生徒の人権について学識及び経験が豊かな者の中から教育監が任命する。
3　児童・生徒人権擁護官は、常任5人以内とし、教育監が示した管轄地域で活動する。
4　児童・生徒人権擁護官の任期は3年とし、1回に限って再任することができる。
5　児童・生徒人権擁護官は、児童・生徒の人権に関して憲法及び法律並びに「国連・子どもの権利に関する条約」を含めた国際人権規範の精神にしたがい、その職務を独立して誠実に遂行しなければならない。
6　児童・生徒人権擁護官の職務と関連する制度改善勧告など重要な事項は、児童・生徒人権擁護官会議を通して決定する。

(兼職禁止)
第40条　児童・生徒人権擁護官は、国会議員、自治体議会の議員、公務員、教職員と兼職することができない。
2　児童・生徒人権擁護官は、京畿道教育庁と特別な利害関係のある企業及び団体の役員と兼職することはできない。

(児童・生徒人権擁護官の職務)
第41条　児童・生徒人権擁護官は、次の各号の事項を遂行する。
　(1)　児童・生徒の人権侵害に関する相談
　(2)　児童・生徒の人権侵害の救済に関する調査及び職権調査
　(3)　児童・生徒の人権侵害に対する適切な是正及び措置勧告
　(4)　児童・生徒の人権の向上のための制度改善勧告
　(5)　第2号から第4号までの内容の公表
　(6)　その他、上記の各号の事項を遂行するために必要な業務
2　第1項の規定にもかかわらず、次の各号に該当する場合において、児童・生徒人権擁護官はその請求を却下することができる。
　(1)　第三者が行った調査請求に対して被害者が調査を望まないことが明らかである場合
　(2)　調査及び相談が請求された当時、請求の原因になった事実に関して裁判所の裁判、捜査機関の捜査及びその他法律によって権利救済手続あるいは調整手続が進行中または終結した場合
　(3)　調査請求が匿名あるいは仮名で提出された場合

(4) その他、児童・生徒人権擁護官が相談及び調査することが適切ではないと判断した場合

(事務局等)
第42条　児童・生徒人権擁護官の職務遂行のために事務局を置く。
2　事務局には、公務員及び専門調査員など児童・生徒人権擁護官の職務を補佐するための職員を置く。
3　事務局で配置された公務員及び専門調査員は、児童・生徒人権擁護官の指示に従って事務を処理する。
4　第1項から第3項までの事務局及び専門調査員に関する事項並びに児童・生徒人権擁護官の職務に関して必要な事項は教育規則で定める。

(地域教育庁別の相談室)
第43条　地域教育庁には、児童・生徒人権相談室を置く。
2　第1項の相談室は、児童・生徒の人権に関して相談を受け、その結果を児童・生徒人権擁護官に定期的に報告しなければならない。ただし、迅速な措置が必要な場合など緊急の場合には直ちに報告しなければならない。

(児童・生徒人権侵害の救済申立て及び措置)
第44条　児童・生徒の人権が侵害され、あるいは侵害される危険がある場合には、児童・生徒を含めて誰でも児童・生徒人権擁護官にそれに関する救済申立てを行うことができる。
2　第1項の救済申立てを受けた児童・生徒人権擁護官は、事件を調査した後に、本庁、地域教育庁、学校及び教職員に対する是正勧告など適切な措置をとらなければならない。この場合、是正勧告などに対して相手に意見表明の機会を事前に与えなければならない。
3　児童・生徒人権擁護官が第2項の措置をとる際には、これを直ちに教育監に通知し、その旨を公表しなければならない。
4　児童・生徒人権擁護官から是正勧告を受けた本庁、地域教育庁、学校及び教職員は、正当な理由がない限り、勧告内容を履行し、措置結果を直ちに児童・生徒人権擁護官と教育監に報告しなければならない。児童・生徒人権擁護官からの勧告内容を履行しない場合には、その理由を明らかにしなければならない。

(調査)
第45条　児童・生徒人権擁護官は、第41条第1項各号の職務を遂行するために必要な場合は、本庁、地域教育庁及び学校に資料を求めることができ、教職員及び関係公務員に対して質疑することができる。
2　児童・生徒人権擁護官は、第44条第1項の救済申立てに関する調査をするために必要な場合には、訪問調査を行うことができる。
3　教職員と関係公務員は、第1項の資料要求及び質疑並びに第2項の訪問調査に誠実に応じなければならない。

第5章　補則

(規則改正審議委員会)
第46条　学校は、児童・生徒人権条例にふさわしい校則及び規則を制定または改正するための審議委員会(以下、「規則改正審議委員会」とする)を置かなければならない。
2　規則改正審議委員会は、教職員、保護者、人権に関する知識及び経験がある専門家、児童・生徒代表で構成する。
3　規則改正審議委員会は、児童・生徒の意見を民主的でかつ合理的に聴く手続をとらなければならない。
4　規則改正審議委員会は、規則の制定または改正を行った場合は、その結果を教育監に報告しなければならない。
5　教育監は、規則改正の方向、手続、規則改正審議委員会の構成に関する指針を提示することができる。

(規則)
第47条　この条例で具体的に委任された事項及び条例の実施のために必要な事項は教育規則によって定める。

附則
(施行日)
第1条　この条例は、公布の日から施行する。
(経過措置)
第2条　教育監は、第39条に基づいて常任の児童・生徒人権擁護官に関する制度が整備されるまで、児童・生徒人権擁護官を非常任として運営することができる。
2　この条例が公布されてから6か月以内に、学校は、第46条の規則改正審議委員会を構成しなければならない。

翻訳：金炯旭(京畿道児童・生徒人権擁護官)

子ども条例一覧

2012年6月現在
子どもの権利条約総合研究所作成

総合条例

制定自治体	制定年月日 上段（公布日） 下段（施行日）	名　　称	担当部署または問い合わせ先（※備考）
神奈川県 川崎市	2000年12月21日 2001年4月1日	川崎市子ども の権利に関する条例	市民・こども局人権・男女共同参画室子どもの権利担当 電話：044-200-2344　FAX：044-200-3914 E-mail：25zinken@city.kawasaki.jp
北海道 奈井江町	2002年3月26日 2002年4月1日	子どもの権利に関する条例	教育委員会生涯学習係 電話：0125-65-5381　FAX：0125-65-5383 E-mail：shogaku@town.naie.lg.jp
岐阜県 多治見市	2003年9月25日 2004年1月1日	多治見市子どもの権利に関する条例	環境文化部くらし人権課 電話：0572-22-1111(内線：1153) FAX：0572-25-7233 E-mail：kurashi-jinken@city.tajimi.gifu.jp
東京都 目黒区	2005年12月1日 2005年12月1日	目黒区子ども条例	子育て支援部子ども政策課子どもの権利擁護係 電話：03-5722-9596　FAX：03-5722-9684 E-mail：kodomoseisaku01@city.meguro.toky.jp
北海道 芽室町	2006年3月6日 2006年4月1日	芽室町子どもの権利に関する条例	子育て支援課子育て支援係 電話：0155-62-9733　FAX：0155-62-0121 E-mail：kosodate@memuro.net
三重県 名張市	2006年3月16日 2007年1月1日	名張市子ども条例	子ども部子ども家庭室 電話：0595-63-7594　FAX：0595-64-6898 E-mail：kodomokatei@city.nabari.mie.jp
富山県 魚津市	2006年3月20日 2006年4月1日	魚津市子どもの権利条例	民生部こども課子育て支援係 電話：0765-23-1006　FAX：0765-23-1061 E-mail：kodomo@city.uozu.lg.jp
岐阜県 岐阜市	2006年3月27日 2006年4月1日	岐阜市子どもの権利に関する条例	市民参画部人権啓発センター 電話：058-265-4141（6371） FAX：058-264-8608（南庁舎代表） E-mail：jinken@city.gifu.gifu.jp
東京都 豊島区	2006年3月29日 2006年4月1日	豊島区子どもの権利に関する条例	子ども家庭部子ども課地域支援係 電話：03-3981-2187　FAX：03-5391-1400 E-mail：A0017309@city.toshima.lg.jp
福岡県 志免町	2006年12月20日 2007年4月1日	志免町子どもの権利条例	子育て支援課 電話：092-935-1001　FAX：092-935-2697 E-mail：kosodate@town.shime.lg.jp
石川県 白山市	2006年12月21日 2007年4月1日	白山市子どもの権利に関する条例	教育委員会生涯学習課 電話：076-274-9572　FAX：076-274-9004 E-mail：syogai@city.hakusan.ishikawa.jp

富山県 射水市	2007年6月20日 2007年6月20日	射水市子ども条例	福祉保健部子育て支援課 電話：0766-82-1953　FAX：0766-82-8269 E-mail：kodomo@city.imizu.lg.jp ※2005年10月に合併により廃止された富山県小杉町子どもの権利に関する条例を受けて制定。	
愛知県 豊田市	2007年10月9日 2007年10月9日	豊田市子ども条例	子ども部次世代育成課 電話：0565-34-6630　FAX：0565-34-6938 E-mail：jisedaiikusei@city.toyota.aichi.jp	
愛知県 名古屋市	2008年3月27日 2008年4月1日	なごや子ども条例	子ども青少年局子ども未来課 電話：052-972-3081　FAX：052-972-4437 E-mail：a3081@kodomoseishonen.city.nagoya.lg.jp	
新潟県 上越市	2008年3月28日 2008年4月1日	上越市子どもの権利に関する条例	健康福祉部こども課 電話：025-526-5111（内線1723） FAX：025-526-6116 E-mail：kodomo@city.joetsu.lg.jp	
北海道 札幌市	2008年11月7日 2009年4月1日	札幌市子どもの最善の利益を実現するための権利条例	子ども未来局子ども育成部子どもの権利推進課 電話：011-211-2942　FAX：011-211-2943 E-mail：kodomo.kenri@city.sapporo.jp	
福岡県 筑前町	2008年12月15日 2009年4月1日	筑前町子どもの権利に関する条例	こども課こども未来センター 電話：0946-22-3369　FAX：0946-22-3369 E-mail：k-center@.chikuzen.fukuoka.jp	
愛知県 岩倉市	2008年12月18日 2009年1月1日	岩倉市子ども条例	福祉部児童家庭課 電話：0587-38-5810　FAX：0587-66-6100 E-mail：jido@city.iwakura.aichi.jp	
東京都 小金井市	2009年3月12日 2009年3月12日	小金井市子どもの権利に関する条例	子ども家庭部児童青少年課児童青少年係 電話：042-387-9847　FAX：042-383-6577 E-mail：s050699@koganei-shi.jp	
岩手県 遠野市	2009年3月23日 2009年4月1日	遠野市わらすっこ条例	子育て総合支援センター子育て総合支援課 電話：0198-62-2111（内線860334） FAX：0198-62-9422 E-mail：kosodate@city.tono.iwate.jp	
宮城県 石巻市	2009年3月26日 2009年4月1日	石巻市子どもの権利に関する条例	福祉部子育て支援課 電話：0225-95-1111（内線2512） FAX：0225-22-3454 E-mail：ischisup@city.ishinomaki.lg.jp	
愛知県 日進市	2009年9月29日 2010年4月1日	日進市未来をつくる子ども条例	福祉部児童課子育て支援係 電話：0561-73-1049　FAX：0561-72-4554 E-mail：jido@city.nisshin.lg.jp	
福岡県 筑紫野市	2010年3月30日 2011年4月1日	筑紫野市子ども条例	健康福祉部子育て支援課子育て支援担当 電話：092-923-1111（内線317） FAX：092-921-8666 E-mail：jidoukatei@city.chikushino.fukuoka.jp	
北海道 幕別町	2010年4月1日 2010年7月1日	幕別町子どもの権利に関する条例	民生部こども課 電話：0155-54-3811　FAX：0155-54-3839 E-mail：kodomoka@town.makubetsu.lg.jp	

制定自治体	制定年月日 上段（公布日） 下段（施行日）	名称	担当部署または問い合わせ先（※：備考）	
愛知県 幸田町	2010年12月22日 2011年4月1日	幸田町子どもの権利に関する条例	健康福祉部こども課こどもグループ 電話：0564-63-5116　FAX：0564-63-5334 E-mail：kodomo@town.kota.lg.jp	
石川県内灘町	2011年12月26日 2012年1月1日	内灘町子どもの権利条例	教育委員会生涯学習課 電話：076-286-6716　FAX：076-286-6714 E-mail：shogaigakusyu@town.uchinada.lg.jp	
東京都 日野市	2008年6月26日 2008年7月1日	日野市子ども条例	子ども部子育て課 電話：042-585-1111 E-mail：jidouf@city.hino.lg.jp ※青少年健全育成条例の内容を盛り込んだ条例。	

個別条例

	制定自治体	制定年月日 上段（公布日） 下段（施行日）	名称	担当部署または問い合わせ先（※：備考）	内容種別
意見表明・参加	東京都 中野区	1997年3月26日 1997年3月26日	中野区教育行政における区民参加に関する条例	教育委員会事務局 電話：03-3389-1111	意見表明・参加
	埼玉県 鶴ヶ島市	2000年3月23日 2000年4月1日	鶴ヶ島市教育審議会設置条例	教育委員会教育部教育総務課 電話：049-271-1111	意見表明・参加
	長野県 平谷村	2002年12月18日 2003年4月1日	平谷村は合併するかしないかの可否を住民投票に付すための条例	平谷村役場 電話：0265-48-2211 FAX：0265-48-2212 E-mail：himawari@vill.hiraya.nagano.jp	意見表明・参加 (12歳以上（小学生を除く）)
	北海道 奈井江町	2003年9月22日 2003年9月22日	奈井江町合併問題に関する住民投票条例	奈井江町役場 電話：0125-65-2111(代表) FAX：0125-65-2809 E-mail：soumu@town.naie.lg.jp	意見表明・参加 (第17条「子ども投票」小学校5年生以上)
	長野県 岡谷市	2004年10月6日 2004年10月6日	岡谷市市民参加のまちづくり基本条例	企画政策部企画課 電話：0266-23-4811 FAX：0266-24-0689	意見表明・参加権 (第2条(7)小中学生の子ども会議の規定)
	神奈川県 大和市	2004年10月7日 2005年4月1日	大和市自治基本条例	政策部政策総務課総務調整担当 電話：046-260-5302 FAX：046-261-4592	意見表明・参加 (第31条満16歳以上の者の住民投票請求等)
	神奈川県 大和市	2007年3月15日 2007年10月1日	大和市市民参加推進条例	政策部政策総務課総務調整担当 電話：046-260-5302 FAX：046-261-4592	意見表明・参加 (第5条5年齢にかかわりなく)

	岩手県奥州市	2009年3月13日 2009年10月1日	奥州市自治基本条例	総合政策部まちづくり推進課 電話：0197-24-2111 FAX：0197-22-2533 E-mail：town@city.oshu.iwate.jp	意見表明・参加 第8条2
	千葉県流山市	2009年3月30日 2009年4月1日	流山市自治基本条例	総合政策部企画政策課 電話：04-7150-6064 FAX：04-7150-0111	意見表明・参加 第12条
権利救済	兵庫県川西市	1998年12月22日 1999年3月23日	川西市子どもの人権オンブズパーソン条例	市民生活部人権推進室人権推進課子どもの人権オンブズパーソン事務局 電話：072-740-1235 FAX：072-740-1233 E-mail：kwex0002@ml.city.kawanishi.hyogo.jp	権利救済
権利救済	岐阜県岐南町	2001年3月19日 2001年3月19日	岐南町子どもの人権オンブズパーソン条例	生涯教育課 電話：058-247-1395 E-mail：syougai@town.ginan.lg.jp ※要保護児童対策地域連絡協議会の代表者会議への参加が主たる活動になっている。	権利救済
権利救済	神奈川県川崎市	2001年6月29日 2002年4月1日	川崎市人権オンブズパーソン条例	人権オンブズパーソン担当 電話：044-813-3112 FAX：044-813-3101 E-mail：75sioz1@city.kawasaki.jp	権利救済
権利救済	埼玉県	2002年3月29日 2002年8月1日	埼玉県子どもの権利擁護委員会条例	福祉部こども安全課児童権利擁護担当 電話：048-834-8755 FAX：048-822-4559 E-mail：a3320-41@pref.saitama.lg.jp	権利救済
学校災害	埼玉県さいたま市	2001年5月1日 2001年5月1日	さいたま市学校災害救済給付金条例	教育委員会学校教育部健康教育課 電話：048-829-1678 FAX：048-829-1990 E-mail：kyoiku-kenko-kyoiku@city.saitama.lg.jp	学校災害
虐待防止	東京都武蔵野市	2003年12月18日 2004年2月1日	武蔵野市児童虐待の防止及び子育て家庭への支援に関する条例	子ども家庭部子ども家庭課子ども家庭支援センター 電話：0422-60-1850 FAX：0422-51-9417 E-mail：sec-kodomo@city.musashino.lg.jp	虐待防止

	三重県	2004年3月23日 2004年4月1日	子どもを虐待から守る条例	健康福祉部こども局こども家庭室要保護児童支援グループ 電話：059-224-2883 FAX：059-224-2270	虐待防止
	埼玉県 行田市	2004年12月24日 2005年6月1日	行田市児童、高齢者及び障害者に対する虐待防止条例	健康福祉部福祉課トータルサポート推進担当 電話：048-556-1111 （内線279） FAX：048-554-6701	虐待防止
	福岡県 志免町	2005年9月28日 2005年9月28日	志免町児童虐待の防止等に関する条例	子育て支援課子育て支援係 電話：092-935-1001 FAX：092-935-2697	虐待防止
	大阪府 東大阪市	2005年12月29日 2005年12月29日	東大阪市子どもを虐待から守る条例	子どもすこやか部子ども家庭室子ども見守り課 電話：06-4309-3197 FAX：06-4309-3817 E-mail :kosodate@city.higashiosaka.lg.jp	虐待防止
	和歌山県	2008年7月4日 2008年8月1日	和歌山県子どもを虐待から守る条例	福祉保健部福祉保健政策局子ども未来課 電話：073-441-2490 FAX：073-441-2491 E-mail :e0402001@pref.wakayama.lg.jp	虐待防止
	大阪府 堺市	2011年6月23日 2011年6月23日	堺市子どもを虐待から守る条例	子ども青少年局子ども青少年育成部子ども家庭課 電話：072-228-7331 FAX：072-228-8341	虐待防止
障がい	千葉県	2006年10月20日 2007年7月1日	障害のある人もない人も共に暮らしやすい千葉県づくり条例	健康福祉部障害福祉課障害者計画推進室 電話：043-223-2935 FAX：043-222-4133	差別禁止・虐待防止
防犯・安全	奈良県	2005年7月1日 2005年7月1日	子どもを犯罪の被害から守る条例	奈良県警察本部生活安全部少年課少年サポートセンター 電話：0742-23-0110（代表）	防犯・安全
	東京都 荒川区	2006年3月16日 2006年3月16日	荒川区児童見守り条例	区民生活部生活安全課 電話：03-3802-3111（代表）	防犯・安全
	滋賀県 長浜市	2006年9月25日 2006年9月25日	長浜市子どもを犯罪の被害から守る条例	企画部市民協働推進課 電話：0749-65-8722	防犯・安全

施策推進の原則条例

制定自治体		制定年月日 上段（公布日） 下段（施行日）	名　　称	担当部署または問い合わせ先	内容種別
総合的な内容	大阪府 箕面市	1999年9月30日 1999年10月1日	箕面市子ども条例	教育委員会事務局子ども部子ども政策課 電話：072-724-6931 FAX：072-721-9907 E-mail：childpolicy@maple.city.minoh.lg.jp	総合的な内容
	東京都 世田谷区	2001年12月10日 2002年4月1日	世田谷区子ども条例	子ども部子ども育成推進課 電話：03-5432-2528 FAX：03-5432-3016 E-mail：SEA02236@mb.city.setagaya.tokyo.jp	総合的な内容
	岡山県 新庄村	2002年3月12日 2002年4月1日	新庄村子ども条例	新庄村役場 電話：0867-56-2626 FAX：0867-56-2629	総合的な内容
	東京都 調布市	2005年3月23日 2005年4月1日	調布市子ども条例	子ども生活部子ども政策課 電話：042-481-7111 FAX：042-499-6101 E-mail：kodomo@w2.city.chofu.tokyo.jp	総合的な内容
	大阪府 池田市	2005年3月31日 2005年4月1日 （改正2011年9月28日、施行2011年10月1日）	池田市子ども条例	子ども健康部子育て支援課 電話：072-754-6525	総合的な内容
	三重県	2011年3月23日 2011年4月1日	三重県子ども条例	健康福祉部子ども・家庭局子どもの育ち推進課 電話：059-224-2269 FAX：059-224-2270 E-mail：kodomom@pref.mie.jp	総合的な内容
	福井県 越前市	2012年3月23日 2012年4月1日	越前市子ども条例	福祉保健部児童福祉課 電話：0778-22-3006 （内線3832） FAX：0778-22-9185 E-mail：jidou@city.echizen.lg.jp	総合的な内容
「子ども憲章」的内容	高知県	2004年8月6日 2004年8月6日	高知県こども条例	地域福祉部少子対策課 電話：088-823-9640 FAX：088-823-9658 E-mail：060501@ken.pref.kochi.lg.jp	「子ども憲章」的内容

子育て・子育ち支援	北海道	2004年10月19日 2004年10月19日	北海道子ども未来づくりのための少子化対策推進条例	保健福祉部子ども未来推進局少子化対策グループ 電話：011-231-4111（内線25-763） E-mail：hofuku.kodomo1@pref.hokkaido.lg.jp	子育て・子育ち支援
	山梨県 山梨市	2005年7月1日 2005年7月1日	山梨市少子化社会対策推進条例	福祉事務所子育て支援担当 電話：0553-22-1111 内線 1151・1152 FAX：0553-23-2800 E-mail：fukushijimusho@city.yamanashi.lg.jp	子育て・子育ち支援
	東京都 日の出町	2005年12月5日 2006年4月1日	日の出町こども・青少年育成基本条例	子育て福祉課子育て支援係 電話：042-597-0511（内線298）	子育て・子育ち支援＋健全育成
	栃木県 鹿沼市	2006年3月16日 2006年4月1日	鹿沼市子育てにやさしいまちづくり推進条例	保健福祉部こども支援課 電話：0289-63-2160 FAX：0289-63-2169 E-mail：kodomoshien@city.kanuma.tochigi.jp	子育て・子育ち支援
	滋賀県	2006年3月30日 2006年4月1日	滋賀県子ども条例	健康福祉部子ども・青少年局 電話：077-528-3550 FAX：077-528-4854 E-mail：em00@pref.shiga.lg.jp	子育て・子育ち支援
	秋田県	2006年9月29日 2006年9月29日	秋田県子ども・子育て支援条例	健康福祉部子育て支援課 電話：018-860-1342 FAX：018-860-3844 E-mail：kosodate@pref.akita.lg.jp	子育て・子育ち支援 ※子どもの権利救済機関の設置を明記。
	大阪府	2007年3月16日 2007年4月1日	大阪府子ども条例	福祉部子ども室子育て支援課企画グループ 電話：06-6944-6984 FAX：06-6944-3052 E-mail：kosodateshien-g02@sbox.pref.osaka.lg.jp	子育て・子育ち支援
	岐阜県	2007年3月20日 2007年3月20日	安心して子どもを生み育てることができる岐阜県づくり条例	環境生活部少子化対策課 電話：058-272-8077 FAX：058-278-2880 E-mail：c11167@pref.gifu.lg.jp	子育て・子育ち支援
	神奈川県	2007年3月20日 2007年10月1日	神奈川県子ども・子育て支援推進条例	保健福祉局福祉・次世代育成部次世代育成課 電話：045-210-4666 FAX：045-210-8857	子育て・子育ち支援

福島県 小野町	2007年3月22日 2007年3月22日	小野町こども すこやか育成 支援条例	健康福祉課 電話：0247-72-6934 FAX：0247-72-3121 E-mail：kenkoufukushika@town.ono.fukushima.jp		子育て・子育ち 支援
石川県	2007年3月22日 2007年4月1日	いしかわ子ども総合条例	健康福祉部少子化対策監室子ども政策担当 電話：076-225-1447 FAX：076-225-1423 E-mail：e150300@pref.ishikawa.lg.jp		子育て・子育ち 支援＋健全育成 ＋子どもの権利 擁護 ※携帯電話の利用制限やインターネット規制等あり
愛知県	2007年3月23日 2007年4月1日	愛知県少子化対策推進条例	健康福祉部子育て支援課 電話：052-954-6315 E-mail：kosodate@pref.aichi.lg.jp		子育て・子育ち 支援
兵庫県 宝塚市	2007年3月28日 2007年4月1日	宝塚市子ども条例	子ども未来部子ども室子ども政策課 電話：0797-71-1141 FAX：0797-77-2800 E-mail：m-takarazuka0051@city.takarazuka.lg.jp		子育て・子育ち 支援
鳥取県 北栄町	2007年6月26日 2007年6月26日	北栄町子どもを健やかに育てるまちづくり条例	教育総務課子育て支援室 電話：0858-37-5870 E-mail：kyouiku@e-hokuei.net		子育て・子育ち 支援＋健全育成
京都府	2007年7月10日 2007年7月10日	京都府子育て支援条例	健康福祉部こども未来課 電話：075-414-4591 FAX：075-414-4586 E-mail：jido@pref.kyoto.lg.jp		子育て・子育ち 支援
大阪府 大東市	2007年9月28日 2007年10月1日	大東市子ども基本条例	福祉・子ども部子ども支援課 電話：072-870-9655 FAX：072-872-2189		子育て・子育ち 支援
千葉県 流山市	2007年9月28日 2008年4月1日	流山市子育てにやさしいまちづくり条例	子ども家庭部子ども家庭課 電話：04-7150-6082 FAX：04-7158-6696		子育て・子育ち 支援
熊本県	2007年10月3日 2007年10月3日	熊本県子ども輝き条例	健康福祉部子ども・障がい福祉局子ども未来課 電話：096-333-2225 FAX：096-383-1427 E-mail：shoshikataisaku@pref.kumamoto.lg.jp		子育て・子育ち 支援

山口県	2007年10月12日 2007年10月12日	子育ての文化の創造のための子育て支援・少子化対策の推進に関する条例	健康福祉部こども未来課 電話：083-933-2754 FAX：083-933-2759 E-mail：a13300@pref.yamaguchi.lg.jp	子育て・子育ち支援
滋賀県 東近江市	2007年12月21日 2008年4月1日	東近江市こども条例	健康福祉こども部こども家庭課 電話：0748-24-5643 FAX：0748-24-1052	子育て・子育ち支援
群馬県 みなかみ町	2008年9月30日 2008年9月30日	みなかみ町子育て支援条例	子育て健康課 電話：0278-25-5009	子育て・子育ち支援
京都府 南丹市	2008年9月30日 2009年4月1日	南丹市子育て支援条例	市民福祉部子育て支援課 電話：0771-68-0017 E-mail：kosodate@city.nantan.kyoto.jp	子育て・子育ち支援
長崎県	2008年10月14日 2008年10月14日	長崎県子育て条例	こども政策局こども未来課総務企画班 電話：095-895-2681 FAX：095-895-2554	子育て・子育ち支援＋健全育成
北海道 滝川市	2009年3月24日 2009年4月1日	滝川市の未来を担うこどもの子育て・子育ち環境づくりに関する条例	保健福祉部子育て応援課 電話：0125-28-8025 FAX：0125-23-5775 E-mail：jidou@city.takikawa.hokkaido.jp	子育て・子育ち支援
岡山県 総社市	2009年9月9日 2009年11月15日	総社市子ども条例	健康福祉部こども課子育て支援係 電話：0866-92-8268 FAX：0866-92-8385 E-mail：kodomo@city.soja.okayama.jp	子育て・子育ち支援
兵庫県 尼崎市	2009年12月18日 2009年12月18日	尼崎市子どもの育ち支援条例	こども青少年局計画調整課 電話：06-6489-6341 FAX：06-6489-6373 E-mail：ama-kodomokeikakuchosei@city.amagasaki.hyogo.jp	子育て・子育ち支援
大分県 大分市	2011年3月16日 2011年5月5日	大分市子ども条例	福祉保健部子育て支援課 電話：097-537-5619 FAX：097-533-2611 E-mail：kosodatesien@city.oita.oita.jp	子育て・子育ち支援
千葉県 市原市	2012年3月12日 2012年4月1日	笑顔が広がるいちはらっこの子育ち支援条例	子育て支援部子ども福祉課企画調整係 電話：0436-23-9802 FAX：0436-24-2365	子育て・子育ち支援

				E-mail：kodomofukusi@city.ichihara.chiba.jp	
	北海道旭川市	2012年3月23日 2012年4月1日	旭川市子ども条例	子育て支援部子育て支援課子育て企画係 電話：0166-25-9128 FAX：0166-26-5722 E-mail:kosodateshien@city.asahikawa.hokkaido.jp	子育て・子育ち支援
健全育成	東京都中央区	1999年4月1日 1999年4月1日	中央区の教育環境に関する基本条例	教育委員会 電話：03-3543-0211	健全育成
	石川県金沢市	2001年12月19日 2002年1月1日	子どもの幸せと健やかな成長を図るための社会の役割に関する条例	教育委員会学校教育部教育総務課 電話：076-220-2431 FAX：076-260-7195 E-mail：kyouiku_s@city.kanazawa.lg.jp	健全育成 「子ども」＝おおむね15歳未満の者
	愛媛県松山市	2004年4月1日 2004年4月1日	松山市子ども育成条例	教育委員会教育支援センター事務所 電話：089-943-3346 E-mail：kyshien@city.matsuyama.ehime.jp	健全育成
	三重県伊賀市	2005年3月14日 2005年4月1日	伊賀市子ども健全育成条例	教育委員会生涯学習課生涯学習係 電話：0595-22-9679 FAX：0595-22-9692 E-mail：gakushuu@city.iga.lg.jp	健全育成
	島根県出雲市	2005年6月27日 2005年6月27日	21世紀出雲市青少年ネットワーク条例	教育委員会教育部青少年育成課 電話：0853-21-6297 FAX：0853-21-6299 E-mail：seishounen@city.izumo.shimane.jp	健全育成
	岡山県浅口市	2006年3月21日 2006年3月21日	浅口市子ども育成条例	教育委員会生涯学習課 電話：0865-44-7001 FAX：0865-44-7602 E-mail：shogaigakushu@city.asakuchi.okayama.jp	健全育成
	秋田県秋田市	2006年3月24日 2006年5月5日	秋田市未来を築く子どもを育むための市民や社会の役割に関する条例	子ども未来部子ども総務課 電話：018-866-2141 FAX：018-866-2405 E-mail：ro-chbs@city.akita.akita.jp	健全育成

	長崎県 佐世保市	2006年6月29日 2006年6月29日	佐世保市子ども育成条例	子ども未来部子ども政策課 電話：0956-24-1111 FAX：0956-25-9673	健全育成
	岡山県 岡山市	2006年12月27日 2007年4月1日	岡山市市民協働による自立する子どもの育成を推進する条例	教育委員会事務局教育企画総務課 電話：086-803-1571 FAX：086-234-4141	健全育成
	佐賀県 佐賀市	2007年9月25日 2008年4月1日	佐賀市未来を託す子どもを育むための大人の役割に関する条例	教育委員会こども教育部教育総務課教育政策係 電話：0952-40-7352 FAX：0952-40-7394 E-mail：kyoiku@city.saga.lg.jp	健全育成
	大阪府 堺市	2008年3月28日 2008年4月1日	堺市子ども青少年の育成に関する条例	子ども青少年局子ども青少年育成部子ども企画課 電話：072-228-7104 FAX：072-228-7106	健全育成
	広島市	2008年3月28日 2008年7月1日	青少年と電子メディアとの健全な関係づくりに関する条例	教育委員会事務局青少年育成部育成課 電話：082-242-2116 FAX：082-242-2018 E-mail：ikusei@city.hiroshima.jp	健全育成
	浜松市	2010年3月24日 2010年4月1日	浜松市子ども育成条例	こども家庭部次世代育成課 電話：053-457-2795 FAX：053-457-2039 E-mail：katei@city.hamamatsu.shizuoka.jp	健全育成
いじめ等防止	兵庫県 小野市	2007年12月21日 2008年4月1日	小野市いじめ等防止条例	ヒューマンライフグループいじめ担当グループ 電話：0794-63-4311 FAX：0794-63-3690	いじめ等防止

子ども憲章

子ども憲章	愛知県 高浜市	2003年11月1日	たかはま子ども市民憲章	こども未来部文化スポーツグループ 電話：0566-52-1111 （内線330） E-mail：bunka@city.takahama.lg.jp	子どもとおとなのパートナーシップ

※条例制定準備中の主な自治体

北海道 士別市	(仮称) 士別市子どもの権利条例	保健福祉部こども・子育て応援室 電話：0165-23-3121 E-mail：jidoukateika@city.shibetsu.lg.jp
愛知県 知立市	(仮称) 知立市子ども条例	福祉子ども部子ども課 電話：0566-83-1111（代表） 　　　FAX：0566-83-1141 E-mail：kodomo@city.chiryu.lg.jp
大阪府 豊中市	(仮称) 豊中市子ども健やか育み条例	こども未来部こども政策室 電話：06-6858-2258　FAX：06-6854-9533 E-mail：kodomoseisaku@city.toyonaka.osaka.jp
大阪府 泉南市	(仮称) 泉南市子どもの権利に関する条例	教育委員会人権教育課 電話：072-483-3672　FAX：072-483-7306 E-mail：jinkenkyouiku@city.sennan.lg.jp
香川県 高松市	(仮称) 高松市子ども条例	健康福祉局子育て支援課 電話：087-839-2354　FAX：087-839-2379 E-mail：kosodate@city.takamatsu.lg.jp
福岡県 福津市	(仮称) 福津市こども条例	健康福祉部こども課 電話：0940-43-8124　FAX：0940-43-3168 E-mail：kodomo@city.fukutsu.lg.jp

韓国　児童・生徒人権条例

制定自治体	制定年月日 上段（可決日） 中段（公布日） 下段（施行日）	名称
京畿道	2010年9月17日 2010年10月5日 2010年10月5日	京畿道児童・生徒人権条例
光州広域市	2011年10月5日 2011年10月28日 2012年1月1日	光州広域市児童・生徒人権保障及び増進に関する条例
ソウル特別市	2011年12月19日 2012年1月26日 2012年1月26日	ソウル特別市児童・生徒人権条例

■編者紹介
荒牧重人（あらまき・しげと）　山梨学院大学法科大学院教授
喜多明人（きた・あきと）　早稲田大学文化構想学部教授
半田勝久（はんだ・かつひさ）　東京成徳大学子ども学部准教授

解説 子ども条例
2012年8月10日　第1刷発行

編者　荒　牧　重　人
　　　喜　多　明　人
　　　半　田　勝　久

発行者　株式会社　三　省　堂
　　　　　代表者　北口克彦

印刷者　三省堂印刷株式会社

発行所　株式会社　三　省　堂
〒101-8371　東京都千代田区三崎町二丁目22番14号
　　　　　電話　編集（03）3230-9411
　　　　　　　　営業（03）3230-9412
　　　　　振替口座　00160-5-54300
　　　　　http://www.sanseido.co.jp/
© S. Aramaki, A. Kita, K. Handa, 2012 Printed in Japan

落丁本・乱丁本はお取替えいたします。　〈子ども条例・240pp.〉
ISBN 978-4-385-31335-1

Ⓡ本書を無断で複写複製することは、著作権法上の例外を除き、禁じられています。本書をコピーされる場合は、事前に日本複製権センター（03-3401-2382）の許諾を受けてください。また、本書を請負業者等の第三者に依頼してスキャン等によってデジタル化することは、たとえ個人や家庭内での利用であっても一切認められておりません。